SIN PERDÓN NO HAY FUTURO

Sin perdón no hay futuro
Desmond Mpilo Tutu

1a edición

Editorial Hojas del Sur S.A.

Argentina
Albarellos 3016
Buenos Aires, C1419FSU, Argentina
e-mail: info@hojasdelsur.com
www.hojasdelsur.com

España
Hojas del Sur España S.L.
Plaça Vila Romana 3, 1º-3
43800-Valls
0034 977603337

ISBN 978-987-27661-8-4

Dirección editorial: Andrés Mego
Edición: Paola Adler
Diseño de portada e interior: Arte Hojas del Sur

Tutu, Desmond Mpilo
    Sin perdón no hay futuro. - 1a ed. - Ciudad Autónoma de Buenos Aires :
Hojas del Sur, 2012.
    304 p. ; 23x15 cm.
    Traducido por: Renata Viglione
    ISBN 978-987-27661-8-4
    1. Literatura Sudafricana. I. Título
    CDD 860

Impreso bajo demanda gestionado por Bibliomanager

SIN PERDÓN
NO HAY FUTURO

Desmond Mpilo Tutu

HOJAS DEL SUR

www.hojasdelsur.com

ÍNDICE

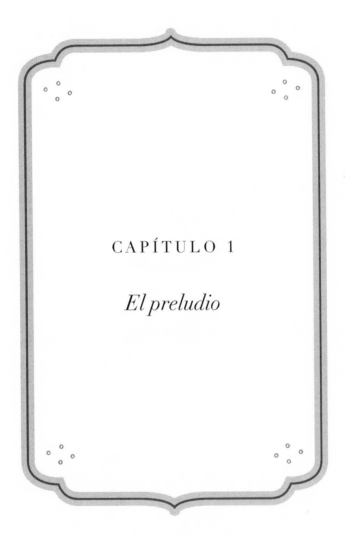

CAPÍTULO 1

El preludio

El 27 de abril de 1994 —el día que habíamos estado esperando durante tantos años, el día por el cual la lucha contra el apartheid había comenzado, por el que tantos de los nuestros fueron atacados con gas lacrimógeno, mordidos por perros de la policía, heridos con látigos y garrotes, por el que muchos fueron detenidos, torturados y proscriptos, por el que muchos más fueron hechos prisioneros, sentenciados a muerte, el día por el cual fueron al exilio— finalmente ha llegado. Es el día en el que podremos votar por primera vez en una elección democrática en la tierra en la que nacimos. Tuve que esperar cumplir sesenta y dos años de edad antes de poder votar. Nelson Mandela esperó hasta los setenta y seis. Esto era lo que iba a pasar ese día, 27 de abril de 1994.

El aire estaba electrizado por la excitación, la expectativa y la ansiedad, incluso por el temor. Sí, temor de que aquellos en el ala derecha, que habían prometido interrumpir ese día de gran importancia, pudieran tener éxito en sus perversas conspiraciones. Después de todo, las bombas habían explotado por todos lados. Habían explotado bombas en el aeropuerto internacional en Johannesburgo. Cualquier cosa podía pasar.

Como siempre, me había levantado temprano para tener un momento de tranquilidad antes de mi caminata matutina, para después hacer las oraciones de la mañana y la eucaristía en la capilla del arzobispo en Bishopscourt. En ese día extraordinario en la historia de nuestra amada pero tan triste tierra, cuyo suelo estaba bañado en la sangre de tantos de sus hijos, queríamos que las cosas fueran tan normales como fuera posible. En el tiempo que precedió a ese suceso memorable, un momento decisivo en la historia de Sudáfrica, la violencia se había vuelto endémica. Hasta la proverbial undécima hora, el Partido de la Libertad Inkatha (IFP, por sus siglas en inglés) del jefe Mangosuthu Buthelezi, que jugaba un rol de gran importancia, había amenazado con permanecer fuera de la elección. Todos nosotros nos preparábamos para el más terrible baño de sangre, especialmente en KwaZulu-Natal, el baluarte del IFP, en el que la rivalidad entre este partido y el Congreso Nacional Africano (ANC, por sus siglas en inglés) de Nelson Mandela era un caso cubierto de sangre, que ya había costado innumerables vidas con un nivel de intolerancia política escandalosamente alto. Había sido una política arriesgada de naturaleza opresora. Sostuvimos la respiración y nos preguntamos a qué cifra llegaría el conteo de víctimas.

Afortunadamente, a través de la mediación de un keniano un tanto misterioso, el Jefe Buthelezi fue persuadido para abandonar su boicot con su escalofriante perspectiva de provocar un baño de sangre. El país respiró con un gran signo de alivio, y aquí estábamos, a punto de llevar a cabo lo que era un acto político y cívico rutinario en países normales, en los que la preocupación generalmente gira en torno a la apatía del votante y no sobre los riesgos de violencia y el caos total en las urnas.

Estábamos emocionados y atemorizados. Por la ansiedad, tenía un nudo en la boca del estómago. Oramos con fervor para que Dios bendijera nuestra tierra y frustrara las maquinaciones de los hijos de la oscuridad. Hubo muchas ocasiones en el pasado, durante los oscuros días del cruel horror del apartheid, cuando predicábamos: "¡Este es el mundo de Dios y Él está a cargo!". Algunas veces, cuando el mal parecía estar hecho una furia y a punto de doblegar al bien, uno se aferraba a esa porción de fe con uñas y dientes. Era una especie de silbido teológico en la oscuridad y, con frecuencia, uno se sentía tentado de susurrar en el oído de Dios: "Por el amor de Dios, ¿por qué no haces que sea más evidente que Tú tienes el control?".

Después del desayuno, manejamos fuera de Bishopscourt, la residencia "oficial" del arzobispo de Ciudad del Cabo, lugar en el que Nelson Mandela pasó su primera noche en libertad luego de ser liberado el 11 de febrero de 1990, y dejamos atrás el lujoso y elegante suburbio que lleva el nombre de la residencia del arzobispo para ir a votar. Había decidido emitir mi voto en un gueto del municipio. El simbolismo era poderoso: la solidaridad con aquellos que por tanto tiempo habían sido privados de derechos, que vivían diariamente en la precariedad y la inmundicia de los asentamientos urbanos marginales producto de la segregación racial del apartheid. Después de todo, yo era uno de ellos. Cuando me convertí en arzobispo en 1986, el Acta de Áreas de Grupo, el cual segregaba áreas residenciales según razas, estaba todavía en vigencia. Era una ofensa criminal para mí, un ganador del Premio Nobel sin voto y ahora arzobispo y primado de la Iglesia Anglicana en África del sur, que ocupara Bishopscourt con mi familia, a menos que primero hubiese obtenido un permiso especial exceptuándome de las disposiciones del Acta de Áreas de Grupo. Sin embargo, yo había anunciado después de mi elección como arzobispo que no iba a solicitar tal permiso. Dije que era arzobispo, que iba a ocupar la residencia oficial del arzobispado y que el Gobierno del apartheid podía actuar como creyera apropiado. Jamás se me hicieron cargos por quebrantar esa abominable ley.

Fui a votar a Gugulethu, un asentamiento urbano para negros con sus típicas casas del estilo de caja de fósforos, ordenadas una tras otra en monótona hilera. Había una larga fila. La gente estaba de buen ánimo, iban a necesitar grandes cucharadas de paciencia y buen humor, porque estaban ante una larga espera. Mi primer voto democrático era un evento para los medios de comunicación, y muchos de mis amigos del extranjero estaban presentes, actuando como observadores para poder certificar que las elecciones eran justas y libres. Pero ellos estaban haciendo mucho más que eso. Realmente eran como parteras que ayudaban a dar a luz a este nuevo y delicado niño: una Sudáfrica libre, democrática, no racial ni sexista.

El momento por el cual había esperado tanto tiempo llegó. Doblé la papeleta de votación y emití mi voto. "¡Vaya!", grité: "¡Yupi!". Me sentía aturdido. Era como enamorarse. El cielo se veía azul y más bello. Miré a las personas con una nueva luz. Eran hermosos, estaban transfigurados. Yo también estaba cambiado. Era como un sueño. Uno tenía miedo de que alguien lo despertase a la pesadilla que era la dura realidad del apartheid. Alguien, refiriéndose a esa irreal cualidad, le había dicho a su esposa: "Querida, no me despiertes. Me gusta este sueño".

Después de votar salí, y la gente vitoreaba, cantaba y danzaba. Parecía un festival. Era una hermosa vindicación para todos aquellos que habían soportado la carga y lo peor de la represión, aquellos a quienes el apartheid había transformado en seres anónimos, sin rostro, sin voz, que no importaban en absoluto en su tierra natal, cuyas narices habían sido restregadas diariamente en el polvo. Ellos habían sido creados a la imagen de Dios, pero su dignidad había sido cruelmente pisoteada a diario por los acólitos del apartheid y por aquellos que podrían haber dicho que se oponían a este, pero que de todas maneras habían disfrutado de los privilegios y los grandes beneficios que les proveía el apartheid, solo por nacimiento, por una irrelevancia biológica, el color de sus pieles.

Decidí manejar un poco por los alrededores para ver qué estaba pasando. Me quedé impactado por lo que vi. Multitud de personas habían salido y estaban de pie en esas largas filas que se hicieron mundialmente famosas. Eran muy vulnerables. La policía y las fuerzas de seguridad probablemente estaban desplegadas, pero difícilmente eran una presencia prominente. Solo hubiesen sido necesarios unos pocos extremistas locos con unas AK-47 para provocar los más terribles estragos y el caos total. Eso no sucedió. Prácticamente en todos lados había una complicación de uno u otro tipo. Por aquí no había suficientes papeletas de votación, allá no había tinteros en cantidad necesaria; en otro lugar, los oficiales no habían llegado, incluso horas después del inicio de las votaciones. Las personas asombraban por su paciencia. Era un desastre de gran alcance el que asechaba. Pero no sucedió.

Fue un espectáculo sorprendente. Personas de todas las razas hacían fila juntas, quizás por primera vez en sus vidas. Los profesionales, las empleadas domésticas, las personas de limpieza y sus patronas, todos estaban parados allí en esas filas serpenteantes que lentamente los llevaban hacia el cuarto oscuro. Lo que podría haber sido un desastre resultó en una bendición. Esas filas produjeron un nuevo símbolo de estatus particularmente sudafricano. Después la gente se jactaba: "Hice dos horas de fila para votar". "¡Yo esperé durante cuatro horas!".

Esas largas horas nos ayudaron a nosotros, los sudafricanos, a encontrarnos los unos a los otros. Las personas compartían periódicos, emparedados, sombrillas, y así las vendas comenzaron a caérseles de los ojos. Los sudafricanos encontraron a sus semejantes sudafricanos. Se dieron cuenta de aquello que nos había causado tanto dolor decirles: que ellos compartían una humanidad común, que la raza, la etnia, el color de la piel realmente eran cosas irrelevantes. Ellos no descubrieron a un mestizo, un negro, un indígena, un blanco. No, ellos encontraron seres humanos semejantes a ellos. Qué profundo descubrimiento científico que los negros, los mestizos y los indígenas eran de hecho seres humanos, que tenían las mismas preocupaciones, ansiedades y aspiraciones. Ellos querían un hogar aceptable, un buen trabajo, un entorno seguro para sus familias, buenas escuelas para los hijos y casi ninguno quería arrojar al mar a los blancos. Solo querían su lugar debajo del sol.

En cualquier parte, las elecciones son acontecimientos políticos seculares. Las nuestras fueron más que eso, mucho, mucho más. Fue una verdadera experiencia espiritual. Como estar en la cima de la montaña. Una persona negra entraba al cuarto oscuro siendo una persona y salía del otro lado como una persona nueva, transformada. Entró abrumada por la angustia y la carga de la opresión, con el recuerdo de haber sido tratada como basura, carcomida en su interior por un ácido corrosivo. Reapareció como alguien nuevo. "Soy libre", dijo al alejarse con la cabeza erguida, los hombros derechos y un caminar ligero. ¿Cómo transmites esa sensación de libertad que tenía el gusto de un suave néctar probado por primera vez? ¿Cómo se lo explicas a alguien que nació en libertad? Es imposible de transmitir. Es inefable, quizás como tratar de describirle el color rojo a una persona ciega de nacimiento.

Es un sentimiento que te hace querer llorar y reír al mismo tiempo, danzar con gozo y aún así sentir temor de que sea demasiado bueno para ser verdad y que todo pueda evaporarse. Estás gozoso. Quizás eso sintió la gente en los días de la victoria aliada sobre Europa y sobre Japón después de la Segunda Guerra Mundial. Las personas salían a las calles de sus pueblos, ciudades y aldeas, y abrazaban y besaban a completos extraños. Así es cómo nos sentíamos.

La persona blanca entró al cuarto oscuro agobiada por la carga de la culpa de haber disfrutado los frutos de la opresión y la injusticia. Salió de allí como un ser nuevo. El hombre blanco también exclamó: "La carga ha sido levantada de mis hombros, soy libre, transformado, soy una nueva persona". Caminó erguido, con la cabeza en alto y los hombros derechos.

Los blancos encontraron que la libertad era, ciertamente, indivisible. Durante los oscuros días de la opresión del apartheid habíamos dicho continuamente que los sudafricanos blancos nunca serían verdaderamente libres hasta que nosotros, los negros, fuéramos libres también. Muchos pensaron que solo se trataba de un eslogan de Tutu, irresponsable como habían sido todos los demás. Hoy todos ellos lo experimentaban como una realidad. Solía referirme a una antigua película de intriga, The Defiant Ones[1], en la que Sidney Poitier era uno de los protagonistas. Dos convictos escapan de la detención. Están encadenados entre sí, uno es blanco y el otro, negro. Cayeron en una zanja de bordes resbalosos. Uno de los convictos logra abrirse camino

---

1 *Fugitivos*, 1958 (N. de la t.)

y casi salir de la zanja, pero no puede hacerlo porque está atado a su compañero que permanece en el fondo. La única forma en la que pueden lograrlo es juntos y se esfuerzan los dos a la vez por subir la ladera y salir.

Así también, diría yo, nosotros, los sudafricanos, sobreviviremos y prevaleceremos solo si estamos juntos, los negros y los blancos unidos por la circunstancia y la historia, mientras luchamos por arañar nuestro camino de salida del cenagal que era el racismo del apartheid. Hacia arriba y hacia afuera juntos, el blanco y el negro unidos. Ningún grupo por sí mismo pudo o podría haberlo hecho. Dios nos ha unido, maniatándonos juntos. De alguna manera, era experimentar lo que Martin Luther King Jr. había dicho: "A menos que aprendamos a vivir juntos como hermanos (y hermanas) moriremos juntos como tontos".

Ese día, en ese suceso memorable, lo estábamos experimentando. Mucho después, los sudafricanos descubrirían que la llegada de la democracia y la libertad a su tierra sirvieron para abrir puertas que anteriormente habían estado completamente cerradas. Ahora la comunidad internacional que nos había tratado como un Estado paria abría sus brazos, dándonos una calurosa bienvenida. Fuimos recibidos nuevamente en la Mancomunidad de Naciones en una ceremonia y servicio eclesiástico profundamente conmovedores, en la Abadía de Westminster, en Londres, cuando la nueva bandera sudafricana fue llevada al santuario para unirse a otras de la organización. El mundo de los deportes, que en la mayoría de los casos nos habían boicoteado, puso la alfombra roja de bienvenida. Los sudafricanos tenían una nueva forma de experiencia de la que ocuparse. Su país era un favorito. Mientras que antes los sudafricanos habían viajado al extranjero furtivamente, ocultando su identidad nacional por temor a ser rechazados, ahora caminaban erguidos, llevando la bandera de su país en sus solapas y adhiriéndola llamativamente en sus equipajes, proclamando a viva voz para que todos supieran que ellos eran sudafricanos, esa tierra que tenía confundidos a todos los agoreros al haber hecho una extraordinaria y pacífica transición desde la represión y la injusticia hacia la democracia y la libertad.

Probablemente, el mundo se detuvo el 10 de mayo, cuando Nelson Mandela fue investido como el primer presidente de Sudáfrica electo democráticamente. Si no se detenía entonces, iba a tener que hacerlo, porque casi todos los jefes de Estado del mundo y otros líderes pululaban por Pretoria. Cualquiera que fuera alguien estaba allí. Uno de los momentos más inolvidables de aquel histórico día de asunción de mando fue cuando los aviones de la Fuerza Aérea Sudafricana sobrevolaron en homenaje al nuevo Presidente, dejando una estela de humo con los colores de la nueva bandera nacional. Las lágrimas corrían por mi rostro. Casi como si viniera de una sola garganta, un sonido penetrante proveniente de los sudafricanos que estaban allí —y pienso que en especial de los negros sudafricanos— estalló. Fue como si, simultáneamente, a todos se nos ocurriera que esas máquinas de guerra que durante tanto tiempo habían dirigido contra nosotros... ¡vaya!, ahora eran nuestras, no solo de ellos. Ahora, sin duda, este era nuestro país, de la manera más completa posible.

Un momento conmovedor ese día fue cuando llegó Nelson Mandela con su hija mayor como su acompañante y los distintos jefes de las fuerzas de seguridad, la policía y los servicios correccionales caminaron rápidamente hacia su automóvil, le rindieron honores y lo escoltaron como jefe de Estado. Fue conmovedor, porque solo unos pocos años antes, Mandela había sido su prisionero y considerado un terrorista que había que atrapar. ¡Qué metamorfosis, qué giro tan extraordinario! Mandela invitó a su carcelero blanco a asistir a la inauguración como un invitado de honor, el primero de muchos gestos que haría con su particular estilo, mostrando su asombrosa magnanimidad y voluntad de perdonar. Mandela llegaría a ser un poderoso agente para la reconciliación, instaba a sus compatriotas a trabajar a favor de ella, y formaría parte de la Comisión para la Verdad y Reconciliación[2] que fundaría para lidiar con el pasado de nuestro país. Este hombre, que había sido vilipendiado y perseguido como un fugitivo peligroso y que había sido encarcelado durante casi tres décadas, pronto se

---

2 *Truth and Reconciliation Comisión.*

transformaría en la encarnación del perdón y la reconciliación. Aquellos que lo habían odiado iban, en su mayoría, a comer de su mano; el prisionero se había convertido en presidente, a tiempo para ser admirado por el mundo entero en un extraordinario y continuo flujo de halago y reverencia al héroe, el jefe de Estado más admirado y venerado del mundo. Sudáfrica nunca tuvo tantas visitas oficiales como en abril de 1994, cuando Nelson Mandela se convirtió en presidente. Prácticamente, todo jefe de estado quería tomarse una fotografía con nuestro Presidente.

Sin embargo, seguíamos preguntándonos si todo esto no iba a estallarnos en las manos. Temíamos que, de alguna manera, en otro lugar del país, algunos dementes se comportaran violentamente y trastornaran todo el acuerdo negociado. Eso no sucedió. Muchas cosas salieron mal. En algunos lugares, fue claramente el resultado de la intención deliberada de sabotear todo el operativo y sin embargo no fue nada que el país no pudiera manejar.

Sí, el mundo vio que un verdadero milagro se desarrollaba delante de sus ojos. Ellos fueron testigos de algo casi increíble. En lugar del espantoso baño de sangre que tantos temían y que tantos otros predijeron, allí estaban esos sorprendentes sudafricanos, negros y blancos juntos, construyendo una transformación y una traspaso de poder relativamente pacíficos.

Qué maravilloso fue ese 27 de abril, un día extraordinario que terminó con casi ninguna de las cosas adversas que habíamos temido y que otros habían vaticinado. La elección fue declarada libre y justa. Alabado sea Dios. Estábamos extasiados de gozo. Lo habíamos logrado. Con ese logro incluso nos habíamos asombrado de nosotros mismos. Nelson Mandela fue legalmente votado presidente por la primera Asamblea Nacional democráticamente elegida de la nueva Sudáfrica. Luego fuimos al desfile en las afueras de la alcaldía de Ciudad del Cabo, el cual era una verdadera marea humana, que igualaba a la multitud que se había reunido allí cuando Nelson Mandela fue liberado de la prisión.

Tuve el gran honor de presentar al nuevo presidente y a sus dos vicepresidentes, Thabo Mvuyelwa Mbeki y Frederik Willem de Klerk, ante la impaciente multitud que aguardaba y al mundo. Cuando guié a Mandela hacia el podio, ante su pueblo, los vítores bien podrían haber tirado el techo abajo. Ganamos una espectacular victoria sobre la injusticia, la opresión y el mal. Sí, eso es seguro. ¡Qué maravilloso poder decirle a la comunidad internacional que esa victoria hubiese sido totalmente imposible sin la ayuda, las oraciones y el compromiso de ellos hacia nuestra causa! En beneficio de millones de mis compatriotas es un gran privilegio decirles: "Gracias, gracias, gracias. Nuestra victoria es, en un sentido real, la victoria de ustedes. Gracias". Una vez diserté en la universidad de Cambridge, en Inglaterra y entre otras cosas dije: "Ahora el boicot a los productos de Sudáfrica ha sido levantado". Luego de mis palabras, una mujer de mediana edad se me acercó para saludarme y me dijo: "Arzobispo, lo escucho y mentalmente estoy de acuerdo con usted. Pero mis padres me educaron para que boicoteara los productos de Sudáfrica y yo crié a mis hijos para que también lo hicieran. Así que incluso hoy, cuando compro productos sudafricanos, lo hago de forma furtiva, porque todo dentro de mí me dice que estoy haciendo algo malo". Dudo que otra causa haya provocado la misma pasión y dedicación como la causa del antiapartheid y dudo que ningún otro país haya sido el objeto de tantas intensas oraciones de tantas personas durante tanto tiempo, como mi tierra natal. De alguna manera, si un milagro iba a suceder en algún lugar, entonces Sudáfrica era el candidato evidente.

Cuando me convertí en arzobispo me impuse tres metas para mi periodo de funciones. Dos estaban relacionadas con obras en el interior de nuestra Iglesia Anglicana (Episcopal): la ordenación de las mujeres al sacerdocio, que nuestra Iglesia aprobó en 1992 y a través de la cual ha sido maravillosamente enriquecida y bendecida, y otra en la que no pude obtener el respaldo de la Iglesia: la división de la inmensa y creciente diócesis de Ciudad del Cabo en unidades pastorales más pequeñas. La tercera meta era la liberación de todo nuestro pueblo, negros y blancos. Y eso lo logramos en 1994.

Así que mi esposa, Leah, y yo mirábamos con optimismo mi retiro, que se concretó en 1996. Hemos sido maravillosamente bendecidos, pues hemos visto aquello con lo que solo podíamos soñar que pasaría algún día en nuestras vidas: nuestra tierra y a su gente emancipada de las cadenas del racismo.

Estuve involucrado en la lucha de una forma pública y con un alto perfil desde 1975, cuando me convertí en el deán de Johannesburgo y en 1976 le escribí una carta al primer ministro de esa época, el señor B. J. Vorster, en la que le advertía de la ira creciente de la comunidad negra. Él trató mi carta con desdén. Unas pocas semanas después, explotó Soweto y Sudáfrica no volvió a ser la misma. Había estado en la esfera pública durante veinte años, y ahora, con los procesos políticos normalizados, era tiempo de que saliera del centro de la escena.

Realmente nos deleitábamos ante la posibilidad de ser ciudadanos mayores retirados. No habíamos tomado en cuenta el sínodo de obispos de nuestra Iglesia, o a nuestro presidente, ni al Comité de Verdad y Reconciliación. Todos ellos conspiraron para interrumpir nuestros mejores planes de retiro.

CAPÍTULO 2

*¿Núremberg o la
amnesia nacional?
La tercera posición*

27 de abril de 1994, la fecha del momento crucial, el comienzo de una nueva era, el comienzo de una nueva Sudáfrica, la democrática, no racial, no sexista Sudáfrica de los esloganes electorales... Eso era algo bastante novedoso: una democracia en lugar de la represión y la injusticia del viejo y desacreditado apartheid. Muy pronto descubriríamos que ahora casi nadie admitiría realmente que había apoyado ese cruel sistema. Algo nuevo se había creado el 27 de abril. Ya nadie gravemente herido iba a ser dejado a un lado del camino porque la ambulancia que había llegado a la escena del accidente estaba reservada para otro grupo racial. Nunca más las personas iban a ser desarraigadas de sus hogares para ser arrojados en bantustanes[3] extremadamente pobres como si fueran desechos.

Eso era lo que le había ocurrido a más de tres millones de compatriotas sudafricanos, víctimas de una despiadada pieza de ingeniería social que intentaba la tarea imposible de desenmarañar el omelete demográfico que era la realidad sudafricana, la cual había sido anatema

---

3   Regiones organizadas según razas y etnias creadas por el gobierno del apartheid, nominalmente como estados tribales independientes.

los ideólogos del apartheid obsesionados con la raza. Nunca más los hijos de Dios serían humillados por medio de los burdos métodos empleados por el Ente de Clasificación Racial[4] que buscaba separar a los habitantes de Sudáfrica por raza como si fueran ganado. Con frecuencia, a los miembros de una misma familia se les asignaba distinto grupo racial, solo porque un miembro era de un tono levemente más oscuro. Ese sería castigado, enviado a un grupo inferior y menos privilegiado. Algunas personas se suicidaron antes de aceptar esa clasificación estrafalaria y arbitraria. Nunca más ningún niño recibirá esa instrucción superficial que pretendía ser educación, cuando era una verdadera parodia diseñada para entrenar a los niños negros para una perpetua servidumbre de los superiores blancos y poderosos jefes y señoras. El doctor Hendrik Verwoerd, arquitecto de ese sistema educativo, adalid del apartheid y luego primer ministro, no se había avergonzado de afirmar categóricamente:

> "La escuela debe equipar al bantú para satisfacer las demandas que la vida económica le impondrá... ¿Cuál es el beneficio de enseñarle matemáticas a un niño bantú si no las puede usar en la práctica?... La educación debe entrenar y enseñar a las personas según sus oportunidades en la vida...". [5]

Yo digo "nunca más" como un compromiso de la nueva Sudáfrica. "Nunca más" podrá aprobarse una legislación, legalmente y conforme al orden establecido, para transformar la vida de tantos en un infierno en la tierra, porque en la nueva Sudáfrica no es el Parlamento el que es soberano. No, es nuestra nueva Constitución, estimada por la mayoría de las personas como una de las más libertarias y orientada a los derechos humanos en el mundo. Ahora no se pueden aprobar leyes de forma caprichosa. No, tienen que ser aceptadas por nuestro más alto tribunal, la Corte Constitucional, que ya ha demostrado en su corta

---

4   *Race Classification Boards.*

5   *Historia ilustrada de Sudáfrica: La historia real.* Reader's Digest, Ciudad del Cabo, 1988.

vida que va a derribar cualquier cosa que vaya en dirección opuesta al espíritu y la letra de la Constitución. La Constitución no es solo un pedazo de papel, es un pacto solemne entre todos los sudafricanos a través de sus representantes electos.

Hay muchas cosas que la nueva administración trajo consigo. Pero hay otros aspectos del pasado que persisten, que se inclinan sobre el brillante nuevo día como una nube oscura y sombría.

El debilitante legado del apartheid todavía va a estar con nosotros durante mucho tiempo. Nadie tiene una varita mágica para que los arquitectos de esta nueva administración puedan agitar y decir: "¡Listo!, las cosas van a cambiar de la noche a la mañana para convertirse en la tierra en la que fluye leche y miel". El apartheid, arraigado firmemente durante medio siglo y ejecutado con una eficiencia despiadada, era demasiado fuerte para eso. Va a llevar mucho tiempo erradicar sus perniciosos efectos.

Además de la sistemática y devastadora violación de todo tipo de derechos humanos por la naturaleza misma del apartheid —descripto por cinco jueces expertos en una declaración ante la Comisión como "en sí mismo y en la forma en que fue implementado... un burdo abuso de los derechos humanos"— muchos sudafricanos recordaron aquellas espantosas acciones que habían perpetrado en el pasado. Recordaban la masacre de Sharpeville del 21 de marzo de 1960, el día en que una multitud pacífica se manifestaba contra la Ley de Pases cuando la policía entró en pánico y abrió fuego contra los manifestantes. Sesenta y nueve personas fueron derribadas, muchas de las cuales fueron baleadas por la espalda cuando escapaban.

Las personas se acordaron del Levantamiento de Soweto del 16 de junio de 1976, cuando escolares desarmados fueron baleados y asesinados mientras protestaban contra el uso del idioma afrikáans como medio de instrucción. El afrikáans era considerado como el lenguaje de los que hacían cumplir las políticas del apartheid, que el partido político que mayoritariamente hablaba esa lengua, el Partido Nacional, había impuesto sobre la nación desde 1948.

Sudáfrica recordó que varias personas habían muerto

misteriosamente mientras estaban detenidas por la policía. Las autoridades alegaron, lo que probablemente creyó la mayor parte de la comunidad blanca —sin dudas algo que no creyó la mayor parte de la comunidad negra— que ellos se suicidaron ahorcándose con sus cinturones, que se habían resbalado con el jabón mientras se duchaban o que tenían inclinación por saltar de las ventanas de los edificios en los que estaban detenidos y donde eran interrogados. Otros murieron, así se nos dijo, de heridas que se habían causado a sí mismos. Uno de esos fue Steve Biko, el joven estudiante fundador del Movimiento Conciencia Negra. Se dijo que se había golpeado violentamente la cabeza contra la pared en un inexplicable y disparatado altercado con sus interrogadores, en septiembre de 1977. La gente recuerda que cuando se le informó al entonces ministro de la policía de la muerte de Steve, este declaró de forma insensible y memorable que su muerte "lo había dejado helado". Las personas recuerdan que Steve había sido llevado desnudo en la parte posterior de un camión policial a Pretoria, a más de mil quinientos kilómetros de distancia, en donde se informó que había recibido tratamiento médico, pero que había muerto a poco de llegar allí. Nadie explicó nunca por qué no pudo recibir el tratamiento de emergencia en Puerto Elizabeth, lugar donde estaba detenido, ni tampoco por qué, si hubo que llevarlo a Pretoria, tenía que ser humillado, inconsciente como estaba, transportándolo sin ropa.

Las personas recuerdan Amanzimtoti, KwaZulu-Natal en 1985, cuando una bomba, ubicada en un basurero afuera de un centro comercial, explotó entre los transeúntes que hacían compras navideñas de último minuto, matando a cinco personas e hiriendo a más de sesenta.

Sudáfrica recuerda el atentado en el bar Magoo en junio de 1986, cuando tres personas fueron asesinadas y sesenta y nueve heridas por un coche bomba plantado por Robert McBride y dos cómplices, presuntamente bajo las órdenes de un comandante del brazo armado del ANK, Umkhonto weSizwe[6], asentado en la vecina Botswana.

La gente se llenó de repugnancia al ver cómo las personas fueron

---

6   Se traduce como "*Spear of a Nation* (*Los macheteros*). (N. de la t.).

asesinadas de forma tan horripilante mediante la llamada "gargantilla", una llanta puesta alrededor del cuello de la víctima, llena con gasolina y prendida fuego. Esa espantosa forma de ejecución la utilizaba el asentamiento urbano del ANC que apoyaba a los "camaradas", en especial contra los "traidores", aquellos de quienes se sospechaba que colaboraban con el Estado. También se la utilizaba en la contienda entre movimientos beligerantes de liberación, como el Frente Democrático Unido (UDF, por sus siglas en inglés), que en gran medida incluía a los simpatizantes del ANC cuando ese partido estaba prohibido, y la Azapo, el partido que propugnaba los principios de la conciencia negra, desarrollados por Steve Biko y sus colegas. Causaba horror que seres humanos, incluso niños, pudieran danzar alrededor del cuerpo de alguien que estaba muriendo de una forma tan atroz. El apartheid había tenido mucho éxito solamente en deshumanizar a sus víctimas y a aquellos que lo implementaban. Las personas recordaron que todo eso era en gran medida una parte de nuestro pasado, de nuestra historia.

La gente se sintió consternada por la masacre de la calle Church, en Pretoria, en mayo de 1983, cuando una bomba explotó fuera de las oficinas administrativas de la Fuerza Aérea Sudafricana. Murieron veintiuna personas y más de doscientas resultaron heridas. El ANC se adjudicó la responsabilidad de ese atentado.

Más recientemente, las personas recordaron la masacre de la iglesia Saint James en Ciudad del Cabo, en julio de 1993. En ese ataque, dos miembros del brazo armado del Congreso Pan-Africano (PAC, por sus siglas en inglés) —el movimiento de liberación que se había apartado del ANC en 1959— irrumpieron en el servicio dominical y abrieron fuego. Mataron a once fieles e hirieron a cincuenta y seis. Ya nada parecía sacrosanto en esa guerra de guerrillas urbana.

Esas y otras atrocidades similares han marcado nuestra historia y todos estaban de acuerdo en que teníamos que tomar muy en serio ese pasado. No podíamos fingir que no había ocurrido. Gran parte de ese pasado era demasiado reciente para muchas comunidades.

Prácticamente no había ninguna controversia respecto a si debíamos lidiar de forma efectiva con nuestra historia, si íbamos a hacer la transición a una nueva administración. No, el debate no era si hacerlo o no, sino acerca de cómo podíamos lidiar con ese único y muy verdadero pasado.

Algunos querían seguir el ejemplo del juicio de Núremberg, llevando al estrado a todos los autores de flagrantes violaciones de los derechos humanos, dejándolos que se sometieran al proceso judicial normal. Pero eso no era realmente una opción viable, quizás por misericordia para nosotros en Sudáfrica. En la Segunda Guerra Mundial, los aliados derrotaron a los nazis y a sus aliados exhaustivamente y pudieron imponer lo que ha sido descripto como "la justicia del vencedor". Los acusados no tenían voto en ese asunto y, porque algunos de aquellos enjuiciados, como los rusos, eran también culpables de flagrantes violaciones en los excesos llevados a cabo bajo Stalin, todo el proceso dejó un resentimiento a punto de estallar en muchos alemanes, como pude observar cuando participé en un panel de un programa de televisión de la BBC, en la misma habitación en Núremberg en la que se había llevado a cabo el juicio cincuenta años antes. Los alemanes habían aceptado porque estaban arruinados, y los vencedores, con las cosas como estaban, podían patear al vencido aun mientras estos yacían en el piso. De esa manera, la opción de Núremberg fue rechazada por aquellos que negociaban el delicado proceso de transición a la democracia, el gobierno de la ley y el respeto por los derechos humanos. Ninguna de las partes pudo imponer la justicia del vencedor porque ninguna ganó la victoria decisiva que les hubiera permitido hacerlo, dado que, militarmente hablando, habíamos llegado a un punto muerto.

Es cierto que las fuerzas de seguridad del régimen del apartheid no habrían apoyado el acuerdo negociado que hizo posible el "milagro" de nuestra relativamente pacífica transición de la represión a la democracia —cuando la mayoría de las personas habían hecho predicciones de un baño de sangre, de un completo desastre que nos hubiese sobrepasado— si hubieran sabido que al final de las negociaciones estarían en problemas, cuando tuviesen que enfrentar toda la fuerza de la ley como supuestos autores materiales. Ellos todavía controlaban las armas y tenían la capacidad de sabotear todo el proceso.

Como beneficiarios de una transición pacífica, los ciudadanos, en una admirable dispensación democrática, algunos sudafricanos —y otros de la comunidad internacional— disfrutaron del lujo de haber tenido la posibilidad de quejarse de que todos los autores materiales de los crímenes deberían haber sido llevados a la justicia. El hecho es que, desafortunadamente, tenemos una memoria muy corta. En nuestra amnesia habíamos olvidado que habíamos estado en vilo hasta 1994, en un tris del más completo desastre, pero —en la misericordia de Dios— fuimos guardados de todo eso. Aquellos mismos que ahora disfrutan la nueva dispensa han olvidado demasiado pronto qué tan vulnerable y, por cierto, cuán improbable era todo, y por qué es que el mundo todavía puede asombrarse de que ese milagro sucediera. El milagro era el resultado de un acuerdo negociado. No hubiese habido un acuerdo negociado ni una nueva democracia en Sudáfrica si alguna de las partes hubiera insistido en que todos los autores materiales fueran llevados a juicio. Mientras que los aliados iban a poder hacer las valijas y volver a casa después de Núremberg, nosotros en Sudáfrica teníamos que convivir unos con los otros.

Esa es la razón por la que el presidente de la Corte Suprema, el juez Ismail Mahomed, cuando era presidente electo de la Corte Constitucional y considerando un desafío para la validez constitucional de la cláusula de amnistía de nuestra ley, pudo citar con tanta aprobación las palabras del juez Marvin Frankel en su libro *Out of the Shadows of Night: The Struggle for International Human Rights*[7]:

"La demanda de castigar a los culpables de delitos contra los derechos humanos puede presentar problemas complejos y muy dolorosos que no tienen una única o simple solución. Mientras que el debate sobre los juicios de Núremberg continúa, el episodio de los juicios de criminales de guerra de una nación vencida era algo simple comparado con los temas sutiles y peligrosos que pueden

---

7   *Emerger de las sombras de la noche: la lucha por los derechos humanos internacionales.*

dividir a un país cuando este se compromete a castigar a sus propios violadores.

"Una nación dividida durante un régimen represor no emerge unida de repente cuando el tiempo de la represión ha pasado. Los culpables de delitos contra los derechos humanos son ciudadanos compatriotas, que viven entre nosotros y que pueden ser muy poderosos y peligrosos. Si el ejército y la policía han sido organismos del terror, los soldados y los policías no se van a convertir de la noche a la mañana en modelos del respeto a los derechos humanos. Su número y su manejo experto de armas mortales siguen siendo hechos significativos de la vida... Los soldados y la policía podrían estar aguardando el momento oportuno, esperando y conspirando para volver al poder. Quizás estén buscando mantener o ganar simpatizantes en la población en general. Si son tratados con demasiada severidad, o si el radio de castigo es demasiado amplio, podría haber un contragolpe que les hiciera el juego. Pero sus víctimas no pueden sencillamente perdonar y olvidar.

"Estos problemas no son generalidades abstractas. Describen realidades duras en más de una docena de países. Si, como esperamos, más naciones son liberadas de los regímenes de terror, surgirán problemas similares. Ya que las situaciones difieren, la naturaleza de los problemas varía de lugar en lugar".[8]

Como dijo el juez Mahomed sobre la situación en Sudáfrica:

"Para una exitosa transición negociada, los términos de la transición requirieron no solo el acuerdo de aquellos que fueron víctimas de abuso, sino también de aquellos amenazados por la transición hacia una «sociedad democrática basada en la libertad y la igualdad'[9]. Si la Constitución mantenía viva la perspectiva de represalias

---

8   Marvin Frankel y Ellen Saideman (New York: Delacore Press, 1989).

9   Cita de la Constitución.

y venganzas continuas, el acuerdo de aquellos amenazados por su
implementación podría no haber tenido lugar rápidamente..."

Hubo otras razones muy convincentes e importantes para que la
opción del juicio de Núremberg consiguiera poca aceptación por parte de los negociadores. Aun si hubiésemos podido elegirlo, hubiera
puesto una carga intolerable en un sistema judicial que ya estaba muy
tenso. Ya habíamos tenido algunos casos de esa naturaleza porque el
Estado había procesado en dos juicios de gran importancia al ex coronel Eugene de Kock, que fuera jefe de un escuadrón de la muerte de
la policía, en 1995 y 1996, y al general Magnus Malan, ex ministro de
Defensa, y a un grupo de generales y militares en 1996. Se necesitó un
equipo completo del Departamento de Justicia y Seguridad y Defensa
(policía) durante dieciocho meses para lograr un caso exitoso contra
Kock; y como él era un ex empleado público, el Estado se vio obligado
a pagar la cuenta, que llegó a cinco millones de rands (casi un millón
de dólares), suma que no incluía el costo del proceso judicial y su
burocracia, ni un oneroso programa de protección de testigos. En el
caso del general Malan y la otra persona acusada con él, el Ministerio
Público no pudo atrapar a sus hombres, y los costos fueron astronómicos, llegando casi a los doce millones de rands (dos millones de
dólares) solo para la defensa, que otra vez tuvo que ser afrontado por el
Estado. En un país con escasos medios económicos y con una amplia
gama de prioridades apremiantes en educación, salud y vivienda, entre
otros campos, se debían tomar decisiones difíciles respecto a lo que el
país podía permitirse.

Tampoco hubiésemos podido examinar detalladamente día tras día
durante un tiempo prolongado los detalles que, por la naturaleza del
caso, hubiesen sido demasiado angustiantes para muchas personas y
también muy inquietantes para las frágiles paz y estabilidad. Sin duda,
no hubiésemos podido tener la tenacidad de los cazadores de nazis,
que luego de cincuenta años siguen en la tarea. Tuvimos que equilibrar los requerimientos de la justicia, la obligación de rendir cuentas,
la estabilidad, la paz y la reconciliación. Podríamos muy bien haber

tenido justicia, justicia retributiva, y tener una Sudáfrica en cenizas. Una verdadera victoria pírrica, si hubiera habido una. Nuestro país tenía que decidir muy cuidadosamente dónde iba a gastar, para mayor beneficio, sus limitados recursos.

Otras razones importantes por las que la opción del juicio no era viable todavía podían alegarse. Una corte penal requiere que la evidencia presentada pase el más riguroso examen y que satisfaga el criterio de probar la causa más allá de cualquier duda razonable. En muchos de los casos que se presentaron ante la Comisión, los únicos testigos de los hechos que todavía seguían con vida eran los autores de los crímenes, y ellos habían usado los cuantiosos recursos del Estado para destruir la evidencia y ocultar sus hechos atroces. La Comisión probó ser una mejor manera para llegar a la verdad que la Corte: aquellos que solicitaban amnistía tenían que demostrar que habían hecho una declaración completa para tener derecho a tal amnistía. Entonces, el proceso legal normal se invertía en el momento en que los solicitantes procuraban exonerarse de la carga que pesaba sobre ellos, haciendo una confesión completa. Lo más angustiante fue que, en el curso de las investigaciones y durante el trabajo de la Comisión de la Verdad y la Reconciliación, descubrimos que los que apoyaban el apartheid estaban preparados para mentir en cualquier momento. Esto se aplicaba a ministros del Gabinete, a comisarios de la policía y, por supuesto, a aquellos en jerarquías inferiores. Mentir descaradamente era costumbre, y se hacía con una aparente gran convicción. En la Corte, era la palabra de una víctima desconcertada contra la de varios de los perpetradores, antes oficiales de la Policía o de las Fuerzas Armadas, que habían jurado en falso, como admitían ahora en sus solicitudes de amnistía. Tendría que haber sido un juez o magistrado muy valiente para ponerse a favor del testigo solitario, quien además tendría la desventaja adicional de ser negro y de enfrentar a una falange de oficiales de policía blancos que realmente nunca podrían hacer algo tan cobarde como mentir en la Corte.

No es de extrañar que el sistema judicial haya ganado una mala reputación entre la comunidad negra. Se subestimó el hecho de que los jueces y los magistrados estaban en connivencia con la policía para arribar a fallos injustos. Hasta hace muy poco, todos los magistrados y los jueces eran blancos y compartían las aprehensiones y los prejuicios de sus compatriotas blancos, confiados en el hecho de que disfrutaban de los privilegios que las injusticias del apartheid les proveían tan espléndidamente y, por lo tanto, estaban inclinados a creer que toda oposición a aquel *status quo* se inspiraba en el comunismo, de modo que generalmente apoyaban a las ramas ejecutiva y legislativa del Gobierno contra la persona negra, que estaba excluida por ley de participar del gobierno de su madre patria. Muchos jueces en la antigua administración fueron descaradamente designados por cuestiones políticas y no hicieron nada para redimir la reputación del poder judicial de ser un voluntarioso colaborador de una administración injusta. Por supuesto, hubo algunas excepciones pero, en términos generales, los dados estaban muy cargados contra el litigante, acusado o demandante negro. Tomará tiempo para que nuestras personas de raza negra confíen en la policía y en el sistema judicial, tan desacreditados en los malos viejos días.

No podemos hacer nada mejor que citar otra vez el exquisito fallo del juez Mahomed:

"Todo ser humano decente debe sentir un intenso malestar viviendo con las consecuencias que puedan permitir a los autores materiales de hechos malvados caminar por las calles de este país con impunidad, protegidos en su libertad por la amnistía inmune a un ataque constitucional, pero las circunstancias para apoyar este camino requieren ser cuidadosamente evaluadas. La mayor parte de los hechos de represión y tortura que sucedieron tuvieron lugar durante una época en la que ni las leyes que permitían la encarcelación de personas o la investigación de crímenes, ni los métodos y la cultura que documentaban esas investigaciones estaban abiertos a la investigación pública, la verificación y la corrección. Buena parte de lo que sucedió durante ese vergonzoso periodo está bajo un velo de secreto y no resulta fácil demostrarlo y probarlo objetivamente. Muchos seres amados han desaparecido, algunas veces misteriosamente, y la mayoría de ellos no han sobrevivido para contar sus historias. Otros han visto invadidas su libertad, su dignidad ha sido agredida o se han manchado sus reputaciones por imputaciones extremadamente injustas, lanzadas en el fuego, y el fuego cruzado de un conflicto hiriente. Con frecuencia, tanto el malvado como el inocente han sido víctimas. El secreto y el autoritarismo han ocultado la verdad en pequeñas grietas de oscuridad en nuestra historia. Los documentos no son de fácil acceso, generalmente los testigos son desconocidos, están muertos, no están disponibles o son renuentes. Aquello que efectivamente permanece es la verdad de los dolorosos recuerdos de los seres amados que comparten instintivas sospechas, profundas y traumatizantes para los sobrevivientes, pero que no pueden traducirse en una evidencia objetiva y comprobable que pueda superar los rigores de la ley…".

Por ello, hubo restricciones probatorias, así como también la ley de prescripción que abolió el procesamiento de ciertos crímenes fuera de plazo, lo que hizo que la opción del juicio —aun si hubiese estado disponible— no fuera viable. El juez Mahomed señaló las consecuencias en otro pasaje de su fallo:

"La alternativa para conceder inmunidad de enjuiciamiento penal de los delincuentes es mantener intacto el derecho abstracto a tal enjuiciamiento para determinadas personas sin la evidencia para sustentar la acusación exitosamente, para seguir manteniendo a los familiares de esas víctimas en gran medida en la ignorancia acerca de lo que pudo haberles pasado a sus seres queridos, a dejar su anhelo por la verdad sin aliviar, para perpetuar su legítimo sentido de resentimiento y profunda pena y, según el caso, permitir a los culpables de tales hechos permanecer tal vez físicamente libres, pero inhibidos de convertirse en miembros activos, creativos y con pleno derecho del nuevo orden por una combinación amenazadora de temor, culpa, incertidumbre y, a veces, incluso miedo".

Cuando llegó el momento de escuchar la evidencia de las víctimas, y debido a que no éramos una corte penal, asentamos los hechos sobre la base de un balance de probabilidad. Puesto que fuimos exhortados por nuestra legislación vigente para rehabilitar la dignidad humana y civil de las víctimas, les permitimos a aquellos que vinieran a testificar que contaran *sus* historias en sus propias palabras. Hicimos todo lo que estaba a nuestro alcance para corroborar esas historias y pronto descubrimos que, como lo había señalado el juez Albie Sachs, miembro de nuestra Corte Constitucional, había diferentes tipos de verdad que no necesariamente se excluían unos a otros. Existía lo que podía denominarse la verdad de los hechos forenses, verificable y documentable, y existía la "verdad social, la verdad de la experiencia que se establece a través de la interacción, la discusión y el debate".[10] La verdad personal, según el juez Mahomed "la verdad de los recuerdos heridos" era una verdad sanadora, y un tribunal hubiese dejado a muchos de aquellos que fueron a testificar —que por lo general eran ingenuos e incultos— apabullados e incluso más traumatizados que antes, mientras que muchos expresaron que ir a hablar a la Comisión había tenido un marcado efecto terapéutico en ellos. Supimos esto a raíz de un comentario del hermano de uno de los Cuatro de Cradock, unos activistas que apoyaban al ANC, que salieron de sus hogares en Cradock para asistir a una concentración política en Puerto Elizabeth y que nunca regresaron, pues fueron atrozmente asesinados por la policía. El hermano me dijo lo siguiente después de que uno de sus parientes testificara en la primera audiencia de la Comisión de la Verdad y la Reconciliación y antes de que los policías responsables hubiesen confesado y solicitaran amnistía: "Arzobispo, hemos contado nuestra historia a mucha gente en distintas ocasiones, a los periódicos y a la televisión. Sin embargo, esta es la primera vez que después de contarla sentimos como si una pesada carga hubiese sido quitada de nuestros hombros".

---

10   En *The Healing of a Nation?*, Alex Boraine, Janet Levy (eds.). Ciudad del Cabo, Justice in Transition, 1995.

Por lo tanto, la opción de los juicios, que representaban un extremo de las formas posibles de lidiar con nuestro pasado, fue rechazada. También estaban aquellos que se oponían a la vía judicial y que sugirieron de forma más bien ligera que echáramos el pasado al olvido. Eso era lo que buscaban los miembros del Gobierno anterior y aquellos que llevaron a cabo sus órdenes en las fuerzas de seguridad. Ellos clamaban por una amnistía general como había sucedido, por ejemplo, en Chile, en donde el general Augusto Pinochet y sus cómplices se otorgaron amnistía a ellos mismos como condición previa para pasar de una junta militar a un gobierno civil. Aunque estuvieron de acuerdo con la designación de una Comisión de la Verdad, tal comisión solo iba a deliberar a puertas cerradas, y los expedientes del general Pinochet y su gobierno y de las fuerzas de seguridad no iban a ser evaluados por la Comisión, ciertamente no con el propósito de asignar culpas. Fue importante durante el debate sobre la impunidad señalar que el general Pinochet y sus oficiales y gobierno se perdonaron a sí mismos, solo ellos sabían realmente qué habían hecho, ellos fueron los acusados, la fiscalía y los jueces en su propio caso. En ausencia de una amnistía para determinar responsabilidades como fue en Sudáfrica, doy un gran apoyo a los procedimientos de extradición recientes contra el general Pinochet. Sería intolerable que el actor material decida otorgarse la amnistía, sin que nadie tuviera el derecho a cuestionar las bases sobre las que se indulta y por cuáles delitos.

En el caso de Sudáfrica, no hubo amnistía general ni automática, y los que la solicitaban tenían que hacer una solicitud individual, luego tenían que comparecer ante un jurado independiente que era el que decidía si el solicitante satisfacía o no las rigurosas condiciones para el otorgamiento de la amnistía. De modo que el otro extremo, el de la amnistía general, también fue rechazado. Además de las razones expuestas anteriormente, era muy fuerte la sensación de que una amnistía general realmente era la pérdida de la memoria. Se señaló que ninguno de nosotros poseía una especie de autorización por la cual pudiese decir: "lo pasado, pisado" y así nomás, que eso sucediera. De hecho, nuestra experiencia frecuente es la opuesta: que el pasado, lejos de desaparecer o permanecer tranquilo tiene una forma penosa y persistente de regresar y acecharnos, a menos que se haya tratado con él de forma adecuada. A no ser que enfrentemos el problema directamente, veremos que tiene el extraño hábito de regresar y mantenernos cautivos.

Los ingleses y los afrikáneres[11] en Sudáfrica son un perfecto ejemplo de ello. Durante la guerra anglo-bóer a comienzos del siglo XX, los británicos encarcelaron a más de doscientas mil personas, incluidas mujeres y niños bóer, y los trabajadores negros de las granjas bóer, en lo que fuera un nuevo invento británico en ese tiempo: los campos de concentración, los que iban a ganar —apropiadamente— mala reputación como rasgo distintivo del holocausto judío en la alocada obsesión de Hitler por la pureza aria. Se estima que cerca de cincuenta mil prisioneros murieron en condiciones inaceptables en la guerra anglo-bóer. A su final, ninguna de las partes se sentó con la otra a hablar de esos aspectos de la guerra. Parecía que con el tiempo las heridas causadas entonces habían sanado y que los ingleses y los afrikáneres vivían felices juntos. ¡Vaya! Sin embargo, la amigable relación era solo superficial; en verdad, era inestable y precaria. En 1998, viajé por la ruta desde Zúrich, para asistir al Foro Económico Mundial en Davos. Fui acompañado por un joven afrikáner que me dijo recordar claramente que su abuela le contaba las cosas terribles que le habían sucedido a su pueblo en los campos de concentración, y con un gran sentir expresó que estaba preparado para luchar d guerra anglo-bóer cada vez que recordaba las historias de su abuela.

En Dachau —que fuera un campo de concentración nazi cerca de Núremberg— hay un museo para conmemorar lo que sucedió allí. Pude ver la cámara de gas y los hornos en los que se incineraron los cuerpos de los judíos. Las cámaras de gas parecían muy inofensivas, como duchas normales, hasta que uno podía ver los conductos de

---

11 Se denomina afrikáner o bóer al descendiente de los colonos holandeses en Sudáfrica. (N. de la e.)

ventilación a través de los cuales salía el gas letal hacia las cámaras. En el museo, hay fotos de los prisioneros marchando detrás de orquestas de percusión al tiempo que llevan a algún prisionero para ser ejecutado. Sin dudas, un humor macabro. Los alemanes fueron muy metódicos y sistemáticos. Registraron todo, incluso los experimentos que llevaban a cabo con el objetivo de descubrir qué altura y qué profundidad podía tolerar un ser humano y, por supuesto, los conejillos de indias eran los prisioneros judíos subhumanos, no arios, y todo ello puede verse en aquellas fotografías que muestran rostros haciendo muecas como horrendas gárgolas.

A la entrada de ese museo encontramos las palabras del filósofo George Santayana: "Aquellos que olvidan el pasado están condenados a repetirlo". Las personas que estaban negociando nuestro futuro eran conscientes de que —a menos que el pasado fuera reconocido y tratado de forma adecuada— quedaría en ese futuro como una mancha nefasta.

Aceptar una amnesia nacional sería también malo por otra razón convincente: en efecto, victimizaría a las víctimas del apartheid por segunda vez. Les hubiésemos negado algo que contribuía a la identidad de quienes ellos eran. Ariel Dorfman, el dramaturgo chileno, escribió una obra titulada *La muerte y la doncella*. En esta obra, el esposo de la protagonista acaba de ser nombrado miembro de la Comisión de la Verdad de su país. Mientras su mujer está ocupada en la cocina, alguien a quien se le había descompuesto el automóvil y a quien su esposo está ayudando entra en la casa. La mujer no lo ve, pero reconoce la voz: es la del hombre que la torturó y violó mientras ella estaba detenida. Después, ve al hombre completamente a su merced, atado y desvalido. Ella tiene un arma y está preparada para matarlo, porque él niega por completo todo lo que hizo, e intenta elaborar una coartada. Mucho después, admite que es culpable e incomprensiblemente ella lo deja ir. Su negación la hiere en lo profundo de su ser, su integridad, su identidad está unida íntimamente con sus experiencias, con su memoria. La negación menoscababa su dignidad de persona. En un sentido auténtico, ella es su memoria, como alguien que padece alzheimer ya no es la misma persona que conocimos cuando poseía todas sus facultades.

Nuestra nación buscaba rehabilitarse y afirmar la dignidad y condición de persona de aquellos que durante tanto tiempo habían sido silenciados, que se habían convertido en seres anónimos y marginados. Ahora ellos podrían contar sus historias, recordarían, y al hacerlo se les reconocería ser personas con una dignidad humana inalienable.

Los negociadores de nuestro país rechazaron los dos extremos y optaron por una "tercera vía", un acuerdo intermedio entre el extremo de los juicios de Núremberg y la amnistía general o la amnesia nacional. Y ese tercer camino fue conceder amnistía a los individuos a cambio de una completa exposición del crimen por el cual solicitaban indulto. Fue la zanahoria de la posible libertad a cambio de la verdad y la vara fue para aquellos que ya estaban en la cárcel, la probabilidad de largas condenas y, para aquellos que todavía seguían libres, la posibilidad de arresto, enjuiciamiento y prisión.

La opción que eligió Sudáfrica hace surgir temas importantes que abordaré más adelante, como la pregunta acerca de la impunidad. ¿Aquello que pretendía hacer el Gobierno a través de la Comisión de la Verdad y la Reconciliación alentaría a las personas a pensar que podían cometer crímenes sabiendo que se les iba a conceder la amnistía? ¿Alguna vez será suficiente con que los actores materiales se disculpen y sean humillados a través de la exposición pública? ¿Qué de la justicia? Y debido a que la amnistía expurgó la responsabilidad civil y penal del solicitante exitoso, ¿era justo negarle a las victimas el derecho constitucional de reclamar daños civiles a los autores materiales y al Estado?

Concluyamos este capítulo señalando que a fin de cuentas esta tercera vía de amnistía era consistente con la característica principal del *Weltsanschauung* africano: lo que conocemos en nuestras lenguas como *ubuntu*, en el conjunto de lenguas nguni o *botho* en las lenguas sotho. ¿Qué fue lo que impulsó a tantos a elegir perdonar antes que pedir retribución, a ser tan generosos y a estar tan preparados para el perdón más que para la venganza?

Ubuntu es un término muy difícil de definir en un idioma occidental. La palabra se refiere a la esencia misma del ser humano. Cuando queremos darle honra a una persona decimos: *"Yu, u nobuntu"*; es decir, "tal y tal tiene *ubuntu*". Quiere decir que eres generoso, hospitalario, amistoso, atento y compasivo. Compartes lo que tienes. Es decir: "Mi humanidad está inmersa, ligada inextricablemente a la tuya". Pertenecemos a la misma vida. Decimos: "Una persona lo es a través de otras personas". No es: "Pienso, luego existo". Significa, más exactamente: "Soy humano porque pertenezco, participo, comparto". Una persona con *ubuntu* está abierta y disponible para otros, convalida a otros, no se siente amenazada porque los demás sean capaces y buenos, pues tiene un nivel de confianza en sí mismo apropiado, que proviene del saber que pertenece a una totalidad mayor, y que esta es menoscabada cuando otros son humillados o desvalorizados, cuando otros son torturados u oprimidos, o tratados como si fueran menos de lo que son.

Armonía, amistad y comunidad son valiosos bienes. La armonía social es para nosotros el *summum bonum,* el bien mayor. Cualquier cosa que menoscabe, que debilite este preciado bien debe evitarse como a una plaga. La ira, el resentimiento, la sed de venganza, aun el éxito por medio de una competitividad agresiva son elementos corrosivos para este bien. Perdonar no es solo ser altruista. Es lo mejor para el interés propio. Lo que te deshumaniza a ti inexorablemente me deshumanizará a mí. Le da resiliencia a las personas, les permite sobrevivir y surgir todavía más humanos, a pesar de todos los esfuerzos por deshumanizarlos.

Cuando *uhuru* —o libertad e independencia— llegó a Kenia, muchos esperaron que los Mau Mau se embarcaran en una campaña para transformar en país en la tumba del hombre blanco por medio de una orgía de venganza y castigo. En lugar de ello, el presidente Jomo Kenyatta llegó a ser tan respetado por todos que hubo mucha consternación cuando murió. Había inquietud por saber en qué se convertiría Kenia después de Kenyatta. El *ubuntu* era general en la Kenya post-*uhuru*. Se puede señalar que exactamente lo opuesto ocurrió en el Congo Belga a principios de los sesenta, y más recientemente, en el genocidio de Ruanda, en 1994. ¿Dónde había *ubuntu* entonces? Pero en Zimbabwe, luego de la más penosa guerra, Robert Mugabe, en la noche de su victoria electoral en 1980, asombró a todos al hablar de reconciliación, rehabilitación y reconstrucción. Eso era *ubuntu* puesto en práctica. En Namibia, después de que la SWAPO[12] ganara la primera elección democrática en 1989, el presidente Sam Nujoma emocionó a todos con su encantadora sonrisa. No hubo represalias contra los blancos. Eso era, evidentemente, el *ubuntu*. Lo que sucedió en Sudáfrica ya había sucedió en esos países.

---

12   SWAPO: acrónimo inglés de South-West African People's Organization. En español: Organización Popular de África del Sudoeste. (N. de la t.)

CAPÍTULO 3

*El cumplimiento
del tiempo*

Estamos envueltos en una delicada red de interdependencia porque, como decimos en nuestra lengua africana, una persona es una persona a través de otras. Deshumanizar a otros significa, inexorablemente, que uno se deshumaniza también. No es de sorprender que, al haber estado involucrados en una política tan perversa y deshumanizante como el apartheid, el ministro de Gabinete Jimmy Kruger pudiera decir de forma tan cruel que la muerte en detención de Steve Biko "lo dejó frío". Por lo tanto, perdonar es la mejor forma del interés propio, pues la ira, el resentimiento y la venganza corroen aquel *summum bonum,* el bien supremo, la armonía comunal que enaltece la humanidad y la dignidad de todos en la comunidad.

¿Por qué los ruandeses no mostraron esa calidad de *ubuntu* los unos a los otros y en vez de ello se destruyeron mutuamente en el más terrible genocidio que haya abrumado a su precioso país? Lo único que puedo decir claramente es que no es un proceso mecánico, automático e inevitable, y que nosotros en Sudáfrica fuimos bendecidos con personas muy notables de todas las razas, no solo negros sudafricanos. El señor Johan Smit de Pretoria perdió a su joven hijo, que fue asesinado por una bomba del ANC. El señor Smit es afrikáner, y el sentido común nos hubiera hecho suponer que él iba a estar lleno de enojo y hostilidad contra aquellos que la propaganda del Gobierno del apartheid inventó que eran terroristas inspirados en ideas comunistas. Cuando el señor Smit habló sobre la muerte de su hijo fue conmovedor. Expresó que no estaba enojado. Si sentía algún enojo, era contra el Gobierno del apartheid.

Creía que la muerte de su hijo había contribuido a la transición que estábamos experimentando de la represión y la injusticia a la democracia y la libertad.

¿Por qué sucedió eso en Sudáfrica en aquel momento?

Hay una hermosa frase que san Pablo usa en su carta a los nuevos cristianos convertidos en Galacia. Y esa oración es "el cumplimiento del tiempo".[13]

Pablo dice que Jesús nació en el momento correcto; todas las piezas encajaron en su lugar, los antecedentes eran los apropiados y todo ello sucedió en el instante justo. Un poquito antes hubiese sido demasiado pronto y un poquito después, demasiado tarde. No podría haber ocurrido en ningún otro momento. En los noventa, la libertad se manifestó en los lugares más insospechados: el muro de Berlín se derrumbó y el imperio comunista comenzó a desaparecer como resultado de la perestroiska y la *glásnost*[14] de Mijaíl Gorvachov. Hubiese sido imposible que todos esos cambios tuvieran lugar en el tiempo de sus predecesores de línea más dura, como Leonid Brézhnev, y si la escena geopolítica global no hubiese cambiado como lo hizo, mucho de lo que pasó posteriormente no hubiese ocurrido o hubiera tenido lugar con un mayor costo de vidas humanas y hubiese resultado en más disturbios y revuelos.

---

13 Gálatas 4:4

14 Política de apertura. (N. de la e.).

Hubiese sido mucho más difícil para un F. W. de Klerk anunciar sus extraordinarias y valientes iniciativas del 2 de febrero de 1990 si todavía hubiese existido un imperio comunista fuerte y agresivo, el "imperio del mal", según el presidente Reagan. Esa fue una de las piezas que ayudó a producir los cambios en Sudáfrica. El régimen del apartheid había sido capaz de engatusar a un crédulo y dispuesto Occidente, convenciéndolo de que Sudáfrica era el último bastión contra el comunismo en África.

Sin embargo, el Gobierno del apartheid ya no pudo alegar con credibilidad que tenía que usar medidas represivas para frenar el avance del comunismo cuando este había sido vencido. Fue una bendición que —en ese momento crucial en la historia del mundo y de Sudáfrica— un F. W. de Klerk reemplazara al irascible y arrogante Pieter Willem Botha como presidente de Sudáfrica. En 1985, el señor Botha no pudo estar a la altura de las circunstancias cuando lo que había sido anunciado como un importante discurso en el que se comunicarían reformas resultó en un fiasco. Es sumamente inconcebible que el severo Botha anunciara las audaces iniciativas que F. W. de Klerk pronunció a un mundo sorprendido y apenas crédulo en un discurso al Parlamento en aquel día de febrero: que el proceso político en Sudáfrica se iba a normalizar mediante el levantamiento de la prohibición de las organizaciones políticas que habían sido proscriptas desde la masacre de Sharperville en 1960, que el Congreso Nacional Africano, el Congreso Pan-Africano y el Partido Comunista Sudafricano (SACP, por sus siglas en inglés) obtendrían nuevamente el permiso de operar como organizaciones legales en una Sudáfrica que buscaba emerger de la claustrofobia de la injusticia y la opresión del apartheid.

Nada le sacará jamás a F. W. de Klerk el enorme crédito que le pertenece por lo que dijo y lo que hizo entonces. Él mismo se labró un nicho en la historia de Sudáfrica y —sin importar las razones que tuvo para hacerlo y sin importar nuestra valoración de lo que hizo— debemos honrarlo por sus acciones en 1990.

Yo creo que, si no lo hubiese hecho en ese momento, hubiésemos vivido el baño de sangre y el desastre que muchos predijeron como destino para Sudáfrica. Fue necesario un considerable grado de valentía para tratar de persuadir a la comunidad blanca de que sus mejores intereses serían atendidos mediante la negociación de su salida del control exclusivo del poder político. Muy pocos electores aceptarían de buen grado a candidatos a puestos políticos que dijeran que su plataforma consiste en entregar el poder a sus tradicionales adversarios. El señor F. W. de Klerk no expresó, por cierto, nada tan categórico. Habló sobre compartir poder y hacer que aquello que era desagradable e incluso impensable un poco menos impactante. Puso su carrera política en juego y seríamos extremadamente groseros si no nos quitáramos el sombrero ante él por todo eso. Quizás haya tenido la esperanza de poder negociar una posición para los blancos en la que él y sus seguidores fueran capaces de ejercer un veto. Tal vez deseó gobernar en un triunvirato presidencial rotativo. Pero, sea como fuere, fuimos bendecidos en ese momento crucial en nuestra historia por tenerlo allí, listo a asumir riesgos y conducir con liderazgo.

Por supuesto, todo hubiera sido completamente inútil si su contraparte no hubiese estado a la altura del desafío de esa época. Si F. W. de Klerk hubiese encontrado en la cárcel a un hombre encrespado por la amargura y la sed de venganza es muy poco probable que hubiese anunciado sus iniciativas. Afortunadamente para nosotros, encontró en prisión a un hombre que se había convertido en un prisionero de conciencia *por excelencia*. Nelson Mandela había alcanzado una importancia en prisión que llenó a muchos con la preocupación de que ese verdadero santo saliera de la prisión y desilusionara a aquellos que lo veneraban, pues resultara tener pies de barro. De hecho, circulaba el rumor de que algunos miembros de su movimiento estaban planeando asesinarlo, porque temían que el mundo se decepcionara de que Mandela no estuviera a la altura de la importancia que había alcanzado mientras estaba preso. Temían que los benefactores se deshicieran del Congreso Nacional Africano y sacaran el enorme apoyo internacional que este había recibido, sobre todo por la imagen épica que el mundo había construido de su líder en la cárcel.

No nos tendríamos que haber preocupado. El señor de Klerk no se encontró con una persona vengativa, empeñada en devolverles a los blancos su propia moneda, que quería darles grandes dosis de su propia medicina. Encontró a un hombre regio en dignidad, rebosante de magnanimidad y del deseo de dedicarse a sí mismo a la reconciliación de aquellos a quienes el apartheid, la injusticia y el dolor del racismo habían alejado entre sí. Nelson Mandela salió de la prisión sin pronunciar palabras de odio ni venganza. Nos asombró a todos por su heroica encarnación de la reconciliación y el perdón. Nadie podría haberlo acusado de hablar con ligereza y superficialidad sobre el perdón y la reconciliación. Mandela había sido acosado durante mucho tiempo antes de su arresto, lo que le imposibilitó llevar una vida familiar normal. Al momento de su liberación, el 11 de febrero de 1990, había pasado veintisiete años completos en prisión. Nadie podía decir que no sabía nada del sufrimiento. Una famosa fotografía lo muestra en la prisión de la isla Robben junto a Walter Sisulu en el patio en el que ellos —y otros, que pueden observarse detrás de ellos en la imagen— están sentados en hilera desmenuzando piedras. Semejante trabajo, completamente carente de sentido, monótono y aburrido, hubiese destrozado a hombres de menos carácter por su inutilidad. Y sabemos que su vista se estropeó por el resplandor al que los prisioneros fueron expuestos después, cuando trabajaban extrayendo cal de una cantera. Se había hecho todo para quebrantar su espíritu y para llenarlo de odio. Afortunadamente, en todo ello el sistema falló estrepitosamente. Salió una persona completa. Humanamente hablando, podríamos estar inclinados a decir que esos veintisiete años fueron un completo desperdicio, solo pensemos en todo lo que Mandela podría haber contribuido para el bien de Sudáfrica y del mundo. Pero yo no pienso eso: esos veintisiete años y todo el sufrimiento que ellos acarrearon fueron el fuego del horno que lo templó, que removió la escoria. Quizás sin ese sufrimiento hubiese sido menos capaz de ser tan compasivo y magnánimo como resultó ser. Y ese sufrimiento, por los demás, le dio una autoridad y una credibilidad que ninguna otra situación podría lograr. El verdadero líder debe, en algún punto u otro, convencerse a sí mismo y a sus seguidores de que está en ello no el propio enaltecimiento, sino por el bien de otros. Nada puede probar esto de forma más convincente que el sufrimiento. El señor De Klerk encontró a esa clase de persona y cobró ánimos para continuar con sus propósitos.

Algunas veces creemos que el señor Mandela es tan sobresaliente, tal gigante moral por encima de otros, que sólo tiene que decir algo para que todos se apresuren a obedecer sus órdenes. Eso es entender mal la naturaleza del ANC y la admirable lealtad de Mandela como miembro del partido. El ANC, como cualquier otro colectivo político de su tipo, es realmente una gran coalición de diferentes filosofías políticas, perspectivas y actitudes. Fundado en 1912, agrupó a una variedad de líderes africanos que se unieron para resistir su exclusión del poder político por la recién formada Unión Sudafricana y la extensión de los controles sobre los africanos por el gobierno blanco de la Unión. Durante el curso de la lucha hubo —y hay hasta el día de hoy— todo tipo de personalidades, afiliaciones y organizaciones dentro de él, desde duros marxistas hasta los más categóricos libertarios. Hay jóvenes turcos que quieren tomar por asalto la Bastilla de inmediato y pensadores intelectuales, bien educados. Cuando se levantó la prohibición en 1990, su líder era Oliver Tambo, que jugó un extraordinario papel manteniendo unido al movimiento en el exilio. Él y los otros líderes tuvieron que integrar una organización que abarcara exiliados, activistas clandestinos dentro de Sudáfrica y aún aquellos que saldrían de prisión después de veintisiete años. Es una hazaña considerable mantener un partido unido porque sus miembros creen profundamente en el consenso, en lo que ellos llaman "recibir el mandato". Es estupendo contemplar que las personas se toman en serio una forma participativa de operar en la que las perspectivas de la minoría se tienen en cuenta seriamente. Pero también puede restarle fuerza a la iniciativa y hacer que toda la organización se mueva al paso del más lento. (Terminé por creer que, al mismo tiempo que la lealtad del señor Mandela al partido era algo admirable, era excesiva y se convirtió en su mayor debilidad).

En un partido semejante no debía darse por supuesto que todo se aprobara a través de una metodología conciliatoria. Que todos creyeran que los actores materiales no debían enfrentar un juicio y ser tratados con dureza por todo el sufrimiento que nuestra gente había padecido en sus manos no fue una decisión automática. En general, muchos de los miembros más jóvenes eran impulsivos y fácilmente complacientes ante las furiosas emociones de sus contemporáneos. El ANC tuvo que decidir seriamente incluso si iban a negociar. Cuando la Comisión de la Verdad y la Reconciliación acusó al señor P. W. Botha de rebeldía por no respetar una citación a comparecer ante ella, conocí a un joven negro que estuvo presente en la corte todos los días durante el juicio. Durante una pausa para el almuerzo me dijo: "Arzobispo, este anciano —P. W. Botha— debería ser enviado a prisión aunque fuera sólo por unos pocos días". Cuando yo objeté que Botha no era cualquier hombre mayor, el joven replicó: "Él debería sentir un poquito lo que nuestros líderes experimentaron. Después de todo, ellos metieron en prisión a Oscar Mpetha". El señor Mpetha era un líder en el Cabo Occidental, que fue detenido aunque ya era un octogenario y sufría diabetes. Cuando lo visité en el hospital en el que permanecía encadenado a su cama, le pregunté al oficial de policía si podía hablar con él. Me respondió que no. Luego, le pregunté si podía orar con él. "No", me contestó nuevamente. Entonces, le dije: "Bueno, tendrá que hacer lo que quiera, porque yo voy a orar". Y oré.

Había otras organizaciones políticas que buscaban mostrarse a sí mismas como más radicales que el ANC y que se oponían a pensar siquiera en negociar con el "enemigo" por considerarlo un signo de debilidad. El Congreso Pan-Africano y su brazo armado, el Ejército de Liberación del Pueblo de Azania (APLA, por sus siglas en inglés) continuaron con la lucha armada, incluso mientras tenían lugar las negociaciones. También hubo quienes en el ANC simpatizaron con ese punto de vista, y el señor Mandela también tuvo que lidiar con eso.

Fue necesaria una gran dosis de valor político, habilidad y autoridad para conseguir que la organización lo acompañara. Fuimos afortunados de que él y otros en el liderazgo estuvieran tan convencidos de que ese era el camino a seguir. El señor Mandela fue ayudado por algunos de los más radicales dentro de la jerarquía del partido, quienes tenían mucha influencia entre los jóvenes y los extremistas.

Felizmente, el muy admirado secretario general del Partido Comunista, Joe Slovo, se mostró comprometido con todo el proceso de negociación, abierto a las concesiones y adaptaciones. Particularmente, Slovo fue el responsable de persuadir a los rebeldes para que aceptaran las que habían sido llamadas las "cláusulas del ocaso", que aseguraban que ningún oficial del Gobierno o servidores públicos de la antigua administración iba a perder su trabajo o pensión cuando la transición ocurriera. Solamente una persona con la credibilidad de Joe Slovo podía hacer que aquellos que seguramente querrían castigar a los empleados del Gobierno del apartheid aceptaran tal concesión. Esa era la clase de espíritu que permeó el proceso de negociación, sin dudas del lado del ANC.

Chris Hani, quien fuera luego asesinado en la víspera de nuestra elección histórica, había establecido su lugar indiscutible en los corazones de la juventud militante de los asentamientos urbanos. Hani había sido un líder de Umkhonto weSizwe y había sucedido a Joe Slovo como secretario general del Partido Comunista. De modo que él tenía impecables credenciales y a la mayoría de los jóvenes comiendo de su mano.

Siendo él mismo un militar, podría haber arrastrado a multitudes a su lado, si se hubiera declarado opositor al proceso de negociación y si se hubiese alineado con aquellos que querían continuar con la lucha armada. En vez de ello, haciendo uso de su reputación, recorrió el país urgiendo a los jóvenes a convertirse en "soldados de paz", y la juventud respondió con entusiasmo al llamado de trabajar para la paz y la reconciliación.

Fuimos bendecidos con líderes sobresalientes de los dos lados de la línea racial, preparados para arriesgar sus carreras políticas y sus vidas para elogiar la paz, el perdón y la reconciliación. Cuando visité países en África y en otras partes del mundo que atravesaban un conflicto o que lidiaban con sus consecuencias y la represión, casi en todos lados se lamentaban de la falta de líderes del calibre de los nuestros, con el valor, la estatura y visión de un Nelson Mandela, y se lamentaban de no contar con alguien como De Klerk, que había tenido el coraje y el sentido común de no convertirse en imprescindible.

Aunque Nelson Mandela era la personificación más espectacular del compromiso del ANC para la paz y la reconciliación, no era el único. Hubo otros líderes, más jóvenes y menos conocidos, que tuvieron desgarradoras experiencias a manos de exponentes del apartheid y que a pesar de ello emergieron indemnes de las duras experiencias, sin buscar venganza contra los perpetradores, sino sanidad para su traumatizada y dividida nación.

Dos de ellos se levantaron como estrellas en el firmamento político. Habían estado entre los acusados en uno de los más largos juicios por traición, conocido como el juicio por traición de Delmas, por el pequeño pueblo de East Rand en el que se llevó a cabo. Uno de ellos era Patrick "Terror" Lekota, y el otro era Popo Molefe. Ambos habían pasado un tiempo en prisión y allí habían conocido a leyendas como Nelson Mandela en la isla Robben.

Cuando la nueva administración fue creada, Terror fue elegido gobernador del Free State, una de las nueve provincias en las que se dividió Sudáfrica. (Él se ganó su apodo no por su actividad política sino por su destreza en el campo de football). Cuando vino al sínodo de obispos que se reunía en su provincia a saludar, habló cordialmente y con aprecio del trabajo que desarrollaban las iglesias en Sudáfrica, sobre todo por su papel en la educación. Casi todos los líderes de la comunidad negra habían sido educados en las escuelas de las misiones de la iglesia.

Cuando le preguntamos por qué estaba tan dedicado a la reconciliación y tan dispuesto a hacer concesiones a sus opositores, no dudó en decir que todo se debía a la influencia y al testimonio de las iglesias cristianas. Tokyo Sexwale, el primer ministro de la importante provincia industrial de Gauteng, expresó lo mismo cuando él también vino a saludar a nuestro sínodo, cuando nos reunimos en su provincia.

Sin duda, la Iglesia había contribuido con lo que estaba sucediendo en nuestra tierra, aun cuando su testimonio y ministerio había sido de lo más variado. Es de suponer que sin aquella influencia las cosas hubiesen resultado un poco diferentes. También es posible que, en una época muy difícil de nuestra lucha, cuando la mayoría de nuestros líderes estaban en prisión, en el exilio o proscritos de una forma u otra, algunos de los líderes en la Iglesia se vieron empujados al frente de batalla y de ese modo le dieron a las iglesias un tipo particular de credibilidad: personas como Allan Boesak, ex líder de la Iglesia Misonera Reformada Holandesa; Frank Chikane, ex secretario general del Consejo Sudafricano de Iglesias; Peter Storey, ex líder de la Iglesia Metodista; Beyers Naudé, el disidente sudafricano más prominente y también secretario general del Consejo Sudafricano de Iglesias; Denis Hurley, quien fuera el arzobispo católico romano de Durban y los líderes de otras comunidades de fe que estuvieron allí donde las personas estaban lastimadas. Por eso, cuando ellos hablaban de perdón y reconciliación tenían suficientes méritos para ser escuchados con respeto.

Cuando llegó la democracia, Popo Molefe se convirtió en el gobernador de la Provincia del Noroeste. Poco después organizó un mitin en la capital de su provincia para agradecer al Consejo de Iglesias y otros organismos el apoyo que le dieron durante el proceso del Delmas. Andrew Young, ex embajador de Estados Unidos ante las Naciones Unidas estuvo presente. Me senté a su lado en la mesa principal. Le preguntó a Popo quién era el hombre blanco que se sentaba al lado del mandatario y estaba entre los que habían recibido regalos. Andy Young casi se cae de espaldas cuando Popo Molefe le respondió: "ese hombre era el juez en nuestro proceso".

Dullah Omar, el nuevo ministro de Justicia, presentaría en el Parlamento el acta que fundó las bases de la Comisión de la Verdad y la Reconciliación. Recuerdo cuán devastado se había sentido cuando, después de ser el abogado defensor de algunos opositores del apartheid, obtuvo una beca para estudiar en la Universidad de Londres y le habían negado el pasaporte hasta el último momento antes de su partida. Mucho después supimos que él estaba en una lista negra compilada por una escuadrilla de la muerte del Gobierno del apartheid. Ellos habían tratado de cambiarle las pastillas que él tomaba por una enfermedad de corazón. Este hombre condujo en el Parlamento la legislación que les permitiría a los hombres que trataron de matarlo ser indultados.

Sí, fuimos lujosamente bendecidos. Un miembro del ANC, el profesor Kader Asmal sugirió en su discurso inaugural de su cátedra en leyes sobre derechos humanos, en la universidad del Cabo Occidental, que Sudáfrica no debería buscar tener su proceso de Núremberg sino una Comisión de la Verdad y la Reconciliación. El ANC, en cierto sentido, allanó el camino para el trabajo de la Comisión, porque trató las denuncias de las atrocidades que tuvieron lugar en los campamentos fuera de Sudáfrica, y eso fue algo sin precedentes para un movimiento de liberación.

Habían establecido no menos de tres comisiones de investigación, y el liderazgo había aceptado la responsabilidad por los abusos que salieron a la luz y ofrecieron disculpas públicas.

De modo que no fue sorprendente que, después de las largas y agotadoras negociaciones, nuestra tierra obtenga una Constitución intermedia, la que nos condujo a la democracia, un instrumento histórico que debería haber contenido un epílogo que fue el sustento constitucional para la creación de la Comisión de la Verdad y la Reconciliación en estas palabras:

Unidad nacional y reconciliación

Esta Constitución provee un puente histórico entre el pasado de una sociedad profundamente dividida, caracterizada por luchas, conflicto, sufrimiento e injusticia inenarrables y un futuro fundado en el reconocimiento de los derechos humanos, la democracia, la coexistencia pacífica y el desarrollo de oportunidades para todos los sudafricanos, independientemente del color, la raza, la clase, la creencia o el sexo. La búsqueda de la unidad nacional, el bienestar de todos los ciudadanos sudafricanos y la paz requieren reconciliación entre las personas de Sudáfrica y la reconstrucción de la sociedad.

La adopción de esta Constitución establece el fundamento seguro para que las personas de Sudáfrica trasciendan las divisiones y contiendas del pasado, que generaron flagrantes violaciones de los derechos humanos, la transgresión de los principios humanitarios en violentos conflictos y un legado de odio, temor, culpa y venganza. Esto puede plantearse ahora sobre la base de que hay una necesidad para entender, pero no de venganza, una necesidad de reparación, pero no de represalias, una necesidad de *ubuntu*, pero no de persecución. Para avanzar en semejante reconciliación y reconstrucción, la amnistía debía garantizarse respecto de los hechos, omisiones y delitos asociados a objetivos políticos y comprometidos en el curso de los conflictos del pasado. A ese efecto, el Parlamento, bajo esta Constitución debe adoptar una ley que determine un firme punto límite… y estipule los mecanismos, criterios y procedimientos, incluidos los tribunales, en su caso, a través de los cuales deba tratarse tal amnistía en cualquier momento posterior a la aprobación de la ley.

CAPÍTULO 4

Qué de la justicia

Con frecuencia, muchos sintieron que el proceso de la Comisión de la Verdad y la Reconciliación era inmoral y que se podía decir que alentaba la impunidad. ¿Sería alguna vez suficiente con que a un autor material, a alguien que ha cometido algunas de las atrocidades más cobardes y terribles, se le permitiera salir impune como si sólo se tratara de una confesión, una exposición completa, ya que el acta bajo el cual operábamos no requería que el solicitante expresara contrición ni remordimiento? En la ley que el Parlamento aprobó para establecer la Comisión —el Acta de Promoción de la Unidad Nacional y la Reconciliación— era suficiente para el solicitante satisfacer las principales condiciones establecidas:

- ▲ El hecho por la cual se solicitaba la amnistía debía haber ocurrido entre 1960, el año de la masacre de Sharpeville, y 1994, cuando Mandela fue investido como primer presidente sudafricano electo democráticamente.

- ▲ El hecho debía haber sido políticamente motivado. Los autores materiales no calificaban para recibir amnistía si habían matado a causa de una ambición personal, pero sí calificaban si habían cometido el hecho en respuesta a una orden o por el bien de una organización política como el anterior Gobierno del apartheid y sus bantustanes satélites, o un reconocido movimiento de liberación, como el ANC o el PAC.

▲ El solicitante tenía que hacer una exposición completa de todos los hechos relevantes relacionados al delito por el cual solicitaba la amnistía.

▲ La proporcionalidad debía ser tenida en cuenta: que los medios fueran proporcionales con el objetivo.

Si se satisfacían esas condiciones, como expresaba la ley, la amnistía "debía" concederse. Las víctimas tenían derecho a oponerse a las solicitudes de amnistía intentando demostrar que esas condiciones no habían sido satisfechas, pero no tenían derecho al veto sobre la amnistía.

La ley nada decía sobre el remordimiento, una omisión que alteró a muchos de nosotros al principio, hasta que nos dimos cuenta de que la legislatura había sido mucho más sabia de lo que habíamos pensado en un primer momento, pues si el solicitante era efusivo en sus declaraciones, lamentándose y mostrándose arrepentido para satisfacer tal requerimiento de remordimiento, entonces habría sido condenado por ser totalmente insincero y por solo tratar de adular para impresionar al Comité de Amnistía. Si, por el contrario, el solicitante era de alguna manera brusco y meramente formal, se lo habría acusado de ser insensible e indiferente y de no estar realmente arrepentido. Hubiese sido una situación en la que nadie podía salir ganador. Lo que sucedió fue que la mayoría de los solicitantes expresaron al menos remordimiento y pidieron el perdón de sus víctimas. Si sus solicitudes provinieron de una genuina contrición es, obviamente, un punto discutible.

Pero la pregunta aún es incisiva y apremiante: ¿No se otorga la amnistía a costa de que se haga justicia? ¿No van a salir impunes los malhechores, dado que todo lo que deben hacer es dar un relato completo de los hechos relacionados con el delito? ¿Qué de la impunidad, qué de la justicia? Tenemos que lidiar con esas cuestiones con mucha seriedad, porque no son preocupaciones frívolas. Si esas presuposiciones fueran ciertas, ellas efectivamente subvertirían la integridad de todo el proceso de la Comisión de la Verdad y la Reconciliación.

El acta requería que —cuando el delito en cuestión fuera una grosera violación de los derechos humanos, definidos en el acta como secuestro, asesinato, tortura o severo maltrato— la solicitud fuera tratada en audiencia pública, a menos que eso llevara a una injusticia, como en el caso en el que los testigos se sintieran demasiado intimidados como para testificar en una sesión abierta.

Prácticamente, todas las solicitudes fueron consideradas en público, bajo el brillo de las luces de la televisión. Por lo tanto, existió el castigo de la humillación y exposición pública para el autor material del hecho. Muchos de aquellos en las fuerzas de seguridad que se habían presentado a dar información eran considerados miembros respetables de sus comunidades. Con frecuencia, era la primera vez que sus pares e incluso sus familias escuchaban que esas personas eran, por ejemplo, miembros de los escuadrones de la muerte o torturadores habituales de los detenidos bajo su custodia. Para algunos fue tan traumático que sus matrimonios terminaron. Ese es un precio a pagar. Por lo tanto, no es por completo cierto que a los autores materiales se les permitió quedar impunes.

El ejemplo es una carta que el equipo de la *South African Broadcasting Corporation*[15], que cubría la Comisión de la Verdad y la Reconciliación recibió de una mujer llamada Helena, que vivía en la provincia de Mpumalanga, pero que quería permanecer anónima por temor a las represalias. La SABC dedicó parte de uno sus documentales semanales a reproducir considerables extractos:

---

15   Corporación Radiodifusora de Sudáfrica. SABC, por sus siglas en inglés. (N. de la t.)

Mi historia comienza a finales de mi adolescencia como una niña campesina en el distrito de Bethlehem, en Eastern Free State. Siendo una joven de dieciocho años, conocí a un hombre de unos veinte años. Él trabajaba en una organización de seguridad de primer nivel. Era el comienzo de una hermosa relación. Incluso hablamos de matrimonio. Era un hombre lleno de vitalidad, alegre, que resplandecía con una energía vivaz. Muy inteligente. Aun siendo un inglés, era popular entre todos los sudafricanos bóeres. Y todas mis amigas me envidiaban.

Un día me dijo que se iba de "viaje". Que no nos veríamos otra vez, quizás nunca más. Me sentí destrozada. Él también.

Un matrimonio sumamente breve con otra persona fracasó, solo porque yo me casé para olvidar. Hace más de un año, volví a ver a mi primer amor por intermedio de un buen amigo. Supe por primera vez que él había estado trabajando en el extranjero y que iba a solicitar amnistía. No puedo explicar el dolor y la amargura que sentí cuando vi lo que quedaba de esa persona bella, fuerte y grande. Tenía solo un deseo: que la verdad saliera a la luz. La amnistía no importaba. Era solo un vehículo para la verdad. Una necesidad de limpiarse. Fue atrozmente arrebatado de nuestras vidas a comienzos del año. ¿Era ese el precio que tuvo que pagar por aquello en que creía?

Después de mi primer matrimonio fracasado, conocí a otro policía. No como mi primer amor, pero sí una persona excepcional. Muy especial. Una vez más, una personalidad llena de vitalidad y encanto. Gracioso, rezongón, todo en su momento y lugar adecuados. Luego un día dijo: "Tres amigos y yo hemos sido ascendidos. Nos trasladamos a una unidad especial. Ahora, ahora, mi querida. Somos verdaderos policías". Estábamos eufóricos. Incluso celebramos. Él y sus amigos venían de visita en forma regular. Además se quedaban durante largos periodos. De pronto, en momentos extraños, se ponían inquietos. De forma abrupta pronunciaban la temida palabra "viaje" y se iban. Yo... como alguien amado... no conocía otra vida que aquella de la preocupación, el desvelo, la ansiedad por su seguridad y por el lugar en el que podría estar. Simplemente teníamos que sentirnos satisfechos conque "lo que no sabes, no puede lastimarte". Y todo lo que nosotros como amados sabíamos... fue lo que vimos con nuestros propios ojos. Unos tres años después de estar con las Fuerzas Especiales, comenzó nuestro infierno. Él se volvió muy silencioso. Distante. Algunas veces, solo se tomaba la cara con sus manos y se sacudía de forma incontrolable. Me di cuenta de que tomaba demasiado. En vez de descansar por las noches, vagaba de ventana en ventana. Trataba de ocultar el temor descontrolado y devorador, pero yo lo veía. En las tempranas horas de la madrugada, entre las dos y las dos y media, da vueltas, de aquel lado de la cama. Está pálido. Helado en una noche calurosa, empapado en sudor. Los ojos desorbitados, pero apagados como los de un muerto. Y las sacudidas. Las terribles convulsiones y los escalofriantes gritos de temor y dolor que emanaban desde el fondo de su alma. Algunas veces, se sentaba inmóvil, con la mirada perdida. Nunca entendí. Nunca supe. Nunca me di cuenta de lo que se metía a la fuerza en su interior durante los "viajes". Yo solo pasaba por el infierno. Oraba, clamaba: "Dios, ¿qué está sucediendo? ¿Qué pasa con él? ¿Pudo haber cambiado tanto? ¿Está enloqueciendo? ¡Ya no puedo con este hombre! Pero no puedo escapar. Va a perseguirme por el resto de mi vida si lo dejo. ¿Por qué, Dios?".

Hoy conozco las respuestas a todas mis preguntas y angustias. Sé dónde comenzó todo, el trasfondo. El papel de "aquellos en la cima", las "camarillas y "nuestros hombres" que sencillamente tuvieron que llevar a cabo las sangrientas órdenes... como "buitres". Y hoy todos se lavan las manos en inocencia y resisten las realidades de la Comisión de la Verdad. Sí, estoy junto a mi asesino que dejó que yo y la vieja y blanca Sudáfrica durmiéramos pacíficamente, cálidamente, mientras "aquellos en la cima" nuevamente les señalaban a los buitres al próximo "eliminado permanente de la sociedad".

Finalmente comprendo de qué se trataba en verdad la lucha. Yo hubiese hecho lo mismo si se me hubiese negado todo. Si mi vida, y la de mis hijos y padres hubiese estado sofocada por la legislación. Si hubiese tenido que observar cómo las personas blancas se sentían insatisfechas con lo mejor y quisieran más y lo obtuvieran. Yo envidio y respeto a las personas de la lucha. Al menos, sus líderes tienen las agallas de estar junto a sus buitres, de reconocer sus sacrificios. ¿Qué tenemos nosotros? Nuestros líderes son demasiado santos e inocentes. Y no tienen rostros. Puedo entender si el señor De Klerk dice que no lo sabía, pero ¡caray!, debe haber un camarada, alguien allá afuera que todavía esté con vida y pueda ponerle un rostro a "las órdenes de arriba" de todos los operativos. ¡Vaya! ¿Qué otra cosa puede ser esta vida anormal que una cruel violación de los derechos humanos? El asesinato espiritual es más inhumano que un sucio asesinato físico. Al menos, una víctima de asesinato descansa. Desearía tener el poder de hacer que esas pobres y excluidas personas vuelvan a ser íntegras. Quisiera poder hacer desaparecer a la vieja Sudáfrica del pasado de todos. Termino con unas pocas líneas que mi buitre desgastado me dijo una noche: "Ellos podrán darme amnistía mil veces. Aun si Dios y todos me perdonan mil veces, yo tengo que vivir con este infierno. El problema está en mi cabeza, en mi consciencia. Solo hay una forma de ser libre de ello. Volarme el cerebro. Porque es allí donde está el infierno".

Helena

PD: Gracias por su tiempo. Gracias por escuchar la historia de un ser amado de la antigua Sudáfrica. Por compartir su dolor.

Tampoco es cierto que otorgar amnistía alienta la impunidad, porque la amnistía solo se le otorgó a aquellos que se declararon culpables, que aceptaron la responsabilidad por lo que habían hecho. La amnistía no se le otorgaba a personas inocentes o a aquellos que clamaban serlo. Fue precisamente por esto que se les negó la amnistía a los oficiales de policías que la solicitaron por su participación en la muerte de Steve Biko. Ellos negaron haber cometido un crimen; afirmaron que lo asaltaron sólo en represalia porque él los atacó. De modo que el proceso realmente alienta a asumir responsabilidades y no lo opuesto. Ayuda a cultivar una nueva cultura de respeto por los derechos humanos y el reconocimiento de la responsabilidad y la rendición de cuentas con las cuales quiere caracterizarse la nueva democracia.

También es importante notar que el otorgamiento de la amnistía es una disposición *ad hoc* para este propósito específico. No es así cómo se va a administrar la justicia en Sudáfrica por siempre. Es por un periodo y propósito limitados y definidos.

Uno podría agregar que quizás no se hace justicia solo si tenemos en cuenta el concepto de la justicia retributiva, cuya meta principal es ser punitiva, de modo que la parte perjudicada en verdad es el Estado, algo impersonal que tiene poca consideración por las víctimas verdaderas y casi ninguna por el autor material.

Nosotros consideramos que hay otro tipo de justicia, la justicia restaurativa, que era característica de la jurisprudencia africana tradicional. Para esta, la preocupación central no es la retribución o el castigo. En el espíritu de *ubuntu*, la preocupación central es sanar las brechas, reparar los desequilibrios, restaurar las relaciones rotas, buscar la rehabilitación tanto de la víctima como del autor material, al que se le debe dar la oportunidad de reintegrarse a la comunidad que ha agraviado con su ofensa.

Esta es una aproximación mucho más personal, que considera el delito como algo que les ha ocurrido a personas y cuya consecuencia es la ruptura de las relaciones. Por lo tanto, podríamos afirmar que la justicia —la justicia restaurativa— se produce cuando se hacen esfuerzos por trabajar en favor de la sanidad, el perdón y la reconciliación.

Una vez que se otorga la amnistía —y esto tiene que suceder inmediatamente si todas las condiciones que contiene el acta han sido satisfechas— la responsabilidad penal y civil del otrora autor material y del Estado, en el caso de sus empleados, es expurgada. El efecto de la amnistía es como si el delito nunca hubiese sucedido, ya que el registro criminal respecto a ese delito se transforma en una *tabla rasa*, una página en blanco. Eso significa que la víctima pierde el derecho de demandar por daños civiles en concepto de indemnización por parte del responsable, y si este fuera un ex empleado estatal, entonces quien debe indemnizar es el Estado.

Realmente es un precio muy alto el que se les pide pagar a las víctimas. Ese fue el costo que aquellos que negociaron nuestra relativamente pacífica transición de la represión a la democracia creyeron que la nación tenía que pedirles a las víctimas.

Nuestra libertad ha sido comprada a un elevado precio. Pero para calcularlo en forma apropiada, debemos comparar el alto nivel de estabilidad que disfrutamos con los disturbios y la agitación que, lamentablemente, caracterizaron un cambio radical similar en la ex Unión Soviética, para no mencionar la horrible matanza y la crisis en la ex Yugoslavia, donde la comunidad internacional está buscando aún a los responsables de horrendos crímenes de guerra para que respondan. La mayoría de las víctimas del horror de las violaciones de los derechos humanos del apartheid fueron bien representadas por aquellos que estuvieran dispuestos a reconocer como sus auténticos representantes, aquellos que tuvieran el mandato tácito de hablar a su favor y de tomar decisiones que, en general, estarían dispuestos a aceptar como acordes a sus aspiraciones, o lo más cercanas al cumplimiento de esas aspiraciones, como las hubieran deseado alguna vez, tomando en cuenta las circunstancias imperantes y las realidades con las que se tuvo que luchar.

En enero de 1999, ante una gran concurrencia en una sinagoga en Jerusalén describí el proceso de la Comisión de la Verdad y la Reconciliación. Allí, como en la mayoría de las reuniones similares, fui abordado por alguien que habló con mucha pasión acerca del requerimiento moral de justicia que nuestro proceso pareció socavar. Sostuvo con firmeza la perspectiva que yo sospechaba compartían muchos en esa reunión, como en otras en las que había hablado, y es que, moralmente hablando, tal acuerdo realmente solo podría ser negociado por las víctimas, no por otros que actuaran por cualquier noble motivo. Fui capaz —creo— de satisfacerlo con mi respuesta: aquellos que negociaron la razonablemente pacífica transición incluyeron en sus delegaciones del lado de los movimientos de liberación a quienes fueron víctimas de la brutalidad del apartheid. Muchos habían sido detenidos, acosados, puestos en prisión, torturados y exiliados, y antes de que todo eso les sucediera, habían sido víctimas de varias formas de injusticia y opresión por la segregación racial. Ellos podían hablar desde la experiencia personal. Por ejemplo, casi todos fueron privados de derechos hasta aquel memorable día de abril de 1994. Nunca habían votado en la tierra de su nacimiento antes. Habían sufrido las humillaciones de la injusta Ley de Pases y habían visto a su pueblo desarraigado y arrojado como si fuera basura por los masivos esquemas de traslado de la población que traumatizó a tantos de aquella comunidad. Por esto mismo fui capaz de asegurarle a mi interrogador judío que los negociadores no habían actuado de forma impertinente, puesto que ellos hablaban sobre lo que ellos mismos y sus seres queridos habían vivido.

Cuando llegaron los resultados de las elecciones, lejos de ser repudiados por no reflejar las perspectivas y actitudes del electorado y ser abatidos en las urnas, sucedió todo lo contrario. Los negociadores obtuvieron apoyo masivo en una victoria aplastante que llevó al ANC a estar a cargo del Gobierno de Unidad Nacional. Ellos mismos, ahora elegidos representantes, fueron los que nos dieron nuestra nueva Constitución y quienes, en conformidad con sus disposiciones, aprobaron el acta que llevó a la creación de la Comisión de la Verdad y la Reconciliación. No fue el trabajo de algunos idealistas advenedizos, sino el producto de políticos pragmáticos, que por lo general tienen la mirada puesta en las próximas elecciones y que no van a ser sorprendidos haciendo algo que los aleje de los votantes que los pusieron en los cargos y que tienen el poder de sacarlos de allí. Esos políticos, los parlamentarios, actuaron bajo el liderazgo de Nelson Mandela y su sucesor, Thabo Mbeki. Si lo que ellos hicieron en el acta hubiese discrepado en los sentimientos del electorado, se habría visto reflejado en los índices de opinión. Después de tres años del proceso de la Comisión de la Verdad y la Reconciliación y de muchas amnistías controversiales, Nelson Mandela tenía una popularidad que llegaba casi a ocho de cada diez y el señor Mbeki medía casi siete en el índice de popularidad de líderes políticos. (Su rival más próximo se colocaba en un inquietante tres). Eso parecía indicar que, a pesar de las frecuentes desilusiones del electorado con el primer Gobierno tras la opresión, las promesas incumplidas y los déficits en el cumplimiento de las expectativas, el ANC todavía tenía apoyo. Usando una expresión memorable de uno de mis profesores de King's College, en Londres —que describe la maravillosa aversión de los intelectuales hacia el dogmatismo— *no sería desatinado afirmar* que aquellos que negociaron y produjeron la ley de la Comisión de la Verdad y la Reconciliación tenían por cierto credenciales para hablar en beneficio de las víctimas y habían sido apoyados calurosamente para hacerlo.

Podían afirmar que hablaban como víctimas, para las víctimas, cuando aceptaron que parte del precio para llevarnos hasta este punto sería cancelar el derecho de las víctimas, no solo a presentar cargos criminales, sino a reclamar daños civiles en compensación por sus pérdidas. No se llegó a ese punto de forma ligera. Fue algo que causó una gran angustia, pero es claro que, aun en el caso de los daños civiles, si aquellos que solicitaban amnistía hubiesen sabido que podría remover la responsabilidad penal, pero no la civil, es muy poco probable que hubiesen confesado. La zanahoria que los llevó a la Comisión de la Verdad y la Reconciliación hubiese sido significativamente menor. Podemos concluir que muchos más hubiesen asumido el riesgo —como sucedió en la ex Fuerza de Defensa de Sudáfrica después del indulto del general Malan y su coacusado— de un posible enjuiciamiento, sabiendo que su complicidad en las espantosas atrocidades permanecía oculta, porque ellos eran conspiradores que habían jurado silencio o se habían comprometido con sus colegas a perjurar. La solución a la que se arribó no era perfecta, pero era la mejor que podíamos tener, dadas las circunstancias: la verdad a cambio de la libertad de los autores materiales.

La negación del derecho de las víctimas a reclamar una indemnización ante la justicia civil plantea el tema de las compensaciones, un aspecto del trabajo de la Comisión que a menudo recibe muy poca atención, pero que es de gran importancia para el proceso de reconciliación. Como dijimos en nuestro informe: "Sin medidas adecuadas de compensación y rehabilitación no puede haber sanidad y reconciliación, ni a nivel individual ni comunitario... Además, la compensación es esencial para contrarrestar la amnistía. El otorgamiento de la amnistía les niega a las víctimas el derecho de demandar civilmente a los autores materiales. Por lo tanto, el Gobierno debe hacerse responsable de la compensación".

En su sentencia del Tribunal Constitucional, el juez Mahomed señaló con lucidez y elocuencia que "las compensaciones individualizadas y variadas" podrían ofrecer una forma más imaginativa de ocuparse de los problemas masivos creados por el legado del apartheid que permitir hacer valer sus derechos civiles al limitado número de víctimas que podrían demandar con éxito al Estado:

"Las familias de aquellos cuyos derechos humanos fundamentales fueron agredidos por la tortura y el abuso no son las únicas víctimas que han padecido un "sufrimiento e injusticia indecibles" como consecuencia de la inhumanidad extrema del apartheid, que tantos debieron padecer durante tanto tiempo. Generaciones de niños nacidos y por nacer todavía van a sufrir las consecuencias de la pobreza, la desnutrición, la falta de vivienda, el analfabetismo y la pérdida de poder generado y sostenido por las instituciones del apartheid y los efectos manifiestos en la vida de tantos. El país no tenía ni los recursos ni las competencias necesarias para revertir plenamente esos males enormes. Serán necesarios muchos años de fuerte compromiso, sensibilidad y trabajo para "reconstruir nuestra sociedad" y poder satisfacer los legítimos sueños de nuevas generaciones expuestas a verdaderas oportunidades de progreso, que les han sido negadas a las generaciones anteriores, inicialmente por la puesta en marcha del apartheid mismo y mucho tiempo después de su finalización formal, por sus implacables consecuencias. Los recursos del Estado tienen que ser utilizados con imaginación, sabiduría, eficacia y equidad, para facilitar el proceso de reconstrucción de una manera que traiga más alivio y esperanza a la mayor cantidad de sectores de la comunidad, desarrollando, para el beneficio de toda la nación, el potencial humano latente y los recursos de toda persona que directa o indirectamente haya sido atribulada con la herencia de la vergüenza y el dolor de nuestro pasado racista.

"Esos negociadores de la Constitución y líderes de la nación a los que se les pidió que se encargaran de estos problemas atroces fueron forzados a tomar decisiones difíciles. Podrían haber decidido que los limitados recursos del Estado se gastaran dando preferencia a los imponentes reclamos de aquellos que sufrieron asesinato, tortura o agresiones llevadas a cabo por empleados del Estado, desviando fondos necesarios para las áreas vitales de educación, vivienda y atención primaria de la salud. Estaban facultados para permitir que se hicieran diferentes elecciones entre demandas antagónicas inherentes al problema. Podrían haber decidido que la potencial responsabilidad del Estado fuese limitada respecto a cualquier demanda civil, distinguiendo entre aquellos contra los cuales se podría haber alegado prescripción como una defensa y aquellos cuyos reclamos fueran de un origen tan reciente que la defensa de prescripción no hubiese sido posible. Estaban facultados a rechazar tal elección sobre la base de que era algo irracional. Podrían haberle endilgado al Estado responsabilidad civil por los reclamos hechos por las compañías de seguros que habían compensado a instituciones por hechos delictivos realizados por empleados estatales y, en ese sentido, nuevamente desviar fondos desesperadamente necesarios para proveer comida al hambriento, techo a las personas sin hogar y pizarras y escritorios a aquellos que luchaban para ser admitidos en escuelas abrumadoramente superpobladas. Estaban facultados para permitir que los reclamos de esos escolares y los de los pobres y sin techo tuvieran preferencia.

"La elección que hicieron los creadores de la Constitución era permitir que el Parlamento favoreciera la "reconstrucción de la sociedad" al abarcar en el proceso un concepto más amplio de "compensación" que permitiera al Estado tomar en cuenta los reclamos en oposición con sus recursos, pero que, al mismo tiempo, tuviera consideración con el "sufrimiento inenarrable" de individuos y familias cuyos derechos humanos fundamentales fueron agredidos durante el conflicto del pasado. En algunos casos, tal familia sería ayudada mejor por una compensación que permitiera al joven de esa familia maximizar su potencial a través de ayudas para estudiar y becas; en otros casos, la compensación más efectiva podría tomar la forma de una capacitación ocupacional y rehabilitación, y en otros casos, se haría a través de intervenciones quirúrgicas complejas y asistencia médica. Otros quizás necesitaran subsidios para evitar el desalojo de los hogares que ya no podían mantener y en algunos casos, el profundo dolor de aquellos traumatizados podría ser mitigado de forma más efectiva si se facilitara la edificación de una lápida en la tumba de un difunto con el reconocimiento público de su valor y nobleza. Quizás tenga que existir una diferencia entre la forma y la calidad de las compensaciones que se hagan a dos personas que han sufrido exactamente el mismo daño como consecuencia del mismo hecho criminal, pero en el cual una de las personas ahora disfruta de un empleo rentable del Estado y la otra vive en penurias."

La ley y nuestras recomendaciones al presidente Mandela incluyeron disposiciones para que aquellos que fueron reconocidos como víctimas por el acta fueran considerados para recibir compensación. Los delegados trataron deliberadamente de evitar el uso de la palabra "compensación". Acordamos que no existía manera en que nadie pudiera aducir que compensaba, por ejemplo, a una familia por el brutal asesinato del amado esposo, padre y sostén de la familia. Realmente no existe una forma de calcular la desgracia de semejante pérdida. Más aún, si tratáramos de compensarlos, ¿serían las víctimas consideradas para la misma compensación por el mismo tipo de pérdida a pesar de todas las diferencias en las circunstancias? Por ello, en nuestras recomendaciones al Presidente y al Parlamento expresamos que se debería pagar una suma de dinero razonablemente significativa a aquellos que se señalaran como víctimas, pero que se reconociera realmente que la intención de esa suma era simbólica más que sustancial. Fue una forma que la Nación pensó para decirles a las víctimas: "Reconocemos que han sufrido una grosera violación de sus derechos. Nada podrá jamás reemplazar a su ser amado. Pero como Nación les decimos que lo lamentamos. Hemos abierto las heridas de su sufrimiento y tratamos de limpiarlas. Esta compensación es un bálsamo, un ungüento que vertimos sobre las heridas para ayudarlas a sanar".

El Acta de la Comisión de la Verdad y la Reconciliación exhortaba a la Comisión a ser "cordial con las víctimas" para tratar de rehabilitar su dignidad humana y civil. Pero una de las mayores debilidades fue que a los autores materiales se les concedió la amnistía tan pronto sus solicitudes fueron exitosas, mientras que en el caso de las víctimas, la Comisión de la Verdad y la Reconciliación solo podía hacer recomendaciones al Presidente luego de algunos años del proceso, cuando nuestro informe le fuera entregado. A su vez, el Presidente llevaría esas recomendaciones que había aceptado al Parlamento, que a su vez funcionaría a través de un comité especial. El proceso contemplaba que las recomendaciones del comité fueran aprobadas finalmente por el Parlamento, momento en el que las compensaciones serían entregadas a las víctimas. Lamentablemente, es un proceso intrincado y como consecuencia ninguna compensación final fue aprobada a tres años de iniciado el proceso de la Comisión de la Verdad y la Reconciliación, mientras que durante todo ese tiempo, los autores materiales habían recibido amnistía. Uno muy bien puede comprender la frustración y la ira de las contrariadas víctimas que se presentaron ante la Comisión, como también el cinismo de los duros críticos que desdeñaron la proclamada afabilidad de la Comisión de la Verdad y la Reconciliación y expresaron que el proceso era, en realidad, afable con los autores materiales.

Nosotros, en la Comisión de la Verdad y la Reconciliación, expresamos nuestra insatisfacción ante este aspecto de la ley. Como consecuencia, lo que fue denominado como *ayuda urgente provisoria* comenzó a pagarse a las aproximadamente veinte mil víctimas que la Comisión de la Verdad y la Reconciliación había designado al momento en que se entregó el informe al Presidente el 29 de octubre de 1998. Esa ayuda urgente consistió en una suma uniforme, generalmente de no más de doscientos rands (unos 330 dólares) por víctima.

Además de la ayuda urgente, recomendamos en nuestro informe que el Estado debería pagar *ayudas compensatorias individuales*. Nuestra esperanza era que prácticamente todas las víctimas calificaran para recibir ayudas compensatorias que alcancen la suma de veintitrés mil rands (3.830 dólares) al año, pagaderos durante seis años. Estimamos que el costo para el país sería de 2.900 millones de rands (cerca de 477 millones de dólares). Al momento de escribir estas líneas, el Gobierno ha presupuestado un total de una quinta parte de esto, pagadero durante tres años.

Nuestras recomendaciones para el otorgamiento de ayudas individuales despertaron un número de preguntas. ¿Puede darse un valor monetario al sufrimiento? ¿Puede el país darse el lujo de pagar esa cantidad, considerando las distintas demandas en competencia puestas en un erario público corto de dinero? ¿Si el apartheid era un crimen contra la humanidad y una burda violación de los derechos humanos, como condenaron cinco jueces expertos, entonces, en cierta medida, todos los que sufrieron bajo ese maligno sistema serían señalados como víctimas? ¿Dónde estaba la equidad en todo esto? ¿Qué de aquellos que fueron trasladados a la fuerza o de aquellos otros cuyas vidas han sido más o menos arruinadas de manera permanente debido a la educación escolar inferior que recibieron, o de aquellos que pudieron ser afectados por las enfermedades por deficiencias que se podían prevenir y que contrajeron porque los recursos se asignaban de acuerdo a la raza? La lista podría ser prácticamente interminable.

Ninguno de nosotros en la Comisión dudó de que haya existido cierta arbitrariedad al limitar el alcance de las violaciones de los derechos humanos en la forma en que la ley lo hizo. Pero quedó claro que la legislatura fue guiada por la necesidad de tratar con algo que pudiera manejar. Existe la percepción de que las reparaciones se podrían haber extendido retroactivamente más allá de 1960, tal vez hasta 1948, cuando el Partido Nacional llegó por primera vez al poder y se embarcó en el desenfreno de aprobar leyes racistas diseñadas para hacer de la mayoría de los sudafricanos ciudadanos de segunda clase en la tierra de su nacimiento, con una derogación sistemática de sus derechos humanos fundamentales. Las decisiones del Parlamento fueron notablemente sensibles, dándonos una oportunidad razonable de poder cumplir nuestra tarea. También aseguró que la Nación no quedaría estancada lidiando con el pasado durante mucho tiempo y que nosotros no quedáramos cautivos en este, saboteando así la pacífica transición.

Usamos el mismo razonamiento al recomendarle al Gobierno que solo aquellas víctimas que se acercaron a la Comisión deberían calificar para recibir compensación, imponiendo lo que nosotros llamamos una "lista cerrada" de víctimas. Argumentamos que a las personas se les había dado la oportunidad de testificar a través de una extensiva campaña publicitaria y que solo aquellos que se tomaron la molestia de testificar o de hacer una declaración podrían beneficiarse de la compensación. Hubiese sido inmanejable para el Gobierno comprometerse a pagar compensaciones a un número de víctimas que no teníamos forma de estimar.

Nunca se engañó a nadie acerca del significado de la compensación. El ministro de Justicia, el señor Dullah Omar, bajo cuyo auspicio funcionó la Comisión de la Justicia y la Reconciliación, expresó muy apropiadamente en el debate que siguió a la presentación de nuestro informe que nosotros éramos una nación de víctimas, y quizás más importante, de sobrevivientes. También sugirió que se debía considerar una compensación comunitaria más que una individual, dado que por lo general fueron más devastadas las comunidades que los individuos. Los más sensatos pueden estar de acuerdo con esto, aunque todavía afirmo que debe hacerse todo lo posible para no defraudar a aquellos a los que se les debía una compensación individual. Después de todo, ellos dejaron de lado los juicios por daño y no se los debía sacrificar en exceso.

En la Comisión fuimos profundamente humillados, pues aquellos que se presentaron ante nosotros fueron frecuentemente muy modestos en sus expectativas y requerimientos. "¿Puedo levantar una lápida para mi hijo?". "¿Puede la Comisión ayudarme a encontrar los restos de mi ser querido, aunque sea un hueso, para poder enterrarlo dignamente?". "¿Puedo obtener ayuda para educar a mi hijo?". Sería muy triste desilusionar a aquellos que tenían esas peticiones lastimosas. Estábamos conscientes de las enormes presiones sobre los recursos del Gobierno y teníamos que hacer difíciles elecciones.

La Comisión recomendó también que calles y escuelas recibieran los nombres de héroes caídos y que se construyeran centros comunitarios en su memoria, como por ejemplo, clínicas, centros de recreación... y esto ya ha comenzado a hacerse. También pensamos que deberían erigirse monumentos para honrar a aquellos a los que les debemos tanto por nuestra libertad. No debe hacerse por sectores, sino de la manera más incluyente que se pueda, sin chauvinismos, pero de un modo que nos ayude a recordar de una manera positiva más que de una reivindicativa, monumentos que no distancien, sino que tengan la capacidad de contribuir al proceso de sanidad y reconciliación, que nos traigan recuerdos que nos unan después de tantas cosas perdurables que fueron diseñadas para separarnos e instalar la hostilidad y la desarmonía.

Tengo la esperanza de que podamos aprender a celebrar fechas y hechos que nos unieron, como por ejemplo, nuestra elección histórica, la asunción de Nelson Mandela como presidente o nuestras victorias en el Mundial de Rugby o en la Copa de Fútbol de las Naciones Africanas, cuando descubrimos que, de hecho, éramos la nación del arco iris.

Todos desearíamos que nuestro país hubiese sido bendecido con recursos ilimitados para que cada víctima pudiera recibir la compensación adecuada por los abusos que sufrió. Desafortunadamente, nuestra dura realidad es que nuestros recursos son limitados y que las demandas y presiones sobre esos recursos limitados son variadas y urgentes. Se deben tomar decisiones y tener juicios de valor sobre la forma más equitativa de compartirlos.

El camino de la amnistía y la compensación es el paso que nuestra nación eligió transitar, pasando de un pasado oscuro a la promesa de un futuro mejor, usando el "puente histórico" del que se habla en la Constitución, uno de cuyos pilares fue la Comisión de la Verdad y la Reconciliación. Se podrían haber elegido otros caminos. Tal podría haber sido el caso. Lo cierto es que Sudáfrica eligió este camino, ya lo hemos transitado y creemos que se hizo una importante contribución para la promoción de la unidad nacional y la reconciliación.

CAPÍTULO 5

En plena marcha

Pensé que estaba por jubilarme como arzobispo cuando en la penúltima reunión del sínodo de obispos, en septiembre de 1995, me nominaron de forma unánime ante el Presidente para que fuera miembro de la Comisión de la Verdad y la Reconciliación. Era uno de unos cuarenta y cinco que conformábamos una lista corta de una original de aproximadamente doscientas nominaciones. Fuimos entrevistados en audiencias públicas que tuvieron lugar en diferentes centros de Sudáfrica y que fueron realizadas por un panel de diversos partidos. El grupo de expertos envió los nombres de veinticinco de nosotros al Presidente, quien asesorado por el Gabinete del Gobierno de Unidad Nacional, eligió a diecisiete personas para que conformaran la Comisión de la Verdad y la Reconciliación. Fui nombrado presidente de la Comisión y el doctor Alex Boraine, vicepresidente.

Cuando el Presidente solicita algo, el resto de los mortales no tiene muchas opciones. ¿Quién podía decirle que no al señor Mandela? Arrojé por la ventana mi tan anhelado retiro y por casi tres años nos vimos involucrados en el devastador —pero al mismo tiempo estimulante— trabajo de la Comisión, escuchando las desgarradoras historias de horrendas atrocidades y ennobleciéndonos con la extraordinaria generosidad de espíritu de tantos de nuestros compatriotas. Fue un increíble privilegio.

El Presidente anunció nuestro nombramiento en la Comisión de la Verdad y la Reconciliación en el *Government Gazette* el 15 de diciembre de 1995, y tuvimos nuestra primera reunión al día siguiente, el 16 de diciembre. Para aquellos que buscaban indicios sí parecía auspicioso que nos hubiésemos reunido en el feriado que ahora es llamado Día de la Reconciliación. Nada mal para una Comisión de la Verdad y la Reconciliación. Pero fue significativo por una razón más profunda que sería un indicador para aquello que esperábamos que nuestra comisión pudiera poner en marcha. Ese feriado en particular ha atravesado una evolución interesante. En una época fue conocido como Día de Dingaan, pero no para honrar al rey zulú que tenía ese nombre. No. Había sido una conmemoración muy patriotera de la poco probable victoria de un pequeño grupo de afrikáneres, los *voortrekkers,* que habían abandonado el Cabo con gran indignación durante la década del treinta en el siglo XIX, cuando se enfurecieron contra la política británica que parecía querer tratar a los "nativos" como algo parecido a los blancos. Ellos emprendieron lo que se conoció como el *Great Trek* (Gran Marcha), y consideraron recrear con ello, de alguna manera, el Éxodo del pueblo de Dios para liberarse de la atadura de Egipto. Eran los nuevos elegidos, los escogidos del Creador que escapaban del cautiverio del imperialismo británico. En 1838, uno de los grupos de *voortrekkers* enfrentó una batalla contra los *impis*, o regimientos de la armada zulú. Primero habían orado con fervor pidiéndole a Dios que los defendiera en la lucha desigual que se aproximaba y prometieron con un pacto que, si Dios les concedía la victoria sobre las hordas de nativos ignorantes, ellos y sus descendientes guardarían para siempre ese día como uno de conmemoración solemne. Ellos adoptaron la nueva estrategia de formar un círculo con sus carretas de bueyes, armando una especie de fortaleza móvil, los *laager*, desde cuya protección esperaban rechazar a sus enemigos. Nada menos que un milagro sucedió. Dios respondió sus oraciones y ellos derrotaron rotundamente a un enemigo que los superaba ampliamente en número. Desde entonces, los afrikáneres festejaron su victoria en la Batalla del Río Sangriento, el 16 de diciembre. Era una celebración completamente chauvinista y regional, aclamando, en su opinión, lo que había sido tan claramente demostrado en esa victoria: su superioridad sobre los nativos negros paganos. Algunas veces, la "mentalidad *laarger*" ha sido usada de forma peyorativa para describir una actitud manifestada por aquellos que son asediados y que son reacios a las influencias externas, a las que rechazan como ajenas e inaceptables: una mente cerrada.

Era un feriado nacional que ganó notoriedad entre los negros sudafricanos, que temían el advenimiento del Día de Dingaan. Recuerdo que de pequeño, en las malas épocas, se nos advertía que no saliéramos de nuestros guetos hacia las ciudades de los blancos so pena de que nos sucedieran cosas espantosas si desoíamos ese consejo. De hecho, la mayoría de los negros evitaba las ciudades en ese día festivo. Hubo muchas historias escalofriantes acerca de lo que les sucedió a esos negros que fueron lo suficientemente temerarios como para ignorar la advertencia, cómo fueron sometidos a agresiones racistas, provocados mediante burlas y comentarios humillantes. Hubo historias sobre hombres negros a los que prácticamente se les arrancó la barba del rostro, porque los blancos consideraban la barba como un rasgo distintivo de los *voortrekker*, y era algo intolerable para ellos que un negro imitara a los antecesores de sus patrones en esa moda. En resumen, era un feriado nacional que poco probablemente contribuyera significativamente a promover la unidad y la reconciliación nacional. Pero una metamorfosis estaba ocurriendo o intentando ocurrir.

Era sumamente extraño que ese feriado chauvinista y regional fuese conocido como el Día de Dingaan, como si el rey zulú estuviese siendo honrado, cuando en realidad era su derrota lo que se recordaba. Así que se cambió el nombre a Día del Pacto bajo el gobierno del Partido Nacional, que formalmente estableció el apartheid a partir de 1948. Los que propusieron el cambio de nombre sostuvieron que no fue tanto la derrota militar como el pacto entre los afrikáneres y Dios lo que debía tener el foco de atención de las celebraciones. Se consideró inapropiado abrir viejas heridas de una derrota dolorosa para los zulúes, en un momento en el que el Gobierno trataba de hacerlos aceptar la política de los bantustanes. Bajo esa política, los negros disfrutarían autonomía en sus propios pequeños estados tribalmente definidos, con una independencia ficticia, reconocida solo en Sudáfrica y sus satélites y por nadie más en todo el mundo. En ese escenario de Alicia en el país de las maravillas, los sudafricanos negros se convertirían en extranjeros en la tierra de su nacimiento, incapaces de reclamar derechos políticos en la misma Sudáfrica. Esa política fue muy promocionada por los nacionalistas, cuando el país participaba en el nuevo proceso de descolonización y ayudaba a las personas a que evolucionaran en nuevas naciones, cuando realmente era solo la vieja política de "divide y reinarás", de alentar el tribalismo para contrarrestar el movimiento de la unión de los negros sudafricanos como africanos y no como miembros de diferentes entidades tribales. Los defensores de la supremacía blanca estaban preparados para intentar cualquier cosa, sin importar cuán estúpida o inmoral fuera.

El enfoque de la celebración sería más religioso, sería la promesa, el pacto que aquellos *voortrekkers* hicieron con Dios en la víspera de la batalla en la que se les concedió la victoria sobre el enemigo. Así, el nombre cambió a Día del Pacto. Fue un paso relativamente pequeño desde ese nuevo entendimiento a uno cuyo enfoque estaría en promover la sanidad, la reconciliación y el reconocimiento de que Sudáfrica —en palabras del *Freedom Charter* (Estatuto de la Libertad) adoptado por el movimiento de liberación en 1956— "pertenece a todos los que viven en ella". Este estatuto personificó la filosofía que apoyó a la Comisión de la Verdad y la Reconciliación: que más y más sudafricanos encontraran lugares comunes, aquello que unía a personas distintas, aquello que era global y no regional, esos hechos, personas y ocasiones que no servían para exaltar a un sector a expensas de denigrar a otro. Sería mucho pedir para una sociedad cuyos miembros han estado separados unos de los otros durante tanto tiempo y cuyas leyes han reforzado la hostilidad al ser injustas y discriminatorias. Pero si íbamos a sobrevivir como un crisol de razas, ese era el proceso que debía tener éxito.

Así que nos reunimos en ese Día de la Reconciliación. Y nos reunimos en Bishopscourt, la residencia oficial del Arzobispo anglicano de Ciudad del Cabo. Había cierto interés en ello, porque Bishopscourt había sido una vez llamada Bosheuvel, la residencia de Jan van Riebeeck, que en 1652 se convirtió en el primer poblador blanco en Sudáfrica. Había sido enviado desde Holanda hacia Cabo para dar asentamiento a una estación a mitad de camino para los marineros en su ruta hacia Oriente. Una de las cosas que hizo fue plantar un cerco de almendras amargas para mantener a los indígenas hotentotes (o *khois*) alejados del área en la que se había asentado. Los restos de ese cerco de setos todavía son visibles cerca de Bishopscourt. Un cerco que, como lo señaló el periodista Allister Sparks[16], significaría mucho en la futura Sudáfrica. Van Riebeeck había llevado Europa a África, en donde los nativos se convirtieron en los extranjeros que había que dejar afuera.

Parecía apropiado para una comisión que iba a considerar cierta porción llena de conflictos del pasado de Sudáfrica, caracterizado por la hostilidad entre los blancos y otras razas, encontrarse en lo que había sido el hogar del hombre cuya llegada iba a matizar tanto aquella historia. Aunque se nos pidió tratar con un periodo de treinta y cuatro años, desde 1960 a 1994, realmente estábamos hablando sobre lo que había ocurrido en nuestra hermosa tierra desde 1652.

Para mí, el hecho de reunirse en Bishopscourt tenía una especial intensidad. Con frecuencia, a finales de los años ochenta, había sido el lugar de reunión de los líderes de la creciente resistencia contra el régimen cada vez más represivo del apartheid. Fue una de esas reuniones la que ayudó a organizar la enorme marcha del 13 de septiembre de 1989, que dio inicio a las inmensas manifestaciones que tuvieron lugar por todo el país en las semanas siguientes y que ayudaron a generar los cambios históricos que el señor De Klerk anunció el 2 de febrero de 1990. La marcha alzó los llamados a boicotear las

---

16 *La mente de Sudáfrica.* (Nueva Cork, Ballantine Books, 1991).

elecciones racistas del 6 de septiembre de 1989. Cerca de Ciudad del Cabo, varias personas que se manifestaban pacíficamente fueron asesinadas por las fuerzas de seguridad. Algunas de las víctimas fueron jóvenes que resultaron baleados mientras estaban en los jardines de sus hogares. Recuerdo ahora que cuando los miembros de mi equipo me informaron que alrededor de veinte personas ya habían sido asesinadas, me dirigí a la capilla de Bishopscourt muy perturbado y, con lágrimas en los ojos, reconvine con Dios: "¿Cómo pudiste dejar Tú que todo esto sucediera? ¿Cómo pudiste dejar que nos hicieran esto?". No digo que tengo una línea directa al cielo, pero salí de aquella lucha con Dios sabiendo que Él quería que nosotros nos manifestáramos. Les anuncié a los un tanto asombrados miembros del equipo que íbamos a marchar por la paz, a demostrar la sensación de afrenta que sentía la mayoría de los habitantes de Ciudad del Cabo, los cuales tenían que encontrar una forma de expresar su indignación. Fue también en Bishopscourt donde Nelson Mandela habían pasado su primera noche en libertad el 11 de febrero de 1990 junto a Winnie Mandela. Después de una noche de aceptar llamadas telefónicas de presidentes y reyes, incluyendo una de la Casa Blanca, fue allí, al día siguiente, que Nelson Mandela elaboró estrategias con sus colegas más cercanos, después de salir en libertad tras veintisiete años en la cárcel. Fui a esa reunión y comencé a cantar un himno que prácticamente es otro himno nacional: *"Lizalis' idinga lakho"* ("Permite que se cumpla tu voluntad, oh, Señor, Dios verdadero"), y ese grupo comenzó a cantarlo a voz en cuello, como si sus vidas dependieran de ello. Entonces elevé una oración de acción de gracias por las maravillas de los caminos de Dios y oré por su misericordia para todos los que allí nos encontrábamos y por nuestro país. Después, dejé la habitación para que ellos deliberaran. Más tarde, fue en los jardines de esa casa donde Mandela dirigió su primera conferencia de prensa. También fue Bishopscourt el lugar en el que los líderes de las iglesias convocaron a una importante cumbre de líderes políticos negros, y fue esa la primera vez en que los más radicales estuvieron de acuerdo en sentarse a la misma mesa con los líderes del país a quienes ellos habían estado criticando como intocables por colaborar con el Gobierno del apartheid. La reunión de los miembros de la comisión en Bishopscourt estuvo compuesta por el grupo más variado de sudafricanos que uno esperaría juntar. Éramos dieciséis en total porque uno de los miembros no pudo asistir. Había diez negros y seis blancos, incluidos dos afrikáneres. El grupo estaba compuesto por mestizos, indios, africanos y blancos: todo el espectro étnico de nuestra sociedad obsesionada con las razas. Políticamente hablando, teníamos todo: desde la izquierda hasta el ala derecha conservadora de los blancos. Había algunos cristianos, un musulmán, un hindú, algunos creyentes que ya no eran practicantes y posiblemente uno o dos agnósticos.

El doctor Boraine había sido alguna vez un miembro de la oposición en el Parlamento y su punto de vista había sido atacado duramente por parlamentarios que apoyaban el apartheid; en los ochenta se había ido frustrado para fundar y trabajar a favor de la democracia en organizaciones extraparlamentarias. La señora Mary Burton era conocida como una partidaria incondicional del *Black Sash*, un movimiento de mujeres que trabajaba por los derechos de los negros sudafricanos. Chris de Jager, asesor jurídico, había sido miembro de partidos de extrema derecha y un juez de turno. El reverendo Bongani Finca era un prominente líder eclesiástico de Cabo Oriental que había luchado contra el apartheid. La doctora Sisi Khampepe era una abogada que había estado profundamente involucrada en la lucha por los derechos laborales. El señor Richard Lyster era una abogado de derechos humanos que había trabajado en la provincia de Natal, desgarrada por los conflictos. El señor Wynand Malan era un abogado que había sido miembro del Parlamento para el gobernante Partido Nacional, que luego se separó para ayudar a formar un nuevo partido blanco de oposición. El doctor Khoza Mgojo era ex presidente de la Iglesia Metodista y también presidente del Concilio de las Iglesias de Sudáfrica y un destacado miembro de un grupo de líderes de iglesias de Natal que trabajaban en favor de la paz en esa provincia. El señor Hlengiwe Mkhize era un psicólogo que había trabajado como especialista en salud mental en la administración pública.

El señor Dumisa Ntsebeza —que con frecuencia actuaba en el lugar de Alex Boraine o en mi lugar— había sido prisionero político y era un destacado abogado en derechos humanos en Cabo Oriental. La doctora Wendy Orr había ganado renombre cuando logró un interdicto de la corte contra la policía en Cabo Oriental, luego de encontrar evidencia de tortura entre los detenidos mientras trabajaba como médica estatal. El defensor Denzil Potgieter, consejero principal, era un abogado de Ciudad del Cabo que había actuado por la defensa en juicios políticos. El doctor Mapule Ramashala era un psicólogo clínico y ex exiliado que tenía una sobresaliente posición en el *Medical Research Council*. El doctor Fazel Randera era un médico que desde hacía mucho tiempo era un activo luchador contra el apartheid. La señora Yasmin Sooka también era abogada y era la líder sudafricana de la multirreligiosa *World Conference on Religion and Peace* (Conferencia Mundial de Religiones por la Paz). La señora Glenda Wildschut era una enfermera psiquiátrica y líder del *Trauma Center for the Victims of Violence in Cape Town* (Centro para las Víctimas de la Violencia en Ciudad del Cabo), con muchísima experiencia en el tratamiento de las víctimas de la tortura y el conflicto.

En la reunión de Bishopscourt —luego nos mudamos a nuestras propias oficinas— destinamos comisionados a los tres comités de la Comisión. Quince de los diecisiete comisionados estaban divididos entre el Comité de Violaciones de los Derechos Humanos, que también yo presidía, y el Comité de Compensación y Rehabilitación. La Comisión nombró miembros adicionales para estos dos comités que no eran miembros plenos de la Comisión, lo que elevaba el número total a diecisiete. Al elegirlos, tomamos en cuenta con mucha seriedad la región, el género, la política y la representatividad religiosa, a fin de reparar cualquier diferencia en la composición de la Comisión de la Verdad y la Reconciliación. Por ejemplo, nos aseguramos de que hubiese al menos un judío y un líder de la Iglesia Reformada Holandesa[17].

Dos comisionados —que eran abogados— fueron nombrados para

---

17 *Dutch Reformed Church* (DRC, por sus siglas en inglés. (N. de la t.)

el Comité de la Amnistía. Poco después, el Presidente nombró a tres jueces más, lo que elevó el número inicial a cinco, que luego siguió en aumento hasta diecinueve, en un esfuerzo por acelerar la tarea de procesar más de siete mil solicitudes de amnistía. (El Comité de Amnistía tenía una posición particular en la Comisión: era liderado por jueces que no eran comisionados, sino que habían sido designados directamente por el Presidente y eran autónomos en sus facultades de toma de decisiones. Ninguno de los comisionados ni yo mismo tuvimos influencia sobre sus decisiones para conceder o rehusar la amnistía. De acuerdo al estatuto, la Comisión tenía prohibido revisar las decisiones).

La Comisión también decidió regionalizar sus operaciones en una de las primeras reuniones. Como resultado de ello, abrimos oficinas en Durban, East London, Johannesburgo, y Ciudad del Cabo, siendo esta última también la oficina central de la Comisión de la Verdad y la Reconciliación. Muy pronto tuvimos un equipo de casi trescientas cincuenta personas en el lugar y comenzamos a trabajar. Mucho del crédito es para el doctor Boraine, quien obró maravillas para encontrar las instalaciones y para formar el equipo.

No le desearía ni a mi peor enemigo la nada envidiable tarea de comenzar desde cero un operativo tan inmenso como resultó ser el nuestro. Pero lo logramos y terminamos con una eficiente organización compuesta del más sobresaliente, serio y dedicado grupo de comisionados, miembros de comité y grupos de trabajo. Fue un gran privilegio ser el capitán de un equipo tan magnífico. Siempre es fácil liderar del lado ganador, que es en lo que nos convertimos, y yo quiero rendir un cálido tributo a todos ellos. Dos de nuestros comisionados renunciaron antes de que entregáramos nuestro primer informe: El doctor Ramashala fue nombrado director y vice canciller de la Universidad de Durban Westville, mientras que el defensor de Jager, que fuera miembro del Partido Conservador, sintió que no podía continuar en una comisión con la cual se sentía en conflicto. Él ha continuado como miembro del Comité de Amnistía. Por lo tanto, terminamos con un solo comisionado afrikáner.

En una de esas primeras reuniones yo sugerí que sería un gesto valedero para todos nosotros renunciar a cualquier membresía que tuviéramos a partidos políticos u organizaciones de las que fuéramos miembros. Muy acertadamente se señaló que las personas con mucha seguridad habían sido nominadas para ser miembros de la Comisión de la Verdad y la Reconciliación en parte por sus afiliaciones políticas. Se esperaba que nos dedicáramos plenamente y que aportáramos todo nuestro bagaje personal y profesional, nuestras perspectivas y percepciones políticas, como también nuestra comprensión y puntos ciegos para realizar la labor crucial de esa importante comisión. Muchos comisionados argumentaron que si renunciaban aquellos que eran miembros de partidos políticos estarían involucrándose en una engañosa farsa. Ellos argumentaron que, de alguna forma, no sería sincero y transparente simular que ellos eran apolíticos. Seríamos imparciales, pero eso no significaba que el jurado todavía cuestionara asuntos como si el *apartheid* era malo o si era solo una buena política que se había sesgado en su puesta en práctica. La mayoría de nosotros afirmábamos bastante categóricamente que el apartheid era intrínsecamente y por sí mismo malo. En parte, esta posición condenatoria fue la que nos había dado la credibilidad que nos condujo al nombramiento en la Comisión.

Éramos ampliamente representativos, aunque fuimos criticados desde el principio por algunos medios afrikáneres y líderes políticos como una comisión deficiente, abarrotada con aquellos a los que despectivamente se los describía como de carácter "combativo" (refiriéndose al conflicto antiapartheid), y muy sesgados en favor del ANC. Ellos pedían una comisión en la que aquellos que habían apoyado el apartheid igualarían en número a aquellos que habían estado del otro lado. Casi no notaron la arrogancia de su demanda, muy típica de la forma en la que habían organizado las cosas cuando la vasta mayoría en el país no había tenido posibilidad de expresarse en cuanto a la forma en la que iban a ser gobernados. Los que apoyaban el viejo y desacreditado apartheid todavía querían que las cosas se organizaran según el antiguo y sesgado modelo. Ellos declararon, sin el beneficio de ninguna evidencia —porque no habíamos comenzado a trabajar— que la

Comisión de la Verdad y la Reconciliación tenía el propósito de ser una caza de brujas contra el viejo orden y específicamente contra los afrikáneres.

Tratamos de sacarlos del error sobre ese concepto declarando que algunos de nosotros estábamos comprometidos apasionadamente con la reconciliación desde hacía mucho tiempo, mucho antes de que existiera la idea de crear una comisión como la nuestra, y que nosotros también estábamos fervorosamente dedicados a la sanidad de las personas heridas y traumatizadas como para querer estropear esa empresa no siendo escrupulosamente justos. Le dije a un grupo de líderes blancos de la Iglesia Reformada Holandesa que expresaron preocupaciones similares que iban a tener que depender de mi propia integridad personal y evaluar mis antecedentes. Les dije que muchos de ellos habían creído que yo me oponía al apartheid solo por razones políticas, a pesar de que declaré lo contrario, y que habían dado por supuesto que yo iba a silenciar mis críticas hacia un Gobierno liderado por el ANC, si es que iba a expresar alguna crítica. Estaban seguros de que yo entraría a la arena pública mediante la aceptación de un cargo político. Les recordé que yo no lo había buscado ni tampoco se me había ofrecido ningún puesto político, y que muy poco tiempo después de que el ANC entrara en funciones yo lo había criticado por aceptar salarios excesivamente elevados. Les dije que debían esperar nuestro informe y luego juzgarnos por este. Yo supongo que difícilmente vayan a ser muy elocuentes acerca de la sinceridad de nuestra promesa de imparcialidad, tanto así que el ANC se quejó y quiso interdecir la publicación de nuestro informe, argumentando que este expresaba cosas que no eran tales: que nosotros habíamos puesto a aquellos que habían luchado contra el apartheid en el mismo plano moral que aquellos que lo habían implementado. Pero eso es adelantarnos en nuestra historia.

Lamentablemente, nunca fuimos capaces de convencer a algunos de los más expresivos y por ello más estridentes dentro de la comunidad afrikáner, que se mantuvo en sus posturas prejuiciosas, a pesar de cualquier evidencia que se presentara para demostrar nuestro compromiso ser neutrales. Eran muy parecidos al pequeño niño de la historia que se apresura a decirle a su madre: "Mamá, mira esos ganso". "No, querido", dice la madre, "nosotros no los llamamos ganso, son gansos". Nada desanimando, el lindo pequeñito contestó: "A mí todavía me parecen ganso". Tratamos todo menos la negligencia en el cumplimiento de nuestro deber, para ofrecer un panorama completo, tan completo como fuera posible, de las flagrantes violaciones de los derechos humanos que ocurrieron en nuestro país como resultado del conflicto político del pasado. Asignamos la culpa de tal manera que pudiéramos ayudar a cultivar una cultura de la obligación de rendir cuentas y del respeto por los derechos humanos. Estábamos determinados a llevar adelante esta importante función sin temor ni favoritismos, y parece que el mundo y la mayoría de los sudafricanos creen que no hicimos tan mal trabajo. Como dije, éramos ampliamente representativos de la sociedad sudafricana. Esa representatividad fue un atributo muy importante, pero causó un gran dolor de cabeza. Proveníamos de diversos orígenes e íbamos a descubrir que el apartheid nos había afectado a todos de distintas maneras. Supimos, para nuestra desazón, que éramos un microcosmos de la sociedad sudafricana, y que estábamos heridos más profundamente de lo que habíamos imaginado al principio. Descubrimos que, con frecuencia, sospechábamos mucho los unos de los otros, y que no era fácil desarrollar una confianza verdadera entre nosotros. Solo más tarde descubrimos que todos habíamos sido víctimas de un poderoso condicionante, con juicios ya establecidos hacia aquellos que pertenecían a otros grupos. La mayoría de nosotros había declarado de forma vehemente que no usábamos estereotipos.

Durante el primer año, más o menos, nuestras reuniones fueron un infierno. No era fácil llegar a una unidad, pues cada uno de nosotros trataba de reivindicar sus propios derechos y de establecer su propio espacio. Uno se preguntaba, como persona negra, si el colega blanco habría reaccionado de esa forma con un compañero blanco y viceversa. Algunos de nosotros fuimos castigados por ser "blancos liberales", siendo "liberal" una palabra ofensiva en Sudáfrica, con el intento de manipular las cosas para que ellos fueran los mandamás, oh, muy sutilmente. Yo no estaba preparado para esto, porque había sido mimado en nuestras reuniones de iglesia, especialmente en las reuniones del sínodo de obispos, las cuales todos esperábamos con ansiedad. Esas reuniones eran tan agradables, tan edificantes, tan positivas… sin todas las observaciones mordaces y las insinuaciones, y las afrentas —reales o imaginarias— que caracterizaron esas primeras reuniones de la Comisión de la Verdad y la Reconciliación. Sin duda éramos sinceros cuando reflejábamos las alienaciones, los abismos y sospechas que eran parte inherente de nuestra sociedad del apartheid. Podíamos convertirnos en un paradigma útil para nuestra nación, pues si nosotros, con el tiempo, podíamos unirnos en un grupo razonablemente coherente, unido y reconciliado, había esperanza para Sudáfrica. Sucedió que el primer equipo que designamos estaba integrado en su totalidad por blancos, por lo que comenzaron a sonar todo tipo de alarmas de aprehensión, anunciando que habría una toma del poder por parte de los blancos que incentivaría sus propios intereses.

Es interesante que el Presidente nombrara a un arzobispo como presidente de la Comisión y no, por ejemplo, a un juez, dado que hasta cierto punto nosotros éramos un cuerpo cuasi judicial. Siete de los comisionados eran abogados, la profesión legal poseía entonces la mayor representación. Pero también había tres ministros activos ordenados y todos ellos habían sido los jefes nacionales de sus denominaciones. El doctor Boraine había sido ordenado y en su momento fue el presidente más joven de la Conferencia Metodista. Había renunciado como ministro y se había dedicado a la política, luego lideró organizaciones no gubernamentales que jugaron un importante rol en la promoción de la democracia y en dar forma a la legislación que con el tiempo engendró la Comisión de la Verdad y la Reconciliación. Entonces podría decirse que había cuatro personas ordenadas y eso estaba destinado a tener una influencia marcada en nuestras deliberaciones y en la forma en la que llevamos adelante nuestro trabajo.

El Presidente debe haber creído que nuestro trabajo sería profundamente espiritual. Después de todo, el perdón, la reconciliación y la compensación no eran moneda corriente en el discurso político. Era más normal exigir desagravios, pagar con la misma moneda, devolver lo recibido, pues en el difícil mundo de la política era mucho más común la cultura de "la competencia feroz". Se buscaba lograr que el oponente mordiera el polvo, ser rudo y sanguinario, y clavar la daga en la herida en la cual se había echado sal. Se prestaba escasa atención al llamado a sanar, a compensar el desequilibrio, a reducir las diferencias. Cada uno había sido elegido porque era diferente y estaba allí para acentuar las diferencias. El perdón, la confesión y la reconciliación eran mucho más familiares en la esfera de la religión.

A pesar de nuestra diversidad, los comisionados estuvieron de acuerdo con la propuesta que presenté en la primera reunión: hacer un retiro en el que pudiéramos enriquecer nuestros recursos espirituales y afinar nuestra sensibilidad. Nos sentamos a los pies del gurú espiritual —que resultó ser mi propio consejero espiritual— y guardamos silencio por un día, buscando abrirnos a la guía del Espíritu trascendente, como fuera que se lo concibiera o llamara. Cerca del final de nuestro trabajo como comisión, hicimos otro retiro, una experiencia profunda y movilizadora en la isla Robben. Visitamos el lugar y nos embebimos en toda la historia y angustia, mientras avanzábamos de una celda a la otra. Nos dimos cuenta del precio que se tuvo que pagar para llevar nuestro país hasta este punto. Para entonces, nos habíamos acercado mucho los unos a los otros.

La comisión también aceptó mi llamado a oración al principio y al final de nuestras reuniones, y cuando los interrumpía al mediodía pidiéndoles una pausa para el recogimiento y la oración. En el Comité de Violaciones de los Derechos Humanos acordamos que, cuando las víctimas y sobrevivientes vinieran a las audiencias para testificar sobre sus experiencias con frecuencia desgarradoras, tendríamos una atmósfera solemne con oraciones, himnos y encendido de velas rituales para conmemorar a aquellos que habían muerto en la lucha. Cuando pregunté antes de las primeras audiencias en Cabo Oriental si debía presidir los procedimientos vestido con mi sotana púrpura de arzobispo, parte de mi "persona pública", la comisión dijo que debería hacerlo, con la insistencia de mi colega hindú. Tan pronto como fui nombrado en la Comisión de la Verdad y la Reconciliación, le pedí a la secretaría de la comunidad anglicana mundial que pusiera en alerta a las monjas y los monjes de las comunidades religiosas de nuestra Iglesia sobre la desesperada necesidad de intercesión frecuente durante la existencia de la Comisión. Por lo tanto, nosotros sabíamos que estábamos rodeados de oraciones fervientes de forma regular, al menos, por ese grupo de cristianos. Sabemos por otros conocidos que éramos apoyados por el amor y las oraciones de muchos alrededor del mundo y les damos las gracias por su maravillosa tarea. Lo que sea que hayamos alcanzado es en gran parte debido a esa nube de testigos que nos rodeaban y nos sostenía. Para la mayoría, lo que se nos pedía que abordáramos era profundamente religioso y espiritual, y por consecuencia, los recursos espirituales se brindaron de forma apropiada para que pudiéramos soportar nuestra labor.

Muy pocas personas objetaron el pesado énfasis espiritual y, por cierto, cristiano de la comisión. Cuando algunos periodistas me cuestionaron por esto, les dije que soy un líder religioso y que había sido elegido por quien era. No podía fingir ser otra persona. Trabajé como la persona que soy y eso fue aceptado por la Comisión. Eso significó que los conceptos y las perspectivas teológicas y cristianas dirían mucho sobre lo que hicimos y cómo lo hicimos.

Estábamos muy felices de ser guiados, allí donde era apropiado, por los profesionales de la salud de la Comisión: los psicólogos, los médicos y una enfermera, quienes hicieron contribuciones significativas para la evolución de las políticas de las compensaciones y rehabilitación que luego se presentaron como nuestras recomendaciones al Presidente. Del mismo modo, hicimos un buen uso de las verdades teológicas que eran aplicables a nuestro trabajo.

Al envejecer, me es una grata sorpresa descubrir cuán relevante se ha vuelto la teología en mi percepción. En nuestro trabajo particular como comisión fue un alivio descubrir que, verdaderamente, éramos hijos de Adán y Eva. Cuando Dios abordó a Adán y le reprochó contravenir la orden que Dios le había dado de no comer de cierto fruto, Adán no había estado muy dispuesto a aceptar la responsabilidad por tal desobediencia. No, él le pasó la culpa a Eva, y cuando Dios se dirigió hacia Eva, ella también había sacado una hoja del libro de su esposo (no la hoja con la que trató inútilmente de ocultar su desnudez), y trató de descargar la responsabilidad. No se nos dice cómo respondió la serpiente cuando se le echó la culpa. Así que no debería sorprendernos cuán renuentes se sienten la mayoría de las personas de reconocer su responsabilidad por las atrocidades que cometieron durante el apartheid. Simplemente se estaban comportando como los descendientes de sus antepasados y comportándose como era de esperar, negando o culpando a todos los demás y a todo, excepto a sí mismos. Sí, estaba todo en nuestros genes. A *ellos* hay que echarles la culpa. Ahí vamos otra vez, mostrándonos como verdaderos descendientes de nuestros primeros padres.

Existe un saludable recuento de nuestra tendencia a asignar la culpa a otros en el libro escrito por el teólogo de Harvard, Harvey Cox, hermosamente titulado *On Not Leaving It to the Snake*[18]. Este me ayudó a ser mucho menos crítico y a evitar regodearme de la desgracia ajena. Fue especialmente importante durante los encuentros entre la Comisión y los autores materiales de algunas de las más horrendas atrocidades. Con mucha frecuencia en la Comisión nos sentíamos muy consternados por la profundidad de la depravación en la cual los seres humanos pueden sumergirse. Y la mayoría de nosotros diría que aquellos que cometieron esos hechos tan viles eran monstruos porque los hechos eran monstruosos. Pero la teología nos previene de hacer eso. La teología nos recuerda que el hecho —sin importar cuán diabólico haya sido— no convirtió al autor en un demonio. Tuvimos que distinguir entre el hecho y el autor, entre el pecador y el pecado, odiar y condenar el pecado y al mismo tiempo estar llenos de compasión por el pecador. El punto es que, si perdíamos las esperanzas con los autores materiales, teniéndolos como monstruos y demonios, entonces estaríamos permitiendo que la responsabilidad se escapara por la ventana, porque declarábamos que ellos no eran agentes morales a

---

18   *No dejárselo a la serpiente* (N. de la t.)

los que se podía responsabilizar por los hechos cometidos. Y —lo más importante— significaba que nosotros abandonábamos toda esperanza de que fueran capaces de cambiar para mejor. La teología dice que ellos, a pesar del horror de sus obras, siguen siendo hijos de Dios con la capacidad de arrepentirse y de cambiar. De lo contrario, como comisión tendríamos que haber dejado de funcionar, porque trabajábamos con la premisa de que las personas pueden cambiar, pueden reconocer y confesar el error de sus procedimientos y sentir contrición —o al menos, remordimiento— y podrían, en algún momento, sentirse obligados a confesar su cobarde conducta y pedir perdón. Sin embargo, si se los dejaba ir como si fueran monstruos, no podrían, por definición, involucrarse en un proceso tan profundo y personal como aquel del perdón y la reconciliación.

De acuerdo con esta teología, nunca podemos darnos por vencidos con respecto a alguien, porque nuestro Dios tiene una especial debilidad por los pecadores. El Buen Pastor en la parábola que narró Jesús estuvo preparado para dejar en el desierto a noventa y nueve ovejas que se comportaban perfectamente bien para ir a buscar no a una ovejita atractiva y esponjosa, dado que, por lo general, no son las ovejitas esponjosas las que se alejan de sus mamás, sino el problemático, indócil y viejo carnero. Era en ese carnero en quien el Buen Pastor invertía tanta energía. Cuando lo encontró es poco probable que el carnero haya tenido una hermosa lana. Probablemente estuviera todo enlodado y quizás hubiese caído en una zanja de agua sucia y apestara. Esa era la oveja que el Buen Pastor había salido a buscar, y cuando lo hizo, no arrugó el entrecejo con asco. No, la tomó y la puso cuidadosamente sobre sus hombros y regresó a su casa para celebrar que había encontrado a la oveja perdida. Y Jesús dice que hay *mayor* gozo en el cielo por un pecador que se arrepiente que por noventa y nueve que no necesitan arrepentirse.

Los cristianos están forzados por los imperativos del Evangelio, las buenas nuevas de un Dios que tiene una inclinación hacia los pecadores, contrariamente a los valores normales del mundo. Este Dios en Jesucristo escandalizó a los correctos, formales y remilgados líderes religiosos ortodoxos, porque Él no se rodeaba con los respetables ni con la élite de la sociedad, sino con la escoria, aquellos que viven al margen: las prostitutas, los pecadores, los excluidos. En mi teología, ninguno de nosotros podía enviar a alguien al infierno por ser irredimible. Cuando Jesús fue crucificado, estaba en la compañía de dos ladrones. Uno de ellos se arrepintió y Jesús le prometió que ese día iba a estar con Él en el paraíso. El quid de esa historia es que ninguno de nosotros puede decir con certeza que este o aquel se ha perdido, porque nadie puede saber si aun el pecador y malhechor de peor reputación se arrepintió en la hora onceava y fue perdonado, porque Dios es por sobre todo el Dios de la gracia.

Lo que somos, lo que tenemos, incluso nuestra salvación, todo es un don, todo es gracia, no para que lo alcancemos, sino para que lo recibamos como un obsequio. La inclinación de Dios a favor de los pecadores es tan inmensa que se dice que nos sorprenderemos ante aquellos que encontremos en el cielo y que no esperábamos encontrar allí. (Inversamente, nos sorprenderemos de aquellos que esperábamos encontrar allá, pero que no estarán. Esto es: ¡si nosotros mismos llegamos allá!) A fin de cuentas, nadie es una causa tan perdida como para carecer de toda esperanza. Ninguna situación en esta teología es irredimible ni está desprovista de esperanza.

Dios no se da por vencido con nadie, pues Dios nos ama desde la eternidad. Dios nos ama ahora y Dios nos amará siempre, a todos nosotros, buenos y malos, por siempre y para siempre. Su amor no nos dejará ir, pues el amor de Dios por nosotros, por todos nosotros, buenos y malos es inalterable e inmutable. Alguien ha dicho que no hay nada que uno pueda hacer para que Dios nos ame más, pues Dios ya nos ama de una forma perfecta. Y maravillosamente, no hay nada que yo pueda hacer para que Dios me ame menos. Dios me ama como soy para ayudarme a convertirme en todo lo que está dentro de mí, y cuando me doy cuenta del amor profundo que Dios tiene por mí, lucharé por amor para hacer lo que le agrada al Amado. Aquellos que piensan que esto abre la puerta a una laxitud moral obviamente nunca han estado enamorados, pues el amor es mucho más demandante que la ley. Una madre exhausta, lista para dejarse caer en la cama, pensará que no es nada difícil sentarse toda la noche al lado de la cama de su hijo enfermo.

Al escuchar las historias de los autores de violaciones de los derechos humanos en las sesiones de la Comisión, advertí que cada uno de nosotros tiene la capacidad para llevar a cabo el más horrible mal. Cada uno de nosotros. Nadie puede predecir que, si nos sometieran a las mismas influencias, los mismos condicionamientos, no nos volveríamos como aquellos que cometieron esos crímenes. Esto no es perdonar o excusar lo que ellos hicieron. Es llenarse más y más de la compasión de Dios, observando y llorando porque uno de sus amados llegó hasta esa triste situación. Tenemos que decirnos a nosotros mismos con profundo sentimiento, no con una piedad barata: "No ando sino por la gracia de Dios".

Maravillosa y misericordiosamente, al escuchar las historias de las víctimas, me asombré de su generosidad, de que después de tanto sufrimiento, en vez de desear venganza, tuvieran ese extraordinario deseo de perdonar. Entonces le agradecí a Dios porque todos nosotros, incluyéndome, tenemos esa notable capacidad para lo bueno, para la generosidad y la magnanimidad.

La teología nos ayudó dentro de la Comisión de la Verdad y la Reconciliación a reconocer que habitamos un universo moral, que el bien y el mal son reales y que importan. No es algo indiferente. Este es un universo moral, lo que significa que, a pesar de toda la aparente evidencia de lo contrario, no hay forma en que el mal y la injusticia y la opresión y las mentiras puedan tener la última palabra. Para nosotros, que somos cristianos, la muerte y la resurrección de Jesucristo son una prueba positiva de que el amor es más fuerte que el odio, que la vida es más fuerte que la muerte, que la luz es más fuerte que la oscuridad, que la risa y el gozo, la compasión y la amabilidad y la verdad, cada una de esas cosas es más fuerte que su espantosa contraparte.

Nosotros, allí sentados en la comisión, lo veíamos suceder delante de nuestros ojos. Aquellos que se habían pavoneado con arrogancia en los días del apartheid, que lidiaban con la muerte, la injusticia y los excesos de ese sistema con alegre abandono, jamás se hubiesen imaginado que su participación en maquinaciones y abominaciones desarrolladas en secreto verían alguna vez la luz del día. Habían anhelado profundamente llevar la batuta por tanto tiempo como desearan. Ahora todo estaba saliendo a la luz, no como una especulación descabellada ni como alegatos sin probar. No, emanaba de las bocas de los propios autores materiales: cómo habían secuestrado personas, disparado y quemado sus cuerpos o cómo los habían arrojado a ríos llenos de cocodrilos. Nos ayudaron a exhumar cerca de cincuenta cuerpos de personas que ellos mismos habían secuestrado y luego matado y enterrado. Puede que estos espantosos y macabros secretos hayan permanecido ocultos, pero —como dije— este es un universo moral y la verdad saldrá a la luz.

Durante los oscuros días de la lucha, cuando la moral de nuestro pueblo solía ser baja ante la moral desenfrenada, yo solía decir: "Este es un universo moral, los que apoyan el apartheid ya han perdido". También solía dirigirme a nuestros compatriotas sudafricanos blancos: "Somos afables con ustedes. Súmense al equipo ganador". Aquellos de nosotros que luchamos contra el apartheid hemos sido reivindicados de la forma más espectacular. Y la victoria fue para todos nosotros: negros y blancos juntos, el arco iris del pueblo de Dios. La teología me permitió afirmar que este *es* un universo moral. Esa teología apoyó mi trabajo en la Comisión de la Verdad y la Reconciliación.

CAPÍTULO 6

Las audiencias de las víctimas

El Acta de Promoción de la Unidad y la Reconciliación Nacional que creó la Comisión de la Verdad y la Reconciliación requería que esta comisión —al buscar brindar una imagen tan completa como fuera posible de las groseras violaciones de los derechos humanos que habían ocurrido como resultado del conflicto político en el pasado— tratara de rehabilitar la dignidad civil y humana de las víctimas. Una pequeña minoría había monopolizado el poder político, lo que le dio acceso a otra clase de poderes y privilegios, y mantuvo ese sistema depravado de privilegios a través de métodos igualmente depravados e inmorales.

La pigmentocracia decidía quién era un ser humano valioso, y esto resultó ser un atributo biológico, totalmente arbitrario y, al fin de cuentas, irrelevante para determinar la valía de una persona. Y ese atributo era la etnia, el color de la piel, la raza. Casi por definición, solo lo podían disfrutar unos pocos, aquellos que pertenecían a esa raza o grupo étnico en particular y que poseían ese atributo, lo que significaba que era excluyente. No era un fenómeno universal que poseyeran todos los seres humanos.

Algo muy similar a aquello de lo que alguien, aun tan sabio y astuto como Aristóteles, había sido culpable. Él había afirmado que la personalidad humana no era una posesión universal que disfrutaran todos los seres humanos, y que los esclavos carecían de ella. Es curioso que Aristóteles no hubiese notado lo completamente absurdo de su postura, la que debe haberle traído gran alivio a los dueños de esclavos, quienes podían maltratar impunemente a sus propiedades con varios niveles de crueldad, sabiendo que infligían ese tipo de trato, ese sufrimiento a aquellos que no eran tan humanos como sus dueños. ¿Cuál, entonces, sería el destino de los esclavos libres? Sea como fuere, hasta cierto punto, los antiguos podrían ser perdonados por tener una posición tan irracional e inmoral. Los autores materiales del apartheid no pueden apelar a la ignorancia, puesto que no eran paganos ignorantes. Eran tan civilizados como los occidentales que reclamaban ser y, además, eran cristianos. Eso es lo que afirmaron con vehemencia cuando les impusieron sanciones. Fueron capaces de convencer a unos occidentales demasiado predispuestos a la credulidad de que ellos realmente eran el último bastión de la civilización cristiana occidental contra las depredaciones del expansionismo del comunismo soviético. Es más: ¡ellos leían la Biblia, iban a la iglesia, y vaya si lo hacían! Recuerdo que en una ocasión en la que llevaba en el automóvil a mi suegra, que era una trabajadora doméstica con educación primaria, pasamos por la Iglesia Reformada Holandesa para blancos. Había veintenas de automóviles en el estacionamiento. Señalé esos vehículos y puntualicé que, sin dudas, esos afrikáneres eran temerosos de Dios y, por cierto, un grupo de personas que asistían regularmente a la iglesia. Mi suegra me contestó calmadamente con una risita: "Hijo mío, si Dios me tratara a mí como los está tratando a ellos, ¡yo también asistiría con regularidad a la iglesia!". Muchas veces, nuestra gente se quedaba perpleja ante este hecho notable: aquellos que los trataban de forma tan abominable no eran paganos, sino los mismos que afirmaban ser compañeros cristianos que leían la misma Biblia. De ese modo, los defensores del apartheid realmente no tuvieron justificativo para su doctrina peculiar. La Biblia que tanto ellos como nosotros leíamos es categórica: aquello de lo que están dotados los seres humanos —cada uno de ellos sin excepción— valía, infinita valía, no es este o aquel atributo biológico o externo. No, es el hecho de que cada uno de nosotros fue creado a la imagen de Dios. Eso es intrínseco. Viene, por así decirlo, con el paquete. Significa que cada uno de nosotros es portador de Dios, es el representante de Dios. Por esta razón, tratar a una persona como si fuera menos es realmente una blasfemia. Como escupir en el rostro del Señor. Eso es lo que nos llenaba con el apasionado compromiso para luchar por la justicia y la libertad. No estábamos inspirados por motivos políticos. No, nosotros estábamos encendidos por nuestra fe bíblica. La Biblia resultó ser lo más subversivo a nuestro alrededor en una situación de injusticia y opresión. Estábamos involucrados en la lucha, porque éramos religiosos, no políticos. Porque obedecíamos a los imperativos de nuestra fe. Con frecuencia, tratábamos de señalar la irracionalidad del racismo, con la esperanza de que nuestros compatriotas blancos pudieran sentir vergüenza por decir algo que podía ser descabellado. De modo que sugerí que sustituyamos el color de la piel por una nariz grande, dado que yo poseo una. ¿Puedes imaginarte si dijéramos que esta universidad no estaba reservada para los blancos, como sucedía en épocas del apartheid, sino solo para aquellos que tuvieran la nariz grande, que ese sería el requisito principal y no la aptitud académica? Y, si tenías la desgracia de tener una nariz pequeña, tendrías que enviar una solicitud al Ministerio de Asuntos de Narices Pequeñas pidiendo permiso para asistir a la universidad reservada a las narices más grandes. Todos los que oían esta historia en la mayoría de las audiencias en las que la conté se reían por lo tonta y absurda que era. Hubiese sido maravilloso si solo se hubiese tratado de un asunto gracioso. Lamentablemente, era todo lo contrario.

Mi padre era el director de una escuela primaria. Aunque mi madre, que era empleada doméstica, apenas tenía educación y a pesar de que el ingreso familiar no era nada del otro mundo, estuvimos protegidos hasta cierto punto de los peores rigores del racismo de Sudáfrica, el cual precedía al apartheid tal como lo inculcó el Gobierno Nacional. Yo no estaba demasiado consciente sobre los temas de la política e incluso pensaba que el sistema racista era algo ordenado sobrenaturalmente. Así es como eran las cosas y era mejor aceptarlas y no ser demasiado remilgado. En verdad, la gente se aclimata extraordinariamente bien a las más horribles circunstancias.

Vivíamos en Ventersdorp, una pequeña ciudad al oeste de Johannesburgo, que luego obtendría notoriedad como la oficina principal del movimiento neonazi afrikáner Weerstandsbeweging, que se formó a fines de los setenta para luchar contra unas ref rmas que querían limitar el alcance del apartheid. Yo solía ir a la ciudad de los blancos desde nuestro gueto para comprarle periódicos a mi padre. Con mucha frecuencia, veía a muchachos negros buscar entre los cubos de basura de la escuela para blancos y encontrar manzanas y emparedados en perfecto estado, que los estudiantes blancos habían arrojado a la basura porque preferían las canastas de comida que sus mamás habían preparado para ellos en lugar del almuerzo gratis que el Gobierno daba a los alumnos blancos, pero no a los negros. Era parte de la naturaleza perversa del racismo: aquellos que no lo necesitaban y que podían pagar su propia comida recibían alimento gratuito en las escuelas por parte del Gobierno. A quienes generalmente estaban en desesperada necesidad de buen alimento y que no podían pagarlo no se les daba la comida escolar gratis del Gobierno. Esto únicamente era posible porque los padres no tenían ninguna influencia. Eran invisibles en la tierra de su nacimiento, excepto cuando eran requeridos, por lo general, como sirvientes. En lo esencial, me impactó notablemente, aunque no puedo fingir que sabía que eso dejaría una impresión imborrable en mí. Sólo reviví mis recuerdos infantiles mucho después, cuando el doctor Verwoerd introdujo el tema de la educación deliberadamente inferior que recibían los negros y que se denominaba Educación Bantú, que eliminó el programa de alimentación que se había introducido en algunas escuelas para negros. Cuando se le preguntó al doctor Verwoerd por qué había terminado con esa forma bastante económica pero eficaz de combatir la desnutrición entre los sectores más pobres, su respuesta fue bastante desconcertante, aunque consistente con la irracionalidad global del racismo y del apartheid. Dijo que si no se podía alimentar a todos, entonces no se debía alimentar a nadie. Era el colmo. ¿Por qué no tratamos de curar a estas personas que sufren de tuberculosis? No, no lo hacemos porque realmente no debemos intentar dar tratamiento a algunos pacientes que sufren tuberculosis a menos que los tratemos a todos. Era posible expresar tal notorio sinsentido porque las víctimas no tenían ninguna influencia política ni podían votar. (Tengo otro recuerdo de Ventersdorp que entra en conflicto con todo esto. Algunas veces, abría sobre el pavimento el periódico que había ido a comprar para mi padre y me arrodillaba para leerlo. No puedo recordar una sola vez en la que alguien haya caminado sobre esas páginas. Eso quiere decir algo cuando se piensa que a menudo los blancos en esas ciudades no querían ni siquiera que los negros caminaran por la acera).

A diario, arrestaban a miles de negros bajo el injusto sistema de Ley de Pases que cercenaba severamente su libertad de movimiento. Si eras negro, tenías que llevar un pase a partir de los dieciséis años de edad. Era un delito no tenerlo contigo cuando un oficial de policía te acosaba y exigía ver tu pase. No sería de ninguna utilidad decirle que lo habías olvidado en la oficina, en el bolsillo de tu abrigo cuando saliste a comprar un paquete de cigarrillos. El sistema conspiraba para debilitar tu sentimiento de autoestima. Los negros no tenían el derecho de estar en las áreas urbanas. Estaban allí por gracia y favor de sus señores blancos. Es difícil describir lo que significaba la humillación pública y diaria, tener que sacar tu pase o formar parte de una fila de humanos que habían caído en desgracia con la ley y que ahora estaban esposados juntos —un espectáculo público— mientras la policía esperaba tener una cuota suficientemente grande como para llenar el transporte militar. A eso se le llamaba "camioneta de arresto" o *kwela-kwela*, que en xhosa significa "arriba, arriba", y era lo que gritaban los policías a sus presas. Se llevaban a hombres decentes a prisión y se los mezclaba con criminales peligrosos. Al otro día, quedaban perplejos por los procedimientos que tenían lugar en la Corte cuando eran enjuiciados a un ritmo extraordinario. Una persona en menos de dos minutos, una especie de banda transportadora de justicia. Antes de que pudieran decir "Nelson Mandela" eran hallados culpables y sentenciados a lo que para ellos era una muy pesada multa o una sentencia a prisión. Eso era parte de la violación de los derechos humanos que prácticamente toda persona de raza negra experimentó alguna vez.

Recuerdo muy bien cuando acompañaba a mi padre, maestro de escuela, a la ciudad y cuánto lamentaba que casi siempre lo detuvieran. Sin embargo, la situación resultaba algo graciosa.

Debido a que era un educador, calificaba como "excepción" y no se le aplicaba la Ley de Pases. Tenía el privilegio que se les negaba a otros negros de comprar el licor del hombre blanco sin correr el riesgo de ser arrestado. Pero, para que la policía supiera que él estaba exento, tenía que llevar consigo y mostrar la excepción, ese documento superior. Así que eso no le ahorraba la humillación de ser detenido e interrogado perentoria y rudamente para que lo exhibiera en la vía pública. Eso me molestaba mucho.

Sé que muchos de nuestros vecinos sufrieron la humillación de pasar por redadas en sus hogares. No había tal cosa como que el hogar de un hombre fuera su castillo. La policía venía en los horarios más incómodos, a la madrugada, y hacía el mayor ruido posible sin que le preocupara en lo absoluto despertar a las personas: *"Kom, kom; maak oop, julle verdomde kaffers"* ("Vamos, abran, malditos cafres"[19]). Ligeras de ropa, las madres se levantaban, pasmadas y heridas; lo hijos gritaban asustados y el hombre se levantaba, impotente, castrado, humillado frente a sus hijos, tratado como si fuera un cero a la izquierda. Era nada a los ojos de la ley y tenía los derechos mínimos de un ciudadano de tercera clase.

Generalmente no eran las grandes cosas, las terribles atrocidades las que causaban irritación. No, eran las pequeñas molestias cotidianas, las pequeñas descortesías, las humillaciones diminutas, la dignidad pisoteada, no siempre con botas militares, aunque eso también ocurría. Pasaba, por ejemplo, en ocasiones como ir de compras con tu padre, ese hombre digno y educado que dirigía una escuela, y que una jovencita indiscreta, sólo por ser blanca, lo llamara: "Oye, muchacho".

---

19   Cafre: insulto para cualquier persona de raza negra en África. (N. de la t.)

Y uno moría muchas muertes por su padre. Y entonces mi padre mostraría un comportamiento adulador, servicial con esa niña malcriada y uno sabía que era muy poquito lo que él podía hacer en esa situación. Quizás fuera a comprar a otra tienda y seguramente sería sometido a un trato similar. Había excepciones, pero eran tan raras como la nieve en el infierno. Esa clase de trato carcomía el interior de tu ser.

Cuando llegué a Johannesburgo como deán de esa ciudad e incluso después como obispo, Leah y yo tuvimos que ser "aprobados" para poder estar en esa zona urbana. Tuvimos que ir a las oficinas del comisionado de Asuntos Nativos para sellar nuestros pases con el sello correcto que dijera que teníamos permitido vivir en Johanesburgo en tanto yo estuviera empleado por la Iglesia. Una gran cantidad de hombres negros que estaban formando largas filas tenían que esperar mientras los amos blancos hablaban entre sí, leían sus periódicos o bebían el té. Cuando se dignaban atender la oficina, casi nunca era para dirigirse a esas personas con amabilidad. Generalmente, les gritaban con rudeza, lo que confundía aun más a aquellos provincianos rurales. Los oficiales negros no eran mucho mejor. A Leah se le permitiría permanecer en Johannesburgo mientras estuviera casada conmigo. Fue discriminada como negra y como mujer. Tenía muy pocos de los mínimos derechos que teníamos los hombres negros. Lo que importaba a los ojos del Gobierno era que uno era negro. Esa era tu característica más importante, no que fueras un ser humano. De modo que, aunque fuera obispo de Johannesburgo y ganador del Premio Nobel, si se me detenía en una ruta durante los estados de emergencia, mi esposa y mis hijas serían registradas al costado del camino. Tal cosa no sucedía porque yo me quejaba y entonces nos llevaban hasta la estación de policía más cercana para que las revisaran. Si ese era el trato que de forma rutinaria recibían los negros prominentes, entonces quizás habría que preguntarse qué no les harían a aquellas personas de raza negra no tan conocidas, aunque ya sabemos la terrible respuesta.

En una presentación citada en el informe principal de la Comisión, el juez Pius Langa, que después fuera presidente de nuestra Corte Constitucional, contó sus experiencias como persona de raza negra:

Mi primer encuentro verdadero con el sistema legal fue como un joven que buscaba trabajo en Durban, en 1956. Fue durante ese periodo que experimenté la frustración, indignidad y humillación de ser objeto de algunos de los incisos de la Ley de Registro de Población[20], de la Ley de Codificación[21] sobre los indígenas en zonas urbanas, como también de otras legislaciones discriminatorias de aquel tiempo. El impacto inmediato sobre mí fue la gran desilusión ante la falta de equidad y la injusticia de todo aquello. Nunca pude entender por qué la raza debía ser un factor determinante del lugar en el que debía vivir y del lugar en el que podía trabajar. Nunca pude comprender la razón por la cual, mientras era todavía un adolescente, se esperaba que viviera en una pensión para hombres y necesitaba un permiso para permanecer con mis padres en el asentamiento. En esa primera juventud, pensé que podía hacer cualquier cosa, aspirar a todo y que nada podría detenerme. Estaba equivocado. Mis sueños se chocaron contra la dura realidad del apartheid. El entorno insensible, humillante y, con frecuencia, hostil que se había creado a mi alrededor probaba que ese ambiente había sido diseñado cuidadosamente. Su objetivo era desalentar a aquellos que, como yo, buscaban mejorar sus circunstancias y las de sus comunidades.

La Ley de Pases y las regulaciones *influx control*[22], eran para mí el punto central de una extensa red de leyes y regulaciones que dominaron mi temprana vida laboral. Yo era, simplemente, uno de miles de miles que poblaban aquellas filas que parecían interminables al final de las cuales, en general, los empleados administrativos o los oficiales de policía malhumorados podrían recompensar con uno u otro consentimiento en el "dompas" (una forma coloquial de referirse al pase). Todo el proceso del *influx control* era doloroso y degradante, y algunos de sus aspectos particulares infligían profundas

---

20 *Population Registration Act.* Ley número 30 de 1950.

21 *Natives (Urban Areas) Consolidation Act.* Ley número 25 de 1945.

22 Política que tendía a evitar el asentamiento de africanos en áreas urbanas. (N. de la t.)

humillaciones en cada uno de los miles que esperaban para recibir esas regulaciones. Como un joven de diecisiete años, recuerdo haber desviado mi vista de la desnudez de hombres maduros en un inútil intento de guardarles en algo su dignidad en aquellas filas a las que nos teníamos que someter para facilitar el degradante examen. Para cualquiera que no pudiera encontrar trabajo durante la vigencia de su permiso, existía la amenaza real de ser declarado "un perezoso e indeseable bantú" por la corte del comisionado y ser enviado a una granja. Muchas personas fueron enjuiciadas y sentenciadas en esas cortes acusados por no poder exhibir sus referencias al pedírselas...

Sin embargo, era significativo que las leyes claramente discriminatorias y represivas estuvieran en el código. Su fiereza estaba exacerbada en gran medida por la forma cruda, cruel e insensible en la que muchos oficiales —negros o blancos— las ponían en práctica. Existía una cultura de hostilidad e intimidación contra aquellos que habían ido a hacer un trámite o a recibir asistencia. La cara que presentaba la autoridad era, por lo general, de guerra contra las personas que no gozaban de derechos de ciudadanía y la dignidad humana era la mayor pérdida.

El movimiento del apartheid comenzó a involucrarse en una orgía de leyes racistas desde el mismo inicio en 1948, cuando subieron al poder. Demolieron muchos asentamientos de negros y desarraigaron muchas comunidades ya asentadas. Arrojaron a los hijos de Dios en bantustanes llenos de pobreza, que llegaron a ser no mejores que los basureros. No se descarta a las personas, sino las cosas. Eso es lo que ellos les hicieron a aquellos creados a la imagen de Dios y cuyo crimen era ser negros. Fueron tratados como si fueran cosas. Teníamos una canción de lucha que decía: *"Senzenina? Isono sethu bubumnyama* (¿Qué hemos hecho? Nuestro pecado/falta es que somos negros)". Los nacionalistas estaban obsesionados con la raza y la pureza racial. Habían transformado la segregación en un arte refinado: estábamos segregados residencialmente, en la escuela, en los juegos y en el lugar de trabajo. Las relaciones sexuales entre las razas eran tabú. Los matrimonios mixtos eran tabú. Las restricciones laborales prohibían a los negros hacer ciertos trabajos que eran reservados para blancos que hoy ponen el grito en el cielo ante las acciones afirmativas[23].

Tres millones y medio de personas fueron mudadas a la fuerza en un intento de desenmarañar la mezcla racial que era Sudáfrica. Esas son las estadísticas crudas, pero no estamos hablando de cifras. Eran personas de carne y hueso las que fueron los rehenes de esos programas de relocalización forzada. Leah y yo nos casamos en una iglesia católica en Munsieville, una localidad para negros en West Rand, cuarenta y ocho kilómetros al oeste de Johannesburgo. Esa iglesia fue reducida a escombros como lo fueron muchos de los edificios residenciales, porque Munsieville estaba destinada a la demolición. Era una aberración, una mancha negra en lo que debería haber sido un área blanca como el lirio. Munsieville fue perdonada solo por la intervención de Leon Wessels, que era diputado parlamentario del Partido Nacional por la ciudad de Krugersdorp, y que luego se disculpó enormemente por el apartheid. Wessels llegaría a ser vicepresidente de la Asamblea Constituyente que nos dio nuestra maravillosa Constitución. Pero otros lugares no fueron tan afortunados. Viví y estudié en al menos cinco lugares —por ejemplo, Sophiatown— que no fueron perdonados. Cierto hombre trabajaba como jardinero en Johannesburgo y se había construido una casa en una de las villas. Un día se anunció que su vecindario sería demolido y que la comunidad debía ubicarse en otro lugar. El jardinero pidió un favor que se le concedió: quería demoler él mismo la casa que había construido con tanto cuidado a lo largo de los años. A la mañana siguiente, fue encontrado colgado de un árbol. Se había suicidado. No pudo soportarlo.

District Six era una parte de Ciudad del Cabo, que era vibrante y cosmopolita, ubicada a los pies de Table Mountain. Era una comunidad llena de vida, multirracial, con una diversidad de cristianos,

---

23   Las acciones afirmativas (o discriminación positiva) son aquellas que establecen políticas que otorgan trato preferencial a grupos sociales que sufrieron discriminación como compensación. (N. de la e.)

musulmanes y judíos que vivían cordialmente y en la que casi no había ningún incidente racista. Vinieron los nacionalistas y, a través del llamado Departamento de Desarrollo Comunitario, decretaron, en nombre de la armonía racial, que el District Six debía desaparecer. Por lo tanto, los mestizos y los africanos fueron desplazados a kilómetros del centro de la ciudad en la que trabajaban y de sus espaciosos hogares a casas muy pequeñas, tan juntas entre sí que causaban claustrofobia, en lo que se convertiría en otro monumento de la locura del apartheid, otro gueto urbano. Poco después de convertirme en arzobispo, visité Bonteheuwel, uno de los semilleros del sistema. Dentro de esas viviendas minúsculas en el asentamiento urbano estaba uno de nuestros feligreses, un hombre mayor que había sido desplazado del District Six en 1960. En el momento de mi visita corría el año 1986. No había desempacado las cajas en las cuales había guardado sus posesiones. Las cajas desordenaban el muy modesto alojamiento. Cuando le pregunté por qué razón estaban las cajas allí y todavía sin abrir, me contestó que estaba esperando regresar a su hogar, su casa en District Six. Esas tres millones y medio de personas eran como él. Murió de tristeza, sus cajas seguían aún cerradas.

Alguien produjo una obra titulada *District Six* que describía la vitalidad de ese suburbio de Ciudad del Cabo y cómo finalmente sucumbió a la demencia del apartheid. Uno de los miembros de mi equipo vivía en ese distrito cuando era pequeño. Luego de asistir a una función del musical nos contó que no había dejado de llorar por la nostalgia que sentía. Su propia madre, de avanzada edad, le decía que quería regresar al hogar, lo que significaba regresar a su casa en District Six. Stephen Naidoo vino de Durban con su padre, que era comerciante, su madre y hermana. Su padre había prosperado y había construido una hermosa casa en Retreat, cerca de Ciudad del Cabo. Stephen Naidoo se convirtió en mi homólogo como arzobispo de la Iglesia Católica en Ciudad del Cabo. Le conté los recuerdos que el miembro de mi equipo había compartido y me preguntó qué era lo que pensaba yo que él había hecho cuando asistió al mismo espectáculo. Él también se había acongojado, porque el Departamento de Desarrollo Comunitario había decretado que Retreat era un barrio blanco y que la familia Naidoo tenía que mudarse. Su padre había muerto y su madre viuda les había rogado a las autoridades que la dejaran permanecer en su casa, pero todo fue inútil. Así que encontraron un departamento de un dormitorio que compartían con otras personas. No se les permitía entrar allí durante el día, así que Stephen y su hermana solían sentarse en una sala de espera cerca de la estación del tren hasta que podían regresar a su departamento de una sola habitación. Después de que me contara esa historia, me di cuenta de que muchas personas que caminaban a mi alrededor se veían muy normales, pero en realidad llevaban sobre sus hombros pesadas cargas de angustia y dolor que les habían ocasionado por ninguna otra razón que la de no ser blancos.

Cuando regresamos como familia desde Inglaterra, donde había ido a estudiar, viajamos a través de Francia, Italia y Tierra Santa. Nos dirigíamos a Alice, en Cabo Oriental, donde yo iba a enseñar en el Seminario Teológico Federal. Fuimos hasta East London para comprar muebles para nuestro nuevo hogar. Cuando llegó la hora del almuerzo, sabíamos que no íbamos a encontrar un restaurante en el que pudiéramos comer, por lo que compramos pescado y papas fritas, y nos sentamos a comer en el automóvil estacionado en la calle. Unas pocas semanas antes, nos habíamos podido sentar en un lujoso restaurante en París a disfrutar de la cocina francesa. No en nuestra madre patria. La ironía de esos hechos era enorme.

Solíamos ir de picnic a las playas de East London. La porción de playa reservada para los negros era la menos atractiva, con algunas rocas alrededor. No lejos de allí, había un parque de juegos para niños, con un tren de miniatura y nuestra hija menor, que había nacido en Inglaterra decía: "Papito, quiero ir a las hamacas", y yo le respondía con una voz vacía y con un nudo en la boca del estómago: "No, querida, no puedes ir". ¿Cómo te sientes cuando tu pequeñita te dice: "Pero papá, hay otros niños jugando allí"? ¿Cómo le dices a tu querida niñita que ella no puede ir, porque es una niña, sí, pero que realmente no lo es, no ese tipo de niña? Y te mueres muchas veces y no puedes mirar a tu hija a los ojos, porque te sientes muy deshumanizado, humillado y rebajado. Seguramente mi padre se sintió así cada vez que fue avergonzado en la presencia de su pequeño hijo.

El apartheid, descripto perversamente por el señor P. W. Botha, alguna vez presidente de Sudáfrica, como "buena vecindad" había arrancado sistemáticamente a los mestizos, a los indios y, en especial, a los negros de sus derechos y los había despojado de su humanidad. Les ofrecía una parodia por educación, una verdadera formación para una servidumbre perpetua, una vivienda inadecuada, que socavaba la vida familiar de las personas negras con el pernicioso sistema de migración laboral y los dormitorios para un solo sexo, y con un sistema de salud inadecuado en el que los niños sufrían de enfermedades que se podían prevenir con facilidad. Era perverso y provocaba un dolor y un sufrimiento inenarrables a todas sus víctimas. Y se puede decir sin exagerar que toda persona que no fuera blanca era, en cierto modo, una víctima de esa horrenda política. Las personas de raza negra deberían, con todo derecho, haberse llenado de odio y de resentimiento y deberían haber pedido a gritos la sangre de las personas blancas por todo lo que el apartheid les había hecho. Nuestro ministro de Justicia, Dullah Omar, nos llamó "una nación de víctimas" y esa era una descripción correcta hasta cierto punto. Pero también debemos decir que maravillosamente la nuestra era una nación de sobrevivientes, con personas muy notables que habían asombrado al mundo por su capacidad de perdonar, su generosidad y su nobleza de espíritu. Eso lo estábamos por experimentar y nos asombraríamos escuchando las historias de las víctimas, los sobrevivientes, durante casi los dos años de vida de la Comisión.

En realidad, de alguna manera hasta podríamos añadir que aun los que apoyaban el apartheid con tanto entusiasmo eran víctimas del cruel sistema que ellos mismos habían implementado. Este no es un ejemplo para la ética del indiferentismo. No, fluye de nuestro concepto fundamental de *ubuntu*. Nuestra humanidad estaba entrelazada. La humanidad del autor material de las atrocidades del apartheid estaba atrapada y atada a la de su víctima, le gustase o no. En el proceso de deshumanizar al otro, de causarle dolor y sufrimiento inenarrables, el autor material del delito también se deshumanizaba de forma inexorable. Yo solía decir que el opresor estaba tanto o más deshumanizado que el oprimido y muchos en la comunidad de los blancos creían que eso era otro eslogan provocador del odio de ese temible irresponsable, Tutu, al que la mayoría de los blancos en aquella época amaba odiar.

Malusi Mpumlwana, que ahora es sacerdote y trabaja para la Fundación Kellogg, era a finales de los setenta y principios de los ochenta un activista joven y entusiasta, y un compañero cercano de Steve Biko en el importante Movimiento de Conciencia Negra. Estaba involucrado, junto a otros, en el desarrollo de áreas vitales de la comunidad y de la prestación de salud con las empobrecidas y con frecuencia desilusionadas y desmoralizadas comunidades rurales. Como resultado, él y su esposa estaban bajo estricta vigilancia por parte de la omnipresente Policía de Seguridad y eran acosados constantemente. A menudo, eran detenidos sin juicio y al momento de escribir mi historia sobre él, está cumpliendo una orden de proscripción de cinco años en el asentamiento del Cabo Oriental. De alguna manera, había logrado escaparse de la policía de seguridad y había venido a Johannesburgo, y estaba conmigo en mi oficina como secretario general del Consejo Sudafricano de Iglesias. En una de las frecuentes veces que lo detuvieron, la Policía de Seguridad le había dicho: "Nosotros dirigimos este país", y cuando lo torturaban, como solían hacerlo, Biko pensaba: "Estos son hijos de Dios y aun así se comportan como animales. Ellos nos necesitan para ayudarlos a recuperar la humanidad que han perdido". Al final, con las extraordinarias personas involucradas, incluso alguien tan joven como Malusi, nuestra lucha no podía ser sino exitosa.

Así, de alguna manera, fue arbitrario establecer el tipo de parámetros como lo hizo la ley que formó la Comisión de la Verdad y la Reconciliación. Legítimamente, podríamos haber retrocedido a los días de Jan van Riebeeck y decir que todos los que no eran blancos calificaban automáticamente como aquellos que habían soportado el acoso de la perversidad del apartheid, y que por ello eran indudablemente víctimas a la luz de cualquier definición.

Pero eso hubiese conllevado la colosal tarea de ocuparse de, literalmente, millones de personas. Evidentemente, era inviable y no hubiese contribuido significativamente al proceso vital de sanar a personas heridas y de ayudarlas en la reconciliación. También hubiese sido irremediablemente parcializado, con casi todas las víctimas viniendo de un lado solo. Eso hubiese anulado desde el principio cualquier posibilidad de que este se convirtiera en un proceso que tendiera un puente.

Sensatamente, aquellos que negociaban este delicado asunto de la transición desde la represión hacia la democracia optaron por un operativo limitado, pero posible de llevar a cabo. Aunque fuimos de alguna manera arbitrarios en cuanto a los límites de tiempo impuestos, de hecho, no fue tan así. El 21 de marzo de 1960, día de la masacre de Sharpeville, marcó un hito, porque las organizaciones políticas de los negros fueron prohibidas de ahí en adelante y se transformaron en movimientos de liberación que a disgusto descartaron la no violencia y eligieron involucrarse en la lucha armada. El 10 de mayo de 1994 fue una fecha significativa, pues ese día celebramos en Pretoria que Nelson Mandela fue investido presidente. Si se puede decir que algún acontecimiento marca el advenimiento de una nueva administración, la asunción del Presidente es ese hecho, que expresa con más elocuencia que cualquier otra cosa un cambio irrevocable con el pasado de conflicto, alienación y dominio de algunos sobre muchos. El país no debía atascarse demasiado tiempo en el necesario y decisivo proceso de ir a fondo en ese pasado turbio, porque a la comisión se le iba a pedir que lidiara con una porción manejable de nuestra historia, y eso debía hacerlo en el relativamente breve periodo de dos años, que luego se extendió a casi tres. (El informe que se presentó en octubre de 1998 fue el principal, aunque el proceso de amnistía continuó en 1999, mientras que el resto de la comisión fue puesta en receso).

Para establecer los parámetros de la obra de la comisión, el acta que fundó la Comisión de la Verdad y la Reconciliación tuvo que definir el término "groseras violaciones de los derechos humanos". Por las razones a las que ya he aludido, hubo algo de arbitrariedad en esa definición. También me he referido al informe de cinco jueces que declararon que el apartheid por sí mismo era una grosera violación de los derechos humanos, y hemos podido testimoniar que casi todas las personas de raza negra podían legítimamente ser señaladas como víctimas de aquel sistema. La definición legal en el acta de una "violación grosera" —que se limitó a: matar (no restringido a asesinato), secuestro, tortura y severo maltrato— tenía al menos dos ventajas. Primero, el hecho de limitar el mandato a esas cuatro categorías le dio a la comisión una tarea posible de llevar a cabo, que trataría de realizarse en el plazo de tiempo estipulado. Thabo Mbeki, el sucesor de Nelson Mandela como presidente del Congreso Nacional Africano y luego de Sudáfrica, pidió enfáticamente que la comisión no dejara al nuevo Gobierno como legado un asunto inconcluso, en especial tratándose de amnistía. Cuando le presentó la evidencia del ANC a la comisión en agosto de 1996 dijo:

"También es importante que, durante su duración, la Comisión complete el proceso de amnistía, para así asegurar que el Estado democrático no quede con la responsabilidad de llevar a cabo investigaciones de crímenes y con el posible enjuiciamiento de personas por los hechos que tomaron lugar durante el periodo cubierto en el mandato de la Comisión de la Verdad y la Reconciliación. Creemos que la Comisión debe concluir su trabajo tan rápido como sea posible, así dejaremos el pasado atrás y permitiremos que la Nación perdone un pasado que no obstante no se animará a olvidar".

Por ello, la limitación impuesta ayudaría a alcanzar la meta de no dejar tareas sin terminar.

Volviendo a la definición de "groseras violaciones", esta se tornaba importante por otra razón crucial: significaba que la Comisión de la Verdad y la Reconciliación sería imparcial en cuanto a determinar si las personas eran víctimas, porque la afiliación política del autor material era prácticamente irrelevante para establecer si cierto delito era o no una violación grosera de los derechos humanos. Si un nacionalista secuestraba, torturaba o asesinaba a alguien, eso constituía una grosera violación de los derechos humanos de la víctima, y recaería dentro del ámbito de nuestra acta, si tal violación surgía como resultado del conflicto del pasado. Si un miembro del ANC era culpable de los mismos delitos, entonces esos también constituirían groseras violaciones de los derechos humanos, según se había definido en el acta. Por consiguiente, había equivalencia legal entre todos, ya fuera entre los defensores del apartheid o entre aquellos que se oponían y que buscaban derrocarlo.

Hacíamos un gran esfuerzo por señalar que la evidencia legal no era lo mismo que la evidencia moral. Una mujer dispara contra un hombre que quería violarla y lo mata. El hecho es homicidio. El secuestrador de un coche mata al propietario del vehículo del que quiere apropiarse. Esa muerte también es un homicidio. El acto de la mujer se podría declarar como homicidio justificado e incluso quizás sea elogiada por su valentía. Pero el ladrón del coche sería culpable de homicidio y sería categóricamente condenado por su acto ruin.

Hemos sido criticados por lo que se denominó la criminalización de la lucha de liberación, y por insultar a aquellos involucrados en ella al ponerlos al mismo nivel que los defensores del apartheid. Nada más alejado de la verdad. Nosotros obedecimos las cláusulas del acta. Una grosera violación es una grosera violación sea quien fuere el que la lleve a cabo y por cualquier razón. La tortura infringida por un nacionalista es una grosera violación. La tortura ejecutada por un miembro del movimiento de liberación es también una grosera violación de los derechos humanos.

Afirmamos categóricamente que el apartheid era un crimen contra la humanidad. Con la misma vehemencia afirmamos que los movimientos de liberación libraron una guerra justa, porque ellos tenían una causa justa. Pero la Convención de Ginebra y los principios de la guerra justa ponen muy en claro que la justicia de guerra requiere justicia en la guerra. Se debe luchar por una causa justa con medios justos, de lo contrario, se desmerecería.

El ANC condujo investigaciones sobre los abusos en sus campos fuera de Sudáfrica, y se ha disculpado de tales abusos a medida que estos se conocieron. No hubiese habido razón de hacer eso si el conflicto santificara cada acto cometido. El fin no justifica los medios. Era importante que llegáramos a tantos sudafricanos como fuera posible. De hecho, nuestra meta era alcanzar a todos los sudafricanos para involucrarlos en la obra de la Comisión y para asegurarnos de que ninguno saliera perdiendo por omisión. Queríamos que todos pudieran saber que tenían la oportunidad de contar sus historias y de calificar para la compensación que tenía que ser parte de cualquier propuesta seria y viable para la sanidad y la reconciliación. Por ello, emprendimos una campaña de publicidad en los medios impresos y electrónicos, y en especial en la radio, que era la forma más eficiente de llegar a las personas analfabetas. Pusimos panfletos y carteles con un logo distintivo y con lemas publicitarios, como por ejemplo: "La verdad duele, pero el silencio mata". Recibimos gran ayuda de las comunidades de fe, que tenían sistemas de redes que llegaban a todo posible rincón de nuestra bella pero triste nación. Tenemos una gran deuda de gratitud con las organizaciones no gubernamentales que cooperaron con nosotros. Nuestros propios recursos, aunque eran considerables, si se los comparaban con los que habían sido asignados a comisiones similares en otros lugares, se hubiesen visto forzados al máximo sin toda esa ayuda adicional y sin las contribuciones generosas de la comunidad internacional en lo que respecta a personal, atención y fondos económicos. Sin duda fuimos extraordinariamente bendecidos. El mundo se intrigó, tenía la esperanza de que hubiese algo para aprender de la experiencia de Sudáfrica, pues el mundo ha estado plagado y todavía lo está con demasiados conflictos intrarregionales.

Empleamos audiencistas especialmente entrenados, que fueron desplegados a lo largo y ancho de nuestro país. Esos audiencistas recibieron ayuda de voluntarios que los asistieron en la tarea de tomar declaración a cada persona que pensaba que podía incluirse dentro del ámbito de nuestra acta. Al final, recibimos más de veinte mil declaraciones, un número que superó lo que cualquier otra comisión similar ha podido recolectar. Algunas de las declaraciones contabilizaban más de una supuesta violación e involucraban a más de una víctima potencial.

Nuestra primera audiencia se iba a llevar a cabo en East London en abril de 1996. Otra característica de la Comisión de la Verdad y la Reconciliación que contrastaba con otras comisiones en otros lugares era su naturaleza pública. En Chile, la Comisión de la Verdad realizó su trabajo a puertas cerradas. No así nuestra Comisión. Originalmente se había sugerido que el Comité de la Amnistía hiciera su trabajo sin público, pero las organizaciones no gubernamentales se inquietaron mucho, por lo que su perspectiva se impuso y esto le dio a la Comisión de la Verdad y la Reconciliación esta característica que ha sido muy admirada por las personas de otros países. Mis colegas se esforzaron mucho para comenzar con su trabajo de inmediato. La logística necesaria para llevar a cabo una audiencia era formidable. Se debían obtener las declaraciones y no había garantía de que las personas realmente quisieran dar un paso al frente. Quizás podrían sentirse inhibidos ante la intimidación de dar la voz de alarma ante aquellos que habían abusado de ellos. Podrían rehusarse a ser considerados víctimas, porque ellos creían que eran combatientes en una lucha. Quizás se desilusionaran y creyeran que ya nada que valiera la pena podría esperarse de aquellos que siempre hacían promesas y que, dolorosamente, eran tan lentos para cumplirlas.

No tendríamos que habernos preocupado. Como ya lo señalé, al final obtuvimos más de veinte mil declaraciones. Extraordinariamente, las personas sí querían contar sus historias. Habían sido silenciadas durante mucho tiempo, echadas de lado durante décadas, vueltas invisibles y anónimas por un sistema perverso de injusticia y opresión. Habían sido reprimidas demasiado tiempo, y cuando llegó la oportunidad de contar sus historias, las compuertas se abrieron. Nos sentimos afligidos porque no muchas personas de raza blanca dieron un paso al frente. Aquellos que sí lo hicieron eran personas sumamente admirables, como lo veremos en uno o dos ejemplos que describiré más adelante.

Estábamos ansiosos por otras cuestiones. El acta era categórica respecto a que todo el proceso debía ser cordial con las víctimas. Esa era una manera en la que la Comisión podría cumplir esa parte de su mandato, para ayudar a rehabilitar la dignidad cívica y humana de aquellos que venían ofreciendo sus corazones ante la mirada del mundo y que exponían su angustia y su dolor más profundos. Tuvimos el privilegio de vislumbrar los lugares secretos de las almas de tantos de nuestros compatriotas. Nunca dejé de asombrarme porque después de contar sus historias, esas personas maravillosas se vieran tan normales, tan comunes y corrientes. Ellos reían, conversaban, vivían sus vidas como gente común... personas plenas que no tenían una sola preocupación en el mundo. Y después escuchábamos sus historias y nos maravillábamos de cómo habían sobrevivido durante tanto tiempo llevando semejante carga, tan silenciosamente, discretamente, con dignidad y simpleza. Es incalculable cuánto les debemos. Su resiliencia ante los desalentadores desafíos y el hostigamiento que los había golpeado tan de lleno era, cuanto menos, bastante impresionante. Estos eran hombres y mujeres que nosotros con arrogancia habíamos desestimado como "gente ordinaria". En mi teología no hay gente ordinaria. Cada uno de nosotros —porque somos representaciones de Dios, virreyes de Dios, y portadores de Dios— es una persona muy especial, un VSP, mucho más importante y mucho más universal que un normal VIP.

A esas personas les debemos mucho más de lo que nunca sabremos o podremos reconocer. Debíamos asegurarnos de que realmente estuvieran dispuestas a testificar, porque, de alguna manera, iban a convertirse en propiedad pública. No había manera en la que pudiéramos predecir cómo iban a reaccionar los medios de comunicación y el público y cómo estos iban a tratar a aquellos que eran lo suficientemente temerarios como para exponer su dolor en público. A los que vinieron a nuestras oficinas les ofrecimos asesoría antes de enfrentar lo que sería —aun en la mejor de las ocasiones— una experiencia penosa.

Pusimos a su disposición a personas a las que llamamos *briefers*, que acompañaban a los testigos, se sentaban a su lado cuando testificaban, les proveían el consuelo de su presencia y les ofrecían un vaso de agua y un pañuelo de papel de la Comisión de la Verdad y la

Reconciliación a aquellos que se quebraban, como les pasó a muchos con tanta frecuencia. Algunos cínicos hablaban despectivamente de la Comisión *Kleenex*, por los pañuelos de papel que teníamos disponible. Fuimos escrupulosos en cuanto a los arreglos para sentarse. El lugar de honor se reservaba para el testigo. Teníamos que evitar dar la mínima impresión de que ellos estaban en el banquillo, y por lo tanto se ubicaban al mismo nivel que lo hacía el panel de la Comisión de la Verdad y la Reconciliación que escuchaba el testimonio.

Era importante que los testigos se sintieran cómodos y tranquilos, por ello insistíamos de que contaran sus historias en el lenguaje que eligieran. Eso significaba que teníamos que proveer traducción simultánea y por eso es que la imagen pública de la Comisión de la Verdad y la Reconciliación incluyó a personas que usaban auriculares. Eso añadía otra complicación a los muchos arreglos para la audiencia. Los testigos también tenían la libertad de estar acompañados por un miembro de la familia, que se podía sentar con ellos cuando testificaban. Organizar el transporte, el hospedaje y la comida para todos aquellos que asistirían a la audiencia de la Comisión podía ser una pesadilla logística. Mis colegas hicieron un trabajo notable para conseguirlo sin demasiados contratiempos, no solo en las áreas urbanas en las que los lugares de reunión y las facilidades estaban más disponibles, sino también en los pequeños pueblos y en las áreas rurales en las que su ausencia solía ser muy notoria.

Las audiencias se realizaron en lugares muy diferentes: alcaldías, centros cívicos y, especialmente, salones de iglesias. Hay que felicitar a las comunidades de fe por todo lo que hicieron para facilitar ese aspecto de nuestra tarea.

La Comisión de la Verdad y la Reconciliación no siempre fue bien recibida ni popular. Estaban aquellos que se oponían apasionadamente, en especial quienes sentían que las audiencias representaban una amenaza para ellos, la posibilidad de exponer su nefasto pasado, y aquellos que se habían convencido a sí mismos de que la comisión realmente era una estratagema inteligente para participar en una caza de brujas contra los afrikáneres. Temíamos que quisieran sabotear los procedimientos, por lo que la seguridad se convirtió en un tema importante. Tuvimos que interrumpir nuestra primera audiencia por una amenaza de bomba. Suspendimos la audiencia mientras los perros de la policía examinaban todo el establecimiento. Gracias a Dios, solo se trataba de un engaño, pero no podíamos arriesgarnos, ya que la vida de muchas personas estaba en riesgo y era mucho lo que dependía del exitoso final de nuestra tarea. Aquellos que se oponían al proceso de la reconciliación se hubiesen regodeado ante cualquier contratiempo que le sucediera a la Comisión.

Nosotros queríamos asegurarnos de que las personas sintieran que disponían del tiempo suficiente para contar sus historias y que habían sido debidamente reconocidas. Como resultado, los miembros del comité que manejaban las audiencias solo pudieron elegir para escuchar a una muestra significativa de testigos en cada área. Un promedio de apenas uno de cada diez de los que declararon pudieron testificar en audiencias públicas. Algunos que quedaron afuera se sintieron decepcionados, pero les garantizamos que la historia que describieron en sus declaraciones se tomaría tan seriamente como las de los testigos que testificaban en audiencias públicas.

Quizá podríamos tomar como un halago que las personas tuvieran las audiencias públicas en tan alta estima. En gran medida, se debía a que los medios de comunicación jugaron un papel magnífico: la radio, la televisión y los periódicos le dieron a la Comisión de la Verdad y la Reconciliación y a las audiencias de las víctimas (como a las audiencias de amnistía) una cobertura exhaustiva. Cuando las emisiones radiales en vivo de los procedimientos que transmitía la SABC en los once idiomas oficiales cesaron por falta de presupuesto, hubo protestas incluso de los blancos que difícilmente asistían a las audiencias, pero que, obviamente, las seguían por la radio. Recibimos buenos consejos de consultores de televisión del extranjero sobre cómo usar las cámaras en las audiencias públicas, porque la mayoría de las cortes en otras partes del mundo no permitían coberturas de sus procedimientos. Pudimos desarrollar una política para tal cobertura que consistió en que las cámaras estuvieran fijas y no importunaran. Solo los fotógrafos se quejaron, porque se les requirió que estuvieran también en un punto fijo y consideraron que eso los inhibía y frustraba.

La atmósfera de nuestra primera audiencia fue solemne, aunque después hubo momentos alegres. Además, atravesábamos por un ritual importante: la curación de nuestra nación, y no podíamos ser frívolos. Bueno, no se podía ser frívolo al escuchar lo que le había sucedido a la gente. Nuestra primera audiencia iba a ser decisiva, mucho dependía de que lo hiciéramos bien en esa primera vez, porque eso impactaría en las audiencias posteriores de forma positiva o negativa, según fuera el caso.

Nos sentíamos atemorizados. Tuvimos un conmovedor servicio en el que participaron varias religiones en Mdantsane, un gueto cerca de East London, la ciudad en la que se llevó a cabo la primera audiencia. Cuando la noche anterior un periodista me preguntó cómo me sentía, le dije: "Realmente tengo mariposas en el estómago. Pero también tengo una sensación de hormigueo sólo por el hecho de estar en este servicio, al ver tanta gente y la maravillosa generosidad de las personas, que realmente quieren que la audiencia sea exitosa, que las historias se cuenten y que el proceso termine".

Oramos por la bendición de Dios sobre nuestra nación, las víctimas, los autores materiales y la Comisión de la Verdad y la Reconciliación. Yo siempre oré en inglés, xhosa, sotho y afrikáans, para remarcar que la comisión le pertenecía a todos. Di la bienvenida en todos esos idiomas por la misma razón: señalar nuestra diversidad como nación.

La alcaldía estaba llena; la mayoría era gente de raza negra. Los testigos se sentaron a una mesa frente al panel y le daban la espalda al público (algo que después cambiamos). Había cabinas para los intérpretes a un lado de la plataforma y la sala estaba radiante, con flores y plantas. Nuestra policía hizo un trabajo grandioso en lo que respecta a la seguridad en la audiencia, registrando a todas las personas en los puntos de control.

Cuando entramos en fila, la audiencia se puso de pie y un silencio profundo nos embargó. Me dirigí entonces a saludar a los que iban a dar testimonio en esa audiencia de cuatro días y a los familiares que los habían acompañado. En silencio encendí una vela en memoria de todos los que habían muerto a consecuencia del conflicto del pasado. Uno de mis colegas leyó un cuadro de honor conmemorando a todos aquellos que habían caído. Después de eso, cantamos *"Lizalis' idinga lakho"*, ("Permite que se cumpla tu voluntad"), como lo habíamos hecho aquel día en Bishopscourt, cuando Nelson Mandela y sus camaradas del ANC se reunieron el día de su liberación, y como la cantaríamos en incontables ocasiones de importancia.

Entonces, oré:

"Oh, Dios de justicia, misericordia y paz. Anhelamos dejar atrás todo el dolor y la división del apartheid y toda la violencia que arrasó nuestras comunidades en su nombre. Así que te pedimos que bendigas esta Comisión de la Verdad y la Reconciliación con tu sabiduría y guía ahora que comienza su importante labor de reparar los muchos males hechos aquí y en toda nuestra tierra.

"Rezamos para que todas aquellas personas que han sido heridas en sus cuerpos o en sus espíritus puedan recibir sanidad a través del trabajo de la Comisión y para que la Comisión sea vista como un cuerpo que busca reparar las heridas causadas de manera tan dolorosa a tantos de nuestro pueblo, en particular en el Cabo Oriental. También oramos por aquellos que podrán resultar culpables de haber cometido esos delitos contra otros seres humanos como ellos, para que se arrepientan y confiesen su culpa ante Dios Todopoderoso y para que también ellos puedan convertirse en receptores de Tu divina misericordia y Tu perdón. Pedimos que el Espíritu Santo derrame sus dones de justicia, misericordia y compasión sobre los comisionados y sus colegas en todas las esferas, que la verdad sea reconocida y salga a la luz durante las audiencias, y que al final pueda traer la reconciliación y el amor por nuestros vecinos, pues el mismo Señor lo ordenó. Pedimos esto en el santo nombre de Jesucristo, nuestro Salvador. Amén".

A continuación, saludé a todos los presentes:

"Les damos la bienvenida a todos aquellos que contarán sus historias, como así también a sus familiares y amigos. Nosotros queremos escuchar sus testimonios. Esa es la razón principal de estas audiencias: que el Comité de Violaciones de los Derechos Humanos ayude a la Comisión a determinar si ciertas personas sufrieron groseras violaciones de sus derechos humanos y, de ser así, para que esas personas sean declaradas víctimas y sean referidas al Comité de Compensación y Rehabilitación de nuestra Comisión, la que hará las recomendaciones apropiadas al Presidente de nuestro país respecto de la naturaleza y envergadura de las compensaciones a ser entregadas. Gracias a todos ustedes, aquí en Sudáfrica y alrededor del mundo, que han orado y continúan haciéndolo por la Comisión y su trabajo. Se nos ha encargado desenterrar la verdad acerca de nuestro oscuro pasado, desechar los fantasmas del ayer para que no vuelvan a perseguirnos. Y que de ese modo contribuyamos a la sanidad de aquellas personas traumatizadas y heridas, pues todos nosotros en Sudáfrica estamos heridos, y que de esta manera se promueva la unidad nacional y la reconciliación. Queremos señalar que todos aquellos que testifican ante esta comisión disfrutarán los mismos privilegios que en un tribunal legal respecto del testimonio que ofrecen, siempre y cuando lo que han hecho haya sido hecho de buena fe".

Entonces, declaré inaugurada la primera audiencia de la Comisión de la Verdad y la Reconciliación, una ocasión trascendental.

¿Por qué habíamos decidido llevar a cabo nuestra primera audiencia en el Cabo Oriental? No fue una decisión arbitraria, así como había sido una decisión intencionada que el primer acto público de la comisión —además de estar en el camino hacia nuestra tarea en un servicio interreligioso en la Catedral de San Jorge, en Ciudad del Cabo, a la que asistieron el Presidente, algunos miembros del Gobierno y del Parlamento, jueces de la Corte Constitucional y la Suprema

Corte y representantes de los principales órganos de la sociedad civil—sería una audiencia de víctimas para subrayar el hecho de que aquellos que durante tanto tiempo habían sido destinados a los márgenes de la sociedad como seres anónimos y sin voz emergerían de las sombras y ocuparían por un tiempo, durante la existencia de la Comisión, el centro de la escena. Era parte del plan en con el que esperábamos ayudar en el proceso de la rehabilitación de su dignidad cívica y humana. Nos aseguramos de que las víctimas representaran el espectro político más amplio posible, en consonancia con la exigencia de que la Comisión de la Verdad y la Reconciliación fuera imparcial, como se requería por ley, y esos casos debían cubrir tantos años del periodo de mandato de treinta y cuatro años como fuera posible. También debían ser representativos del área geopolítica, como en lo demográfico. Tratamos de ser sensibles respecto a las mujeres y los jóvenes, para que el proceso fuera tan abarcativo como fuera posible y que eso se notara.

De modo que, deliberadamente, elegimos desarrollar nuestra primera audiencia en el Cabo Oriental por el lugar especial que esa zona ocupa en la historia de Sudáfrica. Allí fue donde los blancos y los indígenas pelearon por primera vez en guerras de gran escala como adversarios, compitiendo por el mismo territorio geográfico. El Cabo Oriental es el lugar del nacimiento de la resistencia negra contra la depredación del expansionismo blanco. También es el lugar en el que surgieron las primeras instituciones educativas de nivel superior para negros y la cuna de muchos de los líderes políticos negros: Nelson Mandela, Winnie Madikizela-Mandela, Goven y Thabo Mbeki, Steve Biko y otros. Fue el lugar de nacimiento de la resistencia negra y de la toma de conciencia política. Y precisamente por esa razón parecía haber atraído a algunos de los más notables servidores del apartheid para implementar allí las maldades de ese régimen. Las autoridades no estaban en contra de descargar en el Cabo Oriental algunos de sus elementos de oscuridad y represión menos moderados.

Zola Ntutu y Darren Taylor, dos miembros del equipo de noticias de la radio de la *South African Broadcasting Corporation*, que cubrieron las audiencias de la comisión, remarcaron el mismo punto cuando describieron la primera audiencia en East London, en una serie de documentales que la SABC produjo al final del proceso:

"Varios asuntos fueron puestos en primer plano y se destacó con fuerza que la provincia del Cabo Oriental de Sudáfrica ha estado plagada de actos repugnantes. Pero ¿por qué? ¿Por qué el Cabo Oriental? Porque tiene una historia de opresión y resistencia. También es el lugar de nacimiento de algunos de los más conocidos líderes del país, como Steve Biko, Oliver Tambo, Winnie Madikizela-Mandela y Nelson Mandela. No es de extrañarse que en los círculos de seguridad se dijera que aquel que pueda destruir el Cabo Oriental gobernaría el país.

"Pero hay una razón más profunda de por qué las atrocidades que han angustiado a las personas con horrores que no se conocían anteriormente fueron cometidas allí. Da la impresión de que el Cabo Oriental era el mejor lugar para arrojar a aquellos que se salían de control como, por ejemplo, ex policías y ex soldados, tanto blancos como negros, de la unidad de contrainsurgencia de Sudáfrica, la Koevoet, y los célebres batallones 101 y 32 de las Fuerzas de Defensa.

"Los nombres de varios supuestos autores materiales, miembros de fuerzas de seguridad, surgían una y otra vez: Gideon Nieuwoudt, Albert Tungata, Eric Winter, Chris Labuschagne, Spyker van Wyk y Gert Strydom, como también el de hombres conocidos simplemente como Hattingh, Fouche y Ngcayi. ¿La conexión? Tortura y asesinato. Palabras suaves y leves".

Estábamos decididos a engendrar una atmósfera que fuera receptiva, amigable y positiva. No queríamos traumar y contrariar a los testigos con interrogatorios insensibles, por lo que nos opusimos a la petición de los supuestos autores materiales de someter a los testigos a tales interrogatorios. Argumentamos que ellos iban a tener el derecho de contar su parte de la historia en el momento apropiado, si recibían noticias de que la Comisión de la Verdad y la Reconciliación iba a dar un fallo adverso contra ellos. Esos eran los mismos operarios que habían llevado la batuta de forma tan arrogante, y que eran capaces de manipular el proceso judicial, con frecuencia, con la connivencia oculta de magistrados y jueces. Varios de los supuestos autores materiales pudieron obtener interdictos de la corte para impedir que algunos de los testigos mencionaran sus nombres, para la desazón e ira de aquellos que asistían a las audiencias y que habían esperado escuchar certeros testimonios de personas prominentes. Habiendo frustrado de esa manera a algunos de nuestros testigos potenciales, esos supuestos autores materiales casi cínicamente confesaron las mismas cosas que habían impedido que nuestros testigos testificaran. Una vez más habían dado muestras de que la legalidad poco tiene que ver con la justicia y la rectitud moral. Otra vez habían sido capaces de despreciar al mundo.

Estábamos decididos a brindarles a nuestros testigos un entorno seguro y positivo. Por eso era habitual que yo mismo, o mi segundo, el doctor Boraine, o quienquiera que estuviera presidiendo una audiencia, ofreciera unas palabras de afectuosa y amigable bienvenida, como estas que se expresaron para la primera testigo en nuestra primera audiencia, el 15 de abril de 1996:

DOCTOR BORAINE: "Invitamos a la señora Nohle Mohapi a que suba al estrado. Señora Mohapi, ¿desea tomar juramento o prestar declaración?".

SEÑORA MOHAPI: "Sí, prestaré juramento".

DOCTOR BORAINE: "Muchas gracias. ¿Jura solemnemente que la evidencia que dará ante esta comisión será la verdad, toda la verdad y nada más que la verdad, con la ayuda de Dios?"

SEÑORA MOHAPI: "Lo juro por Dios".

DOCTOR BORAINE: "Muchísimas gracias. Tome asiento. Al darle la bienvenida como la primera testigo en los procedimientos de la Comisión de la Verdad y la Reconciliación somos conscientes de los sufrimientos que ha soportado en el pasado. Muchos de nosotros recuerdan como si fuera ayer cuando Mapetla [Mohapi] murió en custodia policial. Recordamos la angustia y el horror de aquellos días... Sabemos... que usted también estuvo detenida e incomunicada. Y la saludamos como una persona que da prueba de gran valor. El hecho de que hoy esté aquí es testimonio de su compromiso con la verdad, la justicia, la reconciliación y la paz entre usted... y el resto de Sudáfrica. Tiny Maya, a mi derecha, dirigirá las preguntas que la Comisión querrá formularle a lo largo de su testimonio. Usted es muy, muy bienvenida".

SEÑORA MAYA: "Gracias, Alex. Antes de comenzar me gustaría señalar que mi testigo estará más cómoda si presenta su testimonio en xhosa. Así que me gustaría que todos aquellos que no entienden ese idioma se pusieran los auriculares, para que podamos comenzar. *Molo Sis Nohle.* Buenos días, hermana Nohle. ¿Cómo está?".

Cada día, al terminar la jornada, trataba de capturar el clima del día y de resumir sus principales características. Era también una oportunidad para ratificar a aquellos que habían testificado, así como a las comunidades de las que provenían y de extraer lecciones para todos nosotros en esa inusual travesía que nuestra nación emprendía. Por lo general, trataba de pedirles a nuestros compatriotas blancos que no rechazaran la comisión, sino de que la abrazaran como una oportunidad que no regresaría una vez perdida. Dije que era muy evidente la extraordinaria generosidad de aquellos que deberían tener sed de venganza y que eso merecía una respuesta generosa de aquellos que, deseándolo o no, se habían beneficiado de la administración del apartheid. Parecía que esos ruegos caían en oídos sordos, aunque aparentemente más blancos seguían las actuaciones de la comisión en programas de radio que lo que parecía, a juzgar por la ausencia física en las audiencias. Por ejemplo, en los primeros días de las audiencias leí un interesante comunicado:

"Quiero leer dos cartas que recibí ayer... «Como miembro ordinario del público, me gustaría hacerles saber que me ha conmovido intensamente y me han inspirado los testimonios que escuché de la Comisión de la Verdad y la Reconciliación en East London la semana pasada. Mi dolor e inspiración provienen de las historias sobrecogedoras, espantosas y del extraordinario perdón de esas personas heridas. Todos estamos heridos. Escribí un poema para tratar de entender cuál era el significado de todo ello y quisiera que sepan que hay muchas personas que comparten el sentimiento. El dolor nos pertenece a todos. Gracias por su propia humanidad y por ayudarnos a lograr la sanidad».

"El poema dice así:

«Se llora al mundo.
Sangre y dolor penetran en nuestros oídos, en nuestras almas heridas.
El sonido de tu llanto es el mío propio.
Tu pañuelo húmedo, mi almohada de un pasado tan exhausto que no puede descansar, no todavía.
Habla, llora, mira, escucha por todos nosotros.
Oh, aquellos del pasado silencioso y oculto,
permitan que vuestras historias esparzan semillas en nuestros vientos atemorizados y solitarios.
Que se siembre más, hasta que la quietud de esta tierra pueda mitigarse, pueda atreverse a tener esperanza, a sonreír y a cantar.
Hasta que los espíritus puedan danzar sin cadenas, hasta que nuestras vidas puedan saber de tus tristezas.
Y ser sanadas».

Al final, resumo así:

"Hemos estado horrorizados y nos hemos llenado de repugnancia al escuchar las profundidades en las que fuimos capaces de hundirnos en nuestra inhumanidad el uno hacia el otro: nuestra capacidad de sádico disfrute por el sufrimiento que hemos inflingido el uno al otro, el refinamiento de la crueldad de mantener familias conjeturando sobre el destino y paradero de sus seres queridos, corriendo de una comisaría a la otra, a hospitales y a morgues en una horrenda pérdida de tiempo. Ese es un lado de la historia —el lado espantoso y sombrío que emerge hasta ahora—, pero hay otro lado, uno más noble e inspirador. Fuimos profundamente tocados por la resiliencia del espíritu humano. Personas que con todo derecho debían haberse sentido aterrorizadas se rehusaron a doblegarse bajo el intenso sufrimiento, la brutalidad y la intimidación; personas que se no se dieron por vencidas en su esperanza de libertad, pues saben que fueron hechas para algo mejor que la deshumanizante injusticia y la opresión, que impidieron que las intimiden para disminuir sus expectativas. La generosidad que las personas demostraron tener es casi increíble; rehusaron consumirse por el odio y la amargura, aceptaron reunirse con aquellos que violaron sus cuerpos y sus derechos, deseando encontrarse con un espíritu de perdón y a encontrarse en un espíritu de perdón y reconciliación, deseosos sólo de conocer la verdad, de conocer a los perpetradores para poderlos perdonar.

"Nos conmovimos hasta las lágrimas. Reímos. Hemos permanecido en silencio y hemos mirado de frente a la bestia de nuestro oscuro pasado. Hemos sobrevivido a la dura experiencia y nos damos cuenta de que podemos trascender los conflictos del pasado, podemos tomarnos de las manos al percatarnos de nuestra mutua humanidad... La generosidad de espíritu se llena hasta rebosar cuando se encuentra con una generosidad similar. El perdón seguirá a la confesión y la sanidad vendrá, y contribuirá a la unidad nacional y a la reconciliación".

Eso fue lo que habitualmente sucedió durante las audiencias de las víctimas que durante dieciocho meses se convirtieron en la cara pública de la Comisión. Nadie en Sudáfrica podrá decir de nuevo "yo no lo sabía" y esperar que le crean.

CAPÍTULO 7

Queremos perdonar,
pero no sabemos a quién

Al sentarme a escuchar los testimonios de aquellos que vinieron a la Comisión para contarnos sus historias, que eran frecuentemente historias de sufrimiento intolerable, y al considerar algunas de las evidencias que se revelaron en las solicitudes de amnistía por aquellos que habían cometido algunas terribles atrocidades, me encontré preguntándome a mí mismo si Dios no se cuestionará algunas veces por qué nos creó: "¿Por qué, en nombre de todo lo bueno, se me ocurrió alguna vez crear a esta gente?".

Escribo estas líneas al tiempo en que suceden las participaciones de la Organización del Tratado del Atlántico Norte en Kosovo y Serbia, y mientras escuchamos los esfuerzos de los serbios bajo el liderazgo del presidente Milosevic para liberar a Kosovo de los albaneses, en otro devastador episodio de la así llamada limpieza étnica. Existen informes de inenarrables atrocidades que suceden: mujeres y niños a los que se les dice que huyan y que no abran sus bocas o de lo contrario serán asesinados, hombres que son llevados como manada y ejecutados sumariamente. No creo que el mundo vaya a olvidar fácilmente la foto del joven que llevaba en una carretilla a su suegra hasta un lugar seguro. Es una imagen que define los horrores que algunos de los hijos de

Dios están sufriendo a manos de otros hijos de Dios. Bien podría convertirse en una imagen tan inolvidable de esta carnicería como aquella de la Guerra de Vietnam, en la que una pequeña niña huía desnuda, encendida en llamas, de los bombardeos de napalm. Tengo un libro de caricaturas titulado *My God* que algunas veces ofrece profundas afirmaciones teológicas, si bien lo hace un poco en broma. En una de ellas, Dios mira las horribles obras de sus criaturas terrenales y, con cierta exasperación, dice: "Deténganse o voy a bajar a golpearlos". Con una vena antropomórfica audaz, puedo imaginarme a Dios examinando las espantosas ruinas que llenan la historia humana: cómo la Tierra está inundada de la sangre de tantos inocentes que han muerto brutalmente. Dios ha visto dos guerras mundiales sólo en el siglo XX, además del Holocausto; el genocidio de Camboya y Ruanda; el horror en Sudán; Sierra Leona; los dos Congos; Irlanda del Norte y Oriente Medio y los excesos que han caracterizado a América Latina. Es un pernicioso listado que informa nuestra capacidad de causarnos mucho daño los unos a los otros y nuestra inmensa inhumanidad hacia nuestros semejantes. Me imagino a Dios mirándolo todo, viendo cómo sus hijos tratan a sus hermanos y hermanas. Dios lloraría como lloró Jesús por la endurecida y apática Jerusalén, cuando fue a su propio pueblo y ellos no lo recibieron. Si Dios alguna vez quiere reflexionar sobre la insensatez de habernos creado, le hemos dado grandes motivos para hacerlo. Pero ni siquiera tenemos que imaginarlo, ya que el libro del Génesis nos dice que: "El Señor vio que la maldad de la especie humana era grande en la Tierra, y que su corazón y pensamientos siempre se inclinaban sólo por lo maligno. El señor se lamentó por crear la humanidad y eso apenó su corazón. Y el Señor dijo: «Voy a borrar de la tierra al ser humano que he creado. Y haré lo mismo con los animales, los reptiles y las aves del cielo. ¡Me arrepiento de haberlos creado!»" (Génesis 6:5).

De modo que mis meditaciones no son tan fantasiosas. Nos podemos imaginar a Dios, por así decirlo, llorando por su creación principal: nosotros, los seres humanos, que no resultamos ser lo que Dios había deseado.

Geoffrey Studdert Kennedy, un capellán que vivió durante el

horror de la Primera Guerra Mundial, reflexionó sobre el sufrimiento de Dios ante el comportamiento humano en su poema *"El Dios sufriente"*[24]:

¿Cómo puede ser que Dios reine en gloria,
sereno y satisfecho con lo que su amor hizo
leyendo sin alterarse la historia vergonzante,
y los actos malvados que los hombres realizan bajo el sol?

¿No hay lágrimas en el corazón del Eterno?
¿No hay dolor que atraviese el alma de Dios?
Entonces debe ser un demonio del Infierno
que flagela a la Tierra con su vara...

Padre si él, el Cristo, fuera tu Revelador
verdaderamente el Unigénito del Señor,
entonces debes ser un Sufriente y un Sanador,
herido en el corazón por el dolor de la espada.

Entonces debe significar no solo que tu dolor
te golpeó aquella vez sobre el solitario madero,
sino que hoy, esta noche, y el día de mañana,
todavía volverá a ti, Valiente Dios.

La humanidad nunca pareció merecer más ese trato que en las ocasiones en las que escuchamos las desgarradoras historias de lo que fuimos capaces de hacernos los unos a los otros. Cosas terribles que parecían desafiar las descripciones y poner en tela de juicio nuestro derecho a seguir siendo considerados aptos como miembros de la raza humana. En momentos como esos se podía comprender cómo era posible describir a aquellos responsables de esos hechos como monstruos

---

24   *"The Suffering God"*, de *The Sorrow of God and Other Poems*, G. A. Studdert Kennedy (Londres, Hodder & Stoughton, 1924).

que no merecían ser considerados más como humanos. Esas obras llenaron a todas las personas decentes de la comunidad con un sentimiento de afrenta y aversión. Y los perpetradores provenían de todos los sectores del conflicto que había convulsionado a nuestra tierra durante tanto tiempo.

Cinco oficiales de policía en sus solicitudes de amnistía detallaban la matanza de docenas de personas de la región de Pretoria, describieron cómo habían torturado a las presas "terroristas" y cómo habían desechado los cuerpos. Darle electrochoques a los sospechosos era algo tan ampliamente generalizado que uno de los oficiales de policía pudo decir con total naturalidad: "Interrogamos a Sefolo de la misma manera en que interrogamos a los otros dos". Como si fuese una rutina. En la Comisión notamos que, de una forma u otra, la Policía de Seguridad utilizaba la tortura de forma habitual.

Consideremos la evidencia de uno de los cinco oficiales de policía, el suboficial Paul van Vuuren, del Departamento de Seguridad de Northern Transvaal, apodado por sus compañeros "el electricista":

"Interrogamos a [Harrold Sello] Sefolo de la misma forma en la que habíamos interrogado a los otros dos [Jackson Maake y Andrew Makupe]. Usamos un generador Robin portátil de color amarillo para dar electrochoques a su cuerpo y así forzarlo a hablar. Tenía dos cables. Uno atado a su pie y otro a su mano. Al encender el generador, su cuerpo se sacudía, rígido. Sefolo era un hombre muy fuerte y creía plenamente... en lo que hacía, que estaba en lo correcto. Después del interrogatorio, admitió ser un organizador de alto nivel del Congreso Nacional Africano en Witbank.

"Nos dio mucha más información después de que Joe Mamasela pusiera un cuchillo sobre su nariz. Rogaba por su vida y preguntó si podía cantar "*Nkosi Sikelel iAfrica*"[25]. Después dijo que podíamos

---

25 "*Nkosi Sikelel iAfrica*", ("Dios bendiga a África"), es un himno popular en idioma xhosa que adoptaron los seguidores de los movimientos de liberación en Sudáfrica. Desde 1994 esta canción forma parte del multilingüe Himno Nacional de la República Sudafricana.

matarlo. También dijo que un día iba a gobernar el ANC y que el apartheid no iba a sobrevivir. Mamasela cubrió su cuerpo con una bandera del ANC mientras que Sefolo cantaba "*Nkosi Sikelel iAfrica*". Después de eso, le dimos una descarga eléctrica a Makupe para matarlo.

"Era necesario matarlos a todos para destruir la célula completa. Nadie supo lo que les había pasado. Después los hicimos estallar con una mina terrestre, para que fuera imposible reconocerlos... Debía parecer que ellos habían estado colocando minas terrestres... No disfrutamos haciendo eso, no queríamos hacerlo, pero teníamos que impedir que mataran a mujeres y a niños inocentes. Además, era necesario porque estábamos en guerra contra el ANC. Tengo mucho respeto por Harold Sefolo, por la manera en que se comportó en el proceso de su asesinato".

Dirk Coetzee fue una vez la cabeza del Vlakplaas, cerca de Pretoria, que resultó ser el cuartel general del célebre escuadrón de la muerte. Coetzee, Almond Nofomela y David Tshikalanga solicitaron amnistía por el asesinato de Griffiths Mxenge, un prominente abogado de Durban, que defendía a activistas políticos. Coetzee le dijo al Comité de Amnistía:

"La decisión la tomó el brigadier [Jan] van der Hoven, de la Policía de Seguridad de Port Natal y me dijo que él [Mxenge] era una espina en la carne... porque era abogado de todos los cuadros de líderes del ANC y se apegaba a la ley, así que no podíamos llegar a él. Nunca había escuchado su nombre, hasta ese día, cuando me dieron instrucciones de hacer un plan con Griffiths Mxenge. Significaba solo una cosa: deshazte de ese hombre. Mátalo. Ninguna otra cosa, sino matarlo. Mátalo.

Coetzee expresó en una entrevista con Angie Kapelianis de la estación de radio SABC cómo los policías negros eligieron llevar a cabo el asesinato:

"... eligieron a Brian Ngqulunga porque era zulú y conocía el área... y el lenguaje. A David Tshikalanga lo conozco desde 1973, trabajaba para mí. Yo lo ayudé a entrar en la policía y estaba en Vlakplaas. Así que era un hombre de confianza. Almond Nofomela era un hombre sobrio, capaz ... un tigre en cuanto al valor. Si vas a hacer algo, Almond no dudará. Tiene agallas. Y Joe Mamasela era el más apropiado, instinto asesino, no fumaba ni bebía... te lo podías imaginar como el perfecto asesino. Nunca se detenía, quiero decir, era lo mismo con su revólver...".

Se planeó el asesinato para que pareciera que había tenido lugar durante un robo y los miembros de la unidad atacaron a Mxenge con cuchillos y una llave inglesa:

"... Tshikalanga lo apuñaló primero, y no podía sacar el cuchillo del pecho de Mxenge. Entonces, aparentemente, Mxenge se lo sacó él mismo y comenzó a perseguirlos con el cuchillo y fue allí cuando Almond lo derribó con la llave inglesa y... comenzó el frenesí de las puñaladas entre Almond y Joe".

El juez Andrew Wilson, vicepresidente del Comité de Amnistía interrogó a Nofomela en la audiencia de amnistía:

WILSON: "¿Puede dar una razón de por qué... por qué fue apuñalado tantas veces?"
NOFOMELA: "Sospecho que la razón era... todo el tiempo, no caía al suelo. Luchaba".
WILSON: "Luchó para salvar su vida, ¿no es así?"
NOFOMELA: "Eso es correcto, señor".
WILSON: "¿Tenía él un arma?"
NOFOMELA: "No, no que yo supiera".

Coetzee dijo que mientras lo apuñalaban "él estaba bebiendo y manejando por Durban... parrandeando y esperando que llegara el momento de reunirse con ellos y preguntarles: "¿Salió todo bien? ¿Pasó algo gracioso? Bueno. Entonces, una gran fiesta".

Los reporteros de la radio informaron cuando la señora Victoria Mxenge reconoció el cuerpo de su marido en la morgue estatal:

"Cuarenta y cinco laceraciones y puñaladas herían su cuerpo, pulmones, hígado y corazón. La garganta estaba totalmente cortada. Las orejas prácticamente arrancadas. Y el estómago extirpado".

Los asesinos estaban frenéticos y aun así, de muchas maneras era solo un trabajo hecho a sangre fría. Parecían carentes de sentimientos. Eran apenas una parte de una máquina de asesinar eficiente, implacable e insensible.

Esta es la descripción que hizo de Dirk Coetzee en su solicitud de amnistía, en la que da evidencia de haber matado a un hombre joven de el Cabo Oriental que había sido secuestrado por la policía:

"Se le suministraron unas gotas a Sizwe Kondile en una bebida... y pienso que la razón principal para darle esas drogas que te dejaban fuera de combate era que ningún hombre sobrio hubiese tenido el coraje de mirar a una persona normal a la cara... sobrio... y dispararle a quemarropa en la cabeza. Uno de los hombres del comandante Archie Flemington tomó una pistola Makarov con silenciador y mientras el señor Kondile yacía en el piso, le disparó en la cabeza. Hizo un estertor y eso fue todo. Los cuatro suboficiales, subalternos... cada uno tomó una mano y un pie, lo pusieron en la pira de neumáticos y madera, vertieron combustible y la prendieron fuego. Mientras eso sucedía, bebíamos e incluso comimos una *braai* [barbacoa] cerca del fuego.

"Yo no cuento todo esto para mostrar nuestra 'valentía', solo lo hago para mostrarle a la Comisión la crueldad de todo aquello y los extremos a los que habíamos llegado en esos días. Son necesarias unas siete horas para que un cuerpo se calcine. La carne, en especial los glúteos y la parte superior de las piernas, debe voltearse con frecuencia para asegurar que todo se incinere... A la mañana siguiente, después de rastrillar las cenizas para cerciorarnos de que no había [sic] ningún trozo de carne de tamaño grande ni hueso... todos nos fuimos, cada uno por su lado".

Uno queda devastado ante el hecho de que sea posible que los seres humanos disparen y maten a otros semejantes, quemen sus cuerpos en una pira, y mientras la cremación se lleva a cabo, comer una barbacoa. ¿Qué pasó con su humanidad? ¿Cómo fueron capaces de hacer eso? ¿Cómo fueron capaces de soportarlo? La quema de carne humana produce un olor que para la mayoría de las personas normales resulta intolerable. ¿Será que esas personas se escindían en dos personas diferentes para seguir con sus vidas? ¿Cómo era posible que regresaran a sus hogares después de esa excursión, que abrazaran a sus esposas y que disfrutaran, por ejemplo, las fiestas de cumpleaños de sus hijos?

En muchos casos, en el Cabo Oriental, las personas desaparecían sin dejar rastro porque sus cuerpos eran reducidos a cenizas. Pero en el caso de los Cuatro de Cradock —unos activistas secuestrados mientras viajaban hacia un pequeño poblado desde Port Elizabeth, en el Cabo Oriental, en junio de 1985— sus cuerpos horriblemente mutilados fueron hallados una semana después de su desaparición. Sin embargo, la historia completa del asesinato de Matthew Goniwe, Fort Calata, Sparrow Mkhonto y Sicelo Mhlauli, y en especial las identidades de los asesinos, salieron a la luz solo cuando la Comisión entró en funciones.

El abogado George Bizos, consejero principal de los familiares de los hombres, interrogó a Johan Martin "Sakkie" van Zyl, uno de los oficiales de policía que solicitó amnistía:

BIZOS: "Señor van Zyl, se les dieron sesenta y tres puñaladas a las cuatro personas que usted asesinó la noche del veintisiete. ¿Coincide usted con el informe del cirujano del distrito?"
VAN ZYL: "No me puedo oponer a eso, señor presidente".

Bizos: "¿Está usted de acuerdo en que las sesenta y tres puñaladas es evidencia de conducta brutal?"

Van Zyl: "Señor presidente, en retrospectiva, absolutamente. Sin embargo, el hecho es que las instrucciones eran que el asesinato debía parecer como un ataque parapolicial y una forma más humanitaria de hacerlo no hubiese tenido el mismo efecto".

Bizos: "¿Su respuesta quiere decir que usted estaba preparado para comportarse como un salvaje a fin de confundir a cualquiera que quisiera investigar los asesinatos que usted había cometido?"

Van Zyl: "Sí, efectivamente, señor presidente".

Amenazados con la prisión o la muerte, los activistas del ANC que habían sido capturados acordaban algunas veces trabajar para la policía. Se los conocía como "*askaris*" y Joe Mamasela era uno de ellos, apostado en Vlakplaas. Por su propia evidencia, estuvo involucrado en docenas de matanzas de activistas políticos y con frecuencia se infiltraba en grupos de jóvenes y fingía reclutarlos para entrenamiento militar antes de llevarlos a sus muertes en trampas policiales. Bajo la protección de un fiscal general que quería utilizarlo como testigo del Estado a cambio de inmunidad, se rehusó a solicitar amnistía y, por un lado, se mostraba desafiante con la Comisión y por el otro, enojado con sus antiguos jefes. Dio evidencia de esto en una audiencia en la que sus ex colegas solicitaron amnistía por el asesinato de los Tres de Pebco, los líderes de la organización *Black Civic* de Port Elizabeth, en mayo de 1985:

"En toda mi experiencia en ese hoyo infernal nunca me crucé con algo llamado asesinato limpio. No existe una cosa semejante, solo existe en las mentes de aquellos que quieren parecer caballeros honestos y decentes, y que no quieren someter a otras personas a un dolor innecesario. No hay nada como eso: las personas son asesinadas brutalmente, mueren peor que animales y el hecho es... el propósito de la Policía de Seguridad no es solamente matar a las personas, lo que ellos quieren... es sacar tanta información como sea

SIN PERDÓN NO HAY FUTURO

posible antes de que mueran. La idea es provocar tanto dolor como sea posible. Se trataba de un método sádico y bien calculado para matar a las personas; ellos lo saben y yo fui parte de ello".

Los Tres de Pebco —Sipho Hashe, Champion Galela y Qaqawuli Godolozi— fueron asesinados en una estación de policía abandonada cerca de Cradock. Mamasela le contó al Comité que el señor Hashe le había dicho a su interrogador que el ANC, prohibido en esa época, "simboliza una Sudáfrica democrática":

"Esa respuesta, más que cualquier otra cosa, parecía enfurecer al teniente [Gideon] Nieuwoudt, que tomó un caño de hierro y golpeó al pobre hombre en la cabeza varias veces y, al hacerlo, todas las personas se le unieron... Lo único que podía hacer para defenderse era gritar fuerte. Luego, el teniente Nieuwoudt me ordenó que ahogara sus gritos, que pusiera mis manos sobre su boca y que lo sostuviera fuerte para que los gritos no atrajeran a los granjeros de los alrededores. Piet Mogoai y yo luchamos por silenciar los gritos del pobre hombre, mientras todos los demás que les he nombrado lo atacaron con patadas, trompadas, puñetazos y palos.

"Mientras el teniente Nieuwoudt golpeaba al hombre en la cabeza con el caño de hierro, noté que a este le salía sangre de la nariz y de los oídos, y también de la boca. Vi cómo los ojos del anciano se volteaban hacia atrás, como si estuviese a punto de desmayarse o de morir. La golpiza continuó y continuó hasta que vi al hombre, que yacía postrado en el piso con sangre por toda su cabeza y rostro...

"Durante el ataque a Champion Galela algo atroz sucedió: el suboficial Beeslaar tomó los testículos de Champion Galela y los apretó muy fuerte, hasta que quedaron del tamaño de pelotas de golf. Luego, con su mano derecha los estrujó muy, muy fuerte. Vi que el hombre cambiaba, el color de su cara se tornaba pálido y azulado, y un líquido amarillento brotó de los genitales. Esa es la cosa más atroz que jamás haya presenciado en mi vida en el infierno de Vlakplaas. Permanecí demasiado tiempo en esa entraña del demonio. Sé como es, pero nunca he visto algo como eso en toda mi vida como prisionero de guerra. Nunca he visto algo como eso. Es la experiencia más deshumanizante de mi vida".

Uno de los grupos infiltrados y que los condujo a la muerte a manos de Mamasela fue el que llegó a ser conocido como Los Nueve de KwaNdebele, que habían huido de Mamelodi, un asentamiento para negros al este de Pretoria hacia KwaNdebele, una zona rural, y que fueron asesinados en 1986. Mamasela le dijo al Comité:

"Los Nueve de KwaNdebele fueron emboscados en una casa y heridos de bala. Se les disparó y fueron masacrados con fusiles AK-47 y después, el teniente [Jacques] Hecher entró con un bidón de veinticinco litros de combustible. Lo derramó sobre [sic] los cuerpos y encendió el fuego. Algunas de esas personas todavía estaban vivas, se podían oír sus agudos gritos y todos fueron incinerados".

Del otro lado de la batalla, se acusaba persistentemente a la señora Winnie Madikizela-Mandela, la ex esposa de Nelson Mandela, sugiriendo que el así llamado *Mandela United Football Club*, que funcionaba en torno a ella en Soweto en 1988 y 1989, no era un grupo de jóvenes de los asentamientos que buscaban redimirse y que trabajaban como sus guardaespaldas. Existía el rumor de que eran una pandilla de matones que aterrorizaba a la gente quemando sus hogares y que secuestraba y asesinaba a aquellos considerados delatores; aquellos que, desde su perspectiva, podrían estar colaborando con el sistema, espiando para la policía. Los sospechosos que entraban en esa categoría eran presuntamente torturados y generalmente ejecutados. La gente decía que ellos lo hacían no solo con la connivencia de la señora Mandela, sino con su apoyo, aliento y —lo que es más perturbador— bajo sus órdenes. Una de las acusaciones más serias, un caso célebre, fue el de un activista de catorce años, Stompie Seipei, que huyó de la policía en su natal Orange Free State y que había buscado refugio en la casa parroquial metodista del reverendo (y luego obispo) Paul Verryn. En

1991, la señora Mandela fue hallada culpable de secuestrar a Stompie de la casa parroquial. Ella argumentó que lo había rescatado del señor Verryn cuando escuchó que este sodomizaba a los jóvenes varones que le solicitaban refugio. Se halló el cuerpo descompuesto de Stompie después en la sabana, en enero de 1989.

Tuvimos una audiencia especial sobre las actividades de los guardaespaldas de la señora Mandela. Duró nueve días, más que ninguna otra audiencia enfocada en un solo líder político. Un testigo tras otro la involucraba en asaltos y asesinatos. El "entrenador" del club de football era Jerry Richardson, que había sido hallado culpable del asesinato de Stompie y había sido condenado a prisión perpetua unos años antes de la creación de la Comisión. Vino desde la cárcel y dio su versión de cómo se había interrogado a Stompie y a otros tres que habían sido secuestrados de la casa parroquial:

"Comenzamos a torturar a los jóvenes de la manera en que los bóeres lo hacían con aquellos que luchaban por la libertad. Lo primero que le hice a Stompie fue tomarlo de ambos lados y arrojarlo al aire y dejarlo caer libremente al suelo. "Mummy" [la señora Mandela] estaba allí sentada, observándonos".

Uno o dos días después, él y un compañero al que llamó Slash tomaron al maltrecho Stompie y lo llevaron a un lugar desierto en las afueras de Soweto:

"...Lo maté brutalmente, lo maté como a una cabra. Lo hicimos acostarse sobre su espalda y yo puse unas tijeras de podar en su cuello y las tijeras penetraron en la parte posterior de su cuello y yo le hice cortes...

"Yo maté a Stompie bajo las instrucciones de Mummy. Mummy nunca mató a nadie, pero ella nos usó para matar a muchas personas. Ni siquiera nos visita en la prisión. ¡Ella nos usó!".

Richardson también dijo que él había matado a Priscilla Mosoeu, también conocida como Kuki Swane, la novia de un miembro del club de footbal que supuestamente era informante y que murió de múltiples puñaladas en diciembre de 1988:

"Yo la apuñalé, le corté el cuello. Arrojamos su cuerpo... le informé a Mummy: «Mummy, he llevado a cabo tus órdenes. Maté a Kuki», le dije a Mummy que había matado a Lerothodi (Ikaneng). Mummy me abrazó y me dijo: «Hijo mío, hijo mío»".

El señor Nicodemus Sono nos dio una descripción gráfica de la última vez que vio a su hijo, que le había sido llevado por la señora Mandela en una camioneta:

"Había sido golpeado, su cara estaba amoratada, estaba destrozada... como si alguien lo hubiese golpeado y arrojado contra la pared... La señora Mandela me explicó que Lolo era un espía... le rogué. Le dije: «Por favor, deje a Lolo conmigo, ya ha sido golpeado. Si se trata de castigar, para mí ya lo ha sido, ¿no puede dejarlo conmigo?». Y ella se rehusó, levantó la voz, hablaba en voz muy alta, saben: «No puedo dejarlo con usted. Es un espía»".

El señor Sono nos dijo lo que pasó después de su infructuosa solicitud:

"Cuando miré a Lolo vi que estaba en un estado terrible, temblaba... Comencé a rogarle otra vez a la señora Mandela: «Por favor, deje a mi hijo conmigo, ya lo han golpeado»... Y ella se rehusó por completo: «Es un espía». Le dijo al chofer que arranque, y se fueron. Al marcharse le rogué hasta que me dijo: «Me llevo a este perro. El movimiento verá que hacer con él»".

El obispo Peter Storey, líder de la Iglesia Metodista en Johannesburgo en aquel momento, y ex presidente de su Iglesia y del Concejo Sudafricano de Iglesias, nos dio un relato detallado de los esfuerzos que hicieron desde su institución para asegurar la liberación de Stompie y de otros niños secuestrados:

> "Creo que la señora Mandela sabía lo que le había pasado a Stompie, conocía las circunstancias que rodearon su muerte... Si Stompie realmente fue asesinado o llevado casi a ese punto en su casa, entonces creo que ella estaba al tanto...".

Azhar Cachalia y Murphy Morobe, líderes de la coalición de organizaciones antiapartheid conocida como el Movimiento Democrático de Masas, concurrieron a la Comisión y nos contaron que hicieron una declaración pública después de la muerte de Stompie, poniendo distancia entre ellos y la señora Mandela y el club de footbal. El señor Cachalia explicó por qué:

> "En aquella época teníamos en vista ciertos hechos objetivos. Primero, que cuatro hombres, incluido Stompie, habían sido sacados por la fuerza de la casa parroquial y llevados a la casa de la señora Mandela. Segundo, fueron cruelmente golpeados en la casa de Mandela, donde permanecieron contra su voluntad. Tercero, un joven, Kenneth Kgase, escapó el 7 de enero e informó sobre su dura experiencia. Cuarto, Stompie no fue el único torturado en esa casa, pero luego fue asesinado de una forma brutal.
>
> En el mejor de los casos, la señora Mandela... estaba al tanto y alentaba esa actividad delictiva. En el peor de los casos, dirigía y participaba activamente de los asaltos. Sexto, Paul Verryn fue incriminado injustamente. Séptimo, todos los esfuerzos razonables de la Iglesia, los líderes de la comunidad, el señor Mandela y el presidente Oliver Tambo (del ANC) para disolver la pandilla de matones mediante el intento de asegurar la cooperación de la señora Mandela fracasaron".

El obispo Storey agregó:

"El cáncer básico es, fue y siempre será la opresión del apartheid, pero las infecciones secundarias han tocado a muchos de los opositores del sistema y han erosionado su conocimiento del bien y del mal. Una de las tragedias de la vida, señor, es que es posible convertirse en aquello que uno más odia, y pienso que esta tragedia es un ejemplo de ello".

La siguiente es la historia de Greta Appelgreen, arrestada junto con Robert McBride por detonar un autobomba en nombre del ANC en el exterior de los bares *Why Not* y *Magoo*, en la costa de Durban, en junio de 1986. Tres personas perdieron la vida y sesenta y nueve fueron heridas en ese atentado. Appelgreen era una ex católica romana que se había convertido al islamismo y que había adoptado el nombre de Zahrah Narkedien. Tomamos la historia de Angie Kapelianis de un documental que produjo la radio SABC:

"En el invierno de 1986. Zahrah Narkedien y Robert McBride fueron arrestados en Nigel, en Far East Rand. Se los esposa con los brazos por detrás de la espalda. Se les colocan capuchas de lana en las cabezas... la parte de adelante hacia atrás. Durante tres horas viajan en esas condiciones, con las vendas empapadas en sudor. En la estación de policía en Durban, se interroga y tortura a Zahrah Narkedien. Un día tras otro durante una semana en el piso trece. Cuando abusaron de ella, hacía rodar las cuentas del rosario en su mano... y rezaba en silencio".

La señora Narkedien, además de comparecer ante la comisión para ser interrogada sobre su papel en el ataque, habló en la audiencia de Johannesburgo sobre el trato a los prisioneros y a los detenidos sin juicio. Primero relató la tortura a la que fue sometida, luego sobre el confinamiento solitario:

"Durante los primeros siete días me torturaron mucho porque yo creía que no tenía que cooperar... Estaba orgullosa de ser quien era, una camarada MK [Umkhonto weSizwe] y estaba orgullosa de haberme sumado a la lucha, de ser una revolucionaria y estaba dispuesta a sufrir las consecuencias. Ellos querían que yo dijera ciertas cosas, así que me torturaron durante esos siete días y lo único que me hizo quebrarme al final fue cuando me amenazaron con ir a mi casa, donde estaba mi hermana, secuestrar a Christopher, mi sobrino de cuatro años, traerlo al piso trece y arrojarlo desde la ventana.

"Ese era realmente mi punto más débil, porque yo podía arriesgar mi vida y podía permitir que mi cuerpo fuera entregado a esos hombres para que hicieran lo que quisieran, pero no podía entregar el cuerpo de otra persona. Así que en ese momento cooperé plenamente. Para ese entonces estaba cada vez más débil. Me sacaban de la celda después del desayuno, más o menos a las siete y media u ocho y me interrogaban durante todo el día y toda la noche hasta las dos o tres de la madrugada. Permanecía de pie todo el tiempo y venían grupos completos, y me insultaban y me gritaban, pero eso era tolerable porque podía orar en silencio, mientras ellos hacían eso y ni siquiera oía el abuso.

"Comenzaron a darse cuenta de que yo toleraba esa clase de abusos, así que tomaron una bolsa de plástico... Entonces, una persona sostenía mis dos manos y la otra ponía la bolsa en mi cabeza. Y la ajustaban herméticamente, no podía respirar y la dejaban por al menos dos minutos y para entonces la bolsa plástica se me había adherido a los párpados, las fosas nasales, la boca y todo mi cuerpo se sacudía, porque realmente no podía respirar.

"Siempre tenían a una mujer presente cuando me torturaban y le preguntaban si quería salir de la habitación, porque iban a intensificar el tratamiento. Todos esos días vestí la misma ropa, un vestido, y en ese momento estaba menstruando... y sangraba mucho. Me hicieron tirarme al piso y hacer todo tipo de ejercicios físicos, levantar mi cuerpo con mis manos, lo que ellos llamaban flexiones, sacando dedos hasta tener que levantarme solo sobre dos. Ya en ese momento no podía hacerlo porque mi cuerpo estaba cansado, adolorido y tenía que subirlo y bajarlo, me lastimaba las rodillas cada vez que lo dejaba caer. Cuando estaba en el piso, me pateaban y caminaban sobre mí...".

Después, estuvo más de cien días en confinamiento solitario:

"Lo que realmente me perturbaba eran las ratas... eran enormes, del tamaño de un gato; estaban en las celdas y en los pasillos todo el tiempo. Me sentaba a comer la comida y tres ratas me miraban. Cuando estaba en el patio orando, las ratas estaban a mi alrededor y entonces me levantaba y las ahuyentaba, pero volvían. Una noche, una rata trepó sobre mí, pero no me di cuenta hasta que llegó al cuello... me volví completamente loca, grité a viva voz... los guardas vinieron corriendo... Me encontraron en una esquina y yo misma me estaba comiendo mi camiseta. Así de loca me puse".

Durante el procesamiento en Pietermaritzburg fue considerada por las carceleras como una terrorista peligrosa y, bajo las leyes de la prisión, era forzada a desnudarse dos veces por día:

"Tenía que permanecer de pie completamente desnuda. Solía decir: «No me pienso sacar la ropa interior. Revisen y cuando terminen, me las bajo rápidamente»".

Sentenciada a prisión, la señora Narkedien fue clasificada como "mestiza" bajo el apartheid y fue culpada por los camaradas africanos de una pelea con otros prisioneros y enviada a una celda de aislamiento durante siete meses:

"Así que tuve que pagar el precio solo por ser mestiza. Fue la primera vez que tuve que enfrentar el hecho de ser parte de una minoría... mis camaradas habían usado el hecho de que a sus ojos yo no fuera una africana. Fue doloroso... Mis padres siempre me habían enseñado que mis ancestros zulúes significaban mucho para ellos, así que fue doloroso ser torturada por tus propios camaradas...

"Ni siquiera quiero describir psicológicamente lo que tuve que hacer para sobrevivir allí abajo. Algún día lo voy a escribir, pero nunca lo voy a decir. Pero sí me enseñó algo: que ningún ser humano puede vivir solo, porque no hay nada que puedas hacer para sobrevivir solo... A medida que pasaban los meses sentía que me hundía más y más... Al pasar los meses de aislamiento sentí que Dios me había abandonado, que todo el mundo me había abandonado, estaba completamente sola en este inmenso universo...

"Ahora, hace más de siete años que salí de la cárcel... Pero no me he recuperado y nunca lo haré, sé que no. Los primeros dos años después de mi liberación traté de ser normal otra vez y cuanto más luchaba por ser normal, más me perturbaba. Tuve que aceptar que estaba dañada, es como si parte de mi alma hubiese sido comida por gusanos —espantoso como suena— y nunca la voy a recuperar".

Bill Moyers produjo un documental de dos horas sobre la Comisión para el Sistema Público de Radiodifusión titulado *Enfrentar la verdad*[26]. Una de las personas a quienes entrevistaron era una mujer de Soweto llamada Thandi, que fue torturada mientras estaba detenida. Fue violada en repetidas ocasiones. Dice que sobrevivió sacando su espíritu fuera de su cuerpo y poniéndolo en un rincón de la celda en la cual estaba siendo violada. Ella podía, de esa manera, ver cómo le hacían todas esas cosas horribles a su cuerpo, con el objetivo de que se odiara a sí misma tal y como le habían dicho que haría. Al hacer eso, podía imaginar que no era ella misma, sino una extraña la que sufría esa ignominia. Con lágrimas en los ojos, le dijo a Moyers que todavía no había regresado a esa habitación para ir a buscar su alma y que ésta permanecía sentada en el rincón en el que la había dejado.

A partir de 1982 hubo un aumento de operaciones encubiertas por las fuerzas de seguridad estatales. Por ejemplo, en la "operación cero cero", Joe Mamasela contrató a ocho jóvenes activistas de East Rand con la promesa de entrenarlos en el uso de granadas de mano.

---

26 *Facing the Truth*. Dir. Bill Moyers, PBS, 1999.

A los ocho se les entregó trampas cazabobos que los hicieron pedazos cuando tiraron del disparador. Una joven mujer, Maki Skhosana, ella misma una activista, había inocentemente presentado los jóvenes a Mamasela. Como resultado, se sospechó que era una traidora, una espía. Una pandilla la atacó y la convirtió una de las primeras víctimas del atroz "collar". Esa forma despiadada de matar fue muy publicitada por los medios de comunicación como un ejemplo de la así llamada violencia del negro hacia el negro, lo que se usó con muy buen resultado como propaganda del Partido Nacional.

La familia de Maki tuvo que vivir con la vergüenza y el estigma de tener un informante entre ellos. Durante mucho tiempo los aislaron y calumniaron. Uno de los momentos más hermosos en la vida de la Comisión fue cuando, a través del proceso de amnistía, se supo la verdad: que la muerte de los ocho había sido uno de los juegos sucios del Estado y que Maki no era una informante. Que Maki fuera rehabilitada y su familia reivindicada y reintegrada a la sociedad fue un gran acto de reconciliación comunitaria. No se la podía revivir, pero su memoria sería honorable en vez de vergonzosa.

Lo que quiero señalar es que seres humanos comunes y corrientes, incluso los jóvenes, podían ser autores materiales de acciones espantosas. Y debido a que el apartheid era intrínsecamente malo e inmoral en sí mismo, casi por definición tenía que utilizar métodos igualmente malos e inmorales para perpetuarse.

El 12 de junio de 1988, la víspera del duodécimo aniversario del levantamiento de Soweto, Stanza Bopape, secretario general de la Asociación Cívica Mamelodi, murió en custodia policial luego de tres días de detención. El entonces ministro de la policía, el señor Adriaan Vlok, anunció que Stanza Bopape se había escapado de la policía mientras era transportado desde Johannesburgo hacia Vaal, al sur de la ciudad.

Improbablemente, un esposado Bopape encontró la llave para abrir las esposas y escapó (posiblemente hacia Lesotho), mientras que los tres oficiales de policía que lo vigilaban estaban ocupados cambiando un neumático pinchado. ¿Cómo fue que la policía de gatillo fácil no pudo dispararle? Era claro que el señor Vlok mentía abiertamente, pensando que podía engañar al público con su cínico relato. La familia de Bopape buscó inútilmente entre la comunidad de exiliados en los "*Frontline states*" que rodeaban Sudáfrica hacia el norte. En una de las audiencias de la Comisión su madre tuvo varias crisis nerviosas y dijo que quería que los policías que estuvieron con él dijeran dónde estaban los huesos.

Un ministro de Gabinete y el comisario de la policía, sin ningún reparo, conspiraron con sus subalternos en un elaborado encubrimiento. Como surgió luego en las solicitudes de amnistía, Stanza Bopape había sido torturado y finalmente asesinado con electrochoques. Temerosos de un conflicto político en la víspera de las conmemoraciones de Soweto, en extremo sensibles, en una sociedad volátil, la policía mintió y fue ayudada y amparada en esa subversión de la moral pública por parte del ministro de Gabinete y su comisario. Llevaron en secreto el cuerpo hasta East Rand y lo arrojaron en un río infectado de cocodrilos. De no ser por el proceso de amnistía, todo esto hubiese permanecido en las turbias grietas en las que el apartheid ocultaba tales secretos. La familia Bopape pudo al menos cerrar su historia al saber dónde habían ido a parar los "huesos" de su ser amado.

Un día, durante nuestra primera audiencia de víctimas en East London, el último testigo en subir al estrado fue el señor Singqowana Malgas. Ahora estaba confinado a una silla de ruedas, pero en la flor de la vida había sido un activista político del ANC y, previsiblemente, cayó fuera de la ley y fue asediado por la policía. Había sido —como ya parecía una práctica habitual— torturado y también había estado preso en la isla Robben, el lugar en el que se encarcelaba a los presos políticos negros. El resultado final es que había tenido un accidente cerebrovascular que lo había dejado semiparalizado y con problemas de habla.

Durante su testimonio, se le pidió que describiera algunas de las torturas que había sufrido. Hasta ese punto pensé que me había ido bastante bien en cuanto a mantener mi compostura, aunque estuve en varias ocasiones al borde de las lágrimas, al escuchar una desgarradora historia tras otra. Todavía no había roto en llanto y este iba a ser el último testigo del día. El señor Malgas trató de describir algunos de los métodos de tortura a los que lo habían sometido. Comenzó por uno en particular del que después volvimos a oír muchas veces: el así llamado método del "helicóptero". Los policías le esposaban a la víctima las manos por detrás de la espalda y los tobillos se ataban juntos, luego se elevaba el cuerpo cabeza abajo y se lo hacía girar.

El señor Malgas trató de dar detalles de su declaración escrita y contarnos todo esto. Si no podía soportar el recuerdo de la tortura o su lengua no podía pronunciar lo que trataba de decirnos, nunca lo sabré (murió incluso antes de que le entregáramos nuestro informe al presidente Mandela). Cualquiera fuese la razón, puso su mano sana sobre su rostro y lloró. Yo me sentía muy cargado de todo lo que había oído y era mucho para mí también. No pude retener las lágrimas. Lloré y sollocé como un niño. Las compuertas se abrieron. Me incliné sobre la mesa y me cubrí el rostro con las manos. Después, les dije a las personas que yo río y lloro con facilidad y que me preguntaba si era la persona correcta para liderar la Comisión, ya que sabía que era una persona débil y vulnerable.

Gracias a Dios, fue la última vez que lloré en público durante la vida de la Comisión. Le rogué a Dios que no dejara que sucediera otra vez, porque los medios de comunicación se concentraron en mí y quitaron su atención de quienes debían tenerla: los testigos. He estado cerca de llorar muchas veces, pero logré sobrevivir.

Ese y otros testimonios similares me hicieron comprender de una manera devastadora que existe una horrible profundidad de la depravación en la que todos podemos caer, que poseemos una extraordinaria capacidad para el mal. Como ya lo había notado en alguna otra parte, eso se aplica a todos nosotros. No hay lugar para sentir oculta satisfacción ni para señalar acusadoramente con arrogancia. Le hemos dado a Dios evidencia suficiente, si la hubiese necesitado, para querer deshacerse de nosotros y hacer borrón y cuenta nueva, como cuando trató de comenzar de nuevo con el Diluvio. Pero es importante notar que aquellos culpables de esos abusos eran personas comunes y corrientes. No tenían cuernos en sus frentes ni colas escondidas en los pantalones. Se veían como nosotros. La filósofa Hannah Arendt se refiere a la banalidad del mal, dice que aquellos que están involucrados en el mal no son atroces por fuera. Exteriormente son, a todos los efectos, personas normales como nosotros.

Misericordiosamente, maravillosamente, esa era solo una parte de la situación: la parte deprimente descripta por la evidencia revelada en el testimonio ante la Comisión. Gloriosamente, otra parte sería también revelada. Era el lado que mostraba a personas que con todo derecho debían estar llenas de odio por el inenarrable e innecesario sufrimiento que habían soportado. En lugar de ello, demostraban una notable generosidad de espíritu, una magnanimidad casi sin precedentes en su voluntad de perdonar a esos que los habían atormentado.

Debió haber ocasiones en las que Dios probablemente se congratuló al mirar la obra de sus manos. Él vio que lo que había hecho no era solo bueno, sino *muy* bueno. Casi podemos ver a Dios frotándose las manos en sublime y divina satisfacción ante la belleza y bondad de lo creado.

Al comienzo del libro de Job, observamos el orgullo de Dios por su creación cuando se dirige a Satanás, que todavía no se había transformado en la fuente de mal que constantemente se opone a Dios. En esta historia, Satanás todavía es un miembro de la corte celestial, aunque ya se vislumbraba que se estaba convirtiendo en el personaje que probaba las credenciales de los siervos de Dios, así como un fiscal de una corte moderna quiere menoscabar la credibilidad de un testigo. Dios señala satisfecho a Job y le pregunta a Satanás si ha considerado a su siervo Job. Dios realmente está alardeando: "¿No crees que es extraordinario? Satanás es, de alguna manera, sutil en su respuesta de que Job es justo. ¿Qué había de extraordinario en ello? Después de todo, Dios lo había protegido contra los desastres y el sufrimiento y lo había hecho próspero. No había ningún mérito en alguien que había estado tan mimado por Dios. Entonces Dios arriesga su reputación con Job, quien es expuesto a todo tipo de sufrimientos mientras

Satanás espera y desea que Job acuse a Dios por el sufrimiento que parece ocasionársele sin ninguna razón aparente.

Debe haber momentos en los que Dios contempló la nobleza de los humanos, su compasión y generosidad hacia otros, cuando Dios miró la integridad y la valentía de aquellos que se han enfrentado a tiranos, que han estado dispuestos a morir por su fe. Cuando Dios observó las proezas de un Francisco de Asís, una Madre Teresa, un Martin Luther King Junior, un Albert Schweitzer, un Nelson Mandela dijo: "Sí, valió la pena asumir el riesgo. Ellos han reivindicado mi fe en ellos". Y Dios nuevamente se frotó las manos en divina complacencia y dijo que lo que había visto no era solo bueno, sino realmente *muy* bueno.

Un maravilloso ejemplo de la nobleza con la cual el espíritu humano puede elevarse vino del Cabo Oriental. Uno de los movimientos de liberación, el PAC, a través de su brazo armado, el APLA, decidió intensificar la lucha armada y declaró al año 1993 como "El año de la gran tormenta", a pesar de que habían comenzado negociaciones significativas. En esa atmósfera, uno de los primeros objetivos fue el club de golf King William, en noviembre de 1992, durante una fiesta de cata de vinos. Cuatro personas resultaron muertas. La señora Beth Savage estaba entre los gravemente heridos. Tuvo que someterse a una cirugía de corazón abierto y permaneció en la unidad de cuidados intensivos durante varios meses. Finalmente, cuando fue dada de alta, todavía estaba tan incapacitada que sus hijos tenían que bañarla, vestirla y alimentarla, ayudándola a hacer todas esas cosas que nosotros damos por hecho. Sus padres estaban particularmente desconcertados: ellos habían tenido el cuidado de criar a los miembros de su familia para que respetaran a todas las personas sin importar la raza o el nivel social. En la Sudáfrica de aquellos días había que ser muy valiente para hacer eso, y no entendían cómo una niña criada en una familia que se oponía al apartheid y a toda su locura terminaría siendo el blanco de las mismas personas cuya suerte ellos luchaban por mejorar. Fueron incapaces de aceptar que el ataque había sido arbitrario y al azar, todas y cada una de las personas blancas serían un objetivo, ya que en el tipo de reunión que se celebraba en el club no había ninguna manera en la que alguien pudiera diferenciar entre una persona blanca que apoyara el sistema y otra que no.

Beth Savage nos dijo que piensa que su padre murió de tristeza. En la época de las audiencias, en 1996, no podía pasar por los controles de seguridad del aeropuerto porque comenzaban a sonar todo tipo de alarmas y a encenderse toda clase de luces: todavía tenía esquirlas incrustadas en su cuerpo. Lo que dijo respecto a la experiencia que la había dejado en esa condición fue abrumador e increíble:

"Considerando todo, debo decir que, a través de todo ese trauma, realmente me siento más rica. Pienso que ha sido una experiencia enriquecedora y de crecimiento para mí y que me ha dado la habilidad de relacionarme con otras personas que pueden estar atravesando un trauma".

¡Dijo que había enriquecido su vida! Para mí eso es sorprendente y muestra una vez más que estamos bendecidos con personas muy notables. Si eso es todo lo que hubiese dicho igual hubiese sobresalido como un comentario sumamente valioso. Pero siguió adelante y cuando se le preguntó cómo se sentía sobre la amnistía para los autores materiales del hecho expresó:

"No es importante para mí, pero —se lo he dicho a muchas personas— lo que realmente me gustaría es conocer al hombre que tiró la granada con una actitud de perdón y desear que él me pueda perdonar por la razón que sea. Me gustaría mucho conocerlo".

Todas estas maravillas deberían dejar a las personas mudas y deseosas de estar en presencia de algo tan sublime, lleno hasta rebalsar de un sentido de profunda gratitud, porque casi todas las víctimas, negras y blancas, eran dueñas de esa extraordinaria generosidad. Se auguraban cosas buenas para nuestro país.

En esa misma audiencia de East London, escuchamos el testimonio de las viudas de los Cuatro de Cradock y a la hija de uno de ellos, la señora Babalwa Mhlauli. Babalwa significa "la bendecida" y lo que ella dijo en la audiencia sin dudas trajo la gracia de la bendición para aquellos que escucharon sus palabras.

Esos cuatro hombres estaban dedicados a trabajar por un orden nuevo y justo en sus comunidades rurales que, como es frecuente, sufrían con más severidad la devastación del apartheid que sus iguales en la ciudad (aunque era difícil convencer a los habitantes de la ciudad de esto: todos ellos creían que su vida era infierno puro). Con frecuencia, los cuatro habían sido detenidos, torturados, amenazados y acosados por la Policía de Seguridad antes de que finalmente los secuestraran y asesinaran.

Nomonde Calata, esposa de Fort, testificó en nuestra primera audiencia:

"En la época aquella en que [en la provincia del Cabo Oriental] entregaban el *Herald*, leía los titulares. Y uno de mis hijos me dijo: «Mamá mira, el automóvil de mi papá está quemado». En ese momento temblé, porque tenía miedo de lo que podría haberle pasado a mi esposo... Nyami [Goniwe] siempre me apoyó mucho, yo tenía veinte años en esa época y no podía manejar esa situación. Así que me llevaron a ver a Nyami y cuando llegué ella estaba llorando desconsoladamente...".

En ese momento de su exposición la señora Calata emitió un agudo gemido y rompió en llanto. Ese era el sonido que definía a la Comisión de la Verdad y la Reconciliación: un lugar al que la gente podía asistir para llorar, para abrir los corazones, exponer la angustia que había permanecido encerrada durante tanto tiempo, desconocida, ignorada y negada. Levanté la audiencia para que ella se recompusiera. Cuando comenzamos nuevamente, guié a los asistentes para cantar "*Senzenina*" ("¿Qué hemos hecho?").

La señora Nombuyiselo Mhlauli describió lo que le habían hecho a Sicelo, su esposo y padre de Babalwa:

"Leí el informe *post mortem*… en la parte superior del abdomen tenía veinticinco heridas que indicaban que se habían usado diferentes armas para apuñalarlo o que un grupo de personas lo había hecho. En la parte inferior también tenía heridas, en total cuarenta y tres. También llegamos a la conclusión de que le habían echado ácido en el rostro. Después de eso, le amputaron la mano derecha a la altura de la muñeca. No sé qué hicieron con esa mano".

De hecho, se conservó la mano en alcohol en la central de policía de Port Elizabeth. Se intimidaba a los detenidos con la mano, "la mano del babuino", como la llamaba la policía. Les decían que *esa* y peor sería su suerte si no cooperaban con la policía y declaraban.

Babalwa sabía todo eso. Vivió todo el acoso y la humillación que su madre sufrió a manos de la Policía de Seguridad. Contó su historia como la hija de un activista, lo que le significó el cálido apoyo por parte de los miembros del asentamiento y el asedio policial.

Cuando terminó de contar su historia, dijo que quería saber quién había matado a su padre. Habló en voz baja y, para alguien tan joven, con mucha madurez y dignidad. Se podría haber escuchado el vuelo de una mosca en aquel silencioso ayuntamiento cuando dijo: "Queremos perdonar, pero no sabemos a quién".

Hasta ese momento, se desconocía la identidad de los perpetradores. El Gobierno del apartheid había realizado investigaciones y había designado una comisión judicial para tratar de llegar al fondo de ese horripilante episodio. La policía transformó todo eso en una falacia, mintiendo abiertamente. A la larga, la verdad salió a la luz cuando los autores materiales aprovecharon el proceso de amnistía. En su solicitud, revelaron la espantosa verdad: la policía asesinó a los Cuatro de Cradock.

En septiembre de 1992 sucedió lo que llegó a conocerse como la masacre de Bisho. Bisho se encontraba en el Cabo Oriental, la capital de la patria "independiente" de Ciskei, gobernada por el brigadier Oupa Gqozo. Al principio, él se mostraba amigable con el ANC, pero las relaciones se agriaron, en especial cuando decretó a Ciskei zona prohibida para el partido. El ANC decidió llevar a cabo una marcha en Bisho para dar visibilidad a su campaña por la actividad política libre en todas las patrias, y particularmente en Ciskei, Bophuthatswana y KwaZulu (ese y otros estados se establecieron durante el plan maestro del "divide y reinarás" del apartheid, que buscaba despojar a todos los sudafricanos negros de su ciudadanía y convertirlos en ciudadanos de un edredón de retazos de bantustanes basados en lo étnico y repartidos por toda Sudáfrica. KwaZulu resistió los esfuerzos del Gobierno para que aceptara la "independencia", pero los líderes de los tres se sintieron amenazados por el ANC).

Treinta personas murieron como resultado de lo que pasó aquel día en el que el ANC marchó para poder gozar de una actividad política libre y los soldados de las fuerzas de defensa de Ciskei abrieron fuego contra personas desarmadas. Veintiocho manifestantes murieron durante el tiroteo, más un soldado de las fuerzas de defensa que recibió un disparo de sus colegas. Otro manifestante del ANC murió a consecuencia de las heridas en 1995.

La Comisión realizó dos audiencias sobre la masacre de Bisho, la primera se hizo en el mismo pueblo, no lejos del lugar de los hechos. El auditorio en el que nos reunimos estaba repleto de personas que habían sido heridas en el incidente o habían perdido a un ser amado, así como de aquellos que habían participado de la funesta marcha. La tensión en la sala era palpable. Algunos líderes sobresalientes del ANC iban a testificar. Habían estado en la marcha: Cyril Ramaphosa, por aquella época secretario general del ANC y por entonces presidente de la Asamblea Constituyente que nos entregó nuestra tan admirada Constitución, y Ronnie Kasrils, ahora viceministro de Defensa.

Uno de los primeros testigos fue el ex jefe del Estado Mayor de Ciskei, el general Marius Oelschig, que encolerizó a la audiencia, no tanto por lo que dijo, sino por cómo lo dijo. Quizás porque se estaba comportando como un soldado, con sus sentimientos bajo control.

Seguramente es así como deben comportarse los soldados, pero cuando la gente ha sido traumatizada y sus sentimientos están en carne viva, tal actitud es percibida como dura, poco compasiva y cínica.

La temperatura se había elevado unos cuantos grados cuando terminó de testificar.

Los siguientes en declarar fueron ex oficiales de las fuerzas de seguridad de Ciskei, uno blanco y los otros negros. El oficial blanco, el coronel Horst Schobesberger, era su vocero. Dijo que era verdad que ellos habían dado órdenes a los soldados de que abrieran fuego. La tensión aumentó tanto que el aire se podía cortar con un cuchillo. La situación no podía haber sido más hostil.

Luego, se volvió hacia la audiencia e hizo una petición extraordinaria:

"Les digo que lo lamentamos. Digo que la carga de la masacre de Bisho va a estar sobre nuestros hombros por el resto de nuestras vidas. No podemos dejarla ir. Sucedió. Pero, por favor, les pido especialmente a las víctimas no que olviden, no les puedo pedir eso, pero sí que nos perdonen, que los soldados puedan volver a las comunidades, que los acepten plenamente, que traten de entender también la presión que se ejercía sobre ellos. Eso es todo lo que puedo hacer. Lo siento mucho, eso puedo decir, lo siento mucho".

Esa multitud, que había estado tan cerca de lincharlos hizo algo bastante inesperado. ¡Estalló en un aplauso cerrado! ¡Increíble! El cambio de humor fue asombroso. Los colegas del coronel se unieron en el pedido de disculpa y cuando el aplauso cesó dije:

"¿Podemos guardar silencio por unos momentos, por favor, porque estamos tratando con situaciones que son muy, muy profundas. No es fácil, como todos sabemos, pedir perdón y tampoco es fácil perdonar, pero nosotros somos personas que sabemos que, cuando alguien no puede ser perdonado no hay futuro. Si un esposo y su mujer pelean y ninguno de ellos dice «lo siento» y el otro responde «te perdono», la relación está en peligro. Hemos recibido un ejemplo de ello de nuestro Presidente y de mucha gente más".

Nadie podría haber predicho el giro de los acontecimientos en esa audiencia. Fue como si alguien hubiese ondeado una varita mágica especial que transformó la ira y la tensión en esa demostración de perdón comunitario y aceptación de los otrora autores materiales. Solo podíamos humillarnos ante ello y estar profundamente agradecidos de que la así llamada gente común y corriente pudiera ser tan generosa y misericordiosa.

Unos pocos días antes de la Navidad de 1985, las fuerzas de Sudáfrica asaltaron Maseru, la capital del reino sin salida al mar, Lesotho. Nueve personas fueron asesinadas. Cuatro días después, una mina lapa puesta en un complejo comercial en la ciudad costera de Amanzimtoti en KwaZulu-Natal mató a cinco veraneantes de ciudades del interior que se encontraban haciendo compras navideñas.

El joven activista del ANC, Sibusiso Andrew Zondo, de diecinueve años de edad, sostuvo que fue en represalia por el asalto en Lesotho. Fue hallado culpable y sentenciado a muerte y ejecutado en septiembre de 1986. Dos de sus cómplices también fueron ejecutados por la policía. Una de las víctimas de la bomba fue Cornelius, un joven de dieciocho años, hijo del señor Johan Smit. Ya me he referido a su extraordinario testimonio en la Comisión:

"Dije a los periódicos que pensaba que mi hijo era un héroe porque había muerto por la libertad de personas que estaban oprimidas. Muchas personas me criticaron por eso. Pensaron que yo era un traidor y me condenaron, pero yo sigo sintiendo lo mismo. Todo el mundo etiquetó a los miembros del Congreso Nacional Africano como terroristas, pero nunca vieron el otro lado de la moneda. Nunca me hubiese dado cuenta de ello si no me hubiese tocado a mi y si no hubiese visto con mis propios ojos cómo esas personas luchaban realmente".

Es realmente notable. Sería de esperar que un padre estuviera furioso porque una vida inocente fue arrancada de forma tan brutal. Pero allí estaba un padre blanco, un afrikáner por si fuera poco, diciendo algo que nos dejó sin palabras. Era el tipo de cosas que se soñaba que sucedieran, pero que no nos animábamos a esperar que ocurrieran. Con personas como esas, el valiente experimento de Sudáfrica merece el éxito.

En agosto de 1993, la Organización Pan Africanista de Estudiantes unió fuerzas al ANC en apoyo al Congreso de Estudiantes de Sudáfrica. Realizaron una campaña de protestas callejeras en Ciudad del Cabo, muchas de las cuales incluyeron apedrear autos. Los estudiantes no se detuvieron ante la condena del ANC por sus actividades. Usaban algunos eslóganes espeluznantes como "un habitante, una bala", "mata al granjero, mata al bóer", y varios expresaron en sus solicitudes de amnistía que esas frases los habían incitado a esas acciones sangrientas.

Amy Biehl era una becaria Fulbright de California encariñada con la Universidad del Cabo Occidental que durante un largo periodo había estado involucrada en la campaña estudiantil antiapartheid de la Universidad de Stanford. El 25 de agosto de 1993, llevaba en su automóvil hasta el asentamiento de Gugulethu a unos estudiantes amigos. Algunos jóvenes apedrearon su coche y cuando Amy y los otros pasajeros salieron del vehículo, una multitud los persiguió, apedreándola y apuñalándola. Amy, que estaba tan comprometida con la justicia fue, irónicamente, asesinada por las personas cuya causa ella había abrazado. Su familia estaba destrozada, pero en vez de amargarse y buscar venganza, no se opusieron a las solicitudes de amnistía de aquellos que habían matado a su hija de forma tan brutal. El señor Peter y la señora Linda Biehl asistieron a la audiencia de solicitud de amnistía y dijeron que apoyaban todo el proceso de reconciliación y de amnistía. Abrazaron a las familias de los asesinos de su hija.

Pero lo que es más notable es que ellos crearon la Fundación Amy Biehl con el objetivo de educar a los jóvenes en el mismo asentamiento urbano en el que su hija fue asesinada y también para ayudar a los residentes que bien podrían haber estado involucrados en el asesinato de Amy. El matrimonio Biehl regresa a Sudáfrica con frecuencia para supervisar las operaciones de la fundación y deben pasar a menudo por el lugar en el que su hija encontró su espantosa muerte. Además, aseguran que la pérdida de Amy los ha llevado a un entendimiento más profundo. Han invertido gran cantidad de tiempo, energía y dinero en apoyo de la fundación. Se han comprometido intensamente a rescatar la mayor cantidad de jóvenes de Gugulethu de los callejones sin salida que bien podrían ser su destino, salvarlos de la oprimente violencia criminal y ponerlos en el camino de la adultez responsable.

En la década de los ochenta, el ANC se embarcó en una campaña de bombardeos contra blancos que ellos consideraban vinculados al personal de las fuerzas de seguridad, por ejemplo, estaciones de policía o instalaciones militares. Contrariamente a las intenciones manifiestas del ANC, la mayoría de los que resultaron muertos fueron civiles y no personal de las fuerzas de seguridad. El primero de esos grandes bombardeos tuvo lugar en Church Street, en Pretoria, el 20 de mayo de 1983. Murieron veintiuna personas y doscientas diecinueve fueron heridas cuando un cochebomba estalló fuera del edificio del centro comercial que era la oficina central de la Fuerza Aérea Sudafricana. Once de las personas que murieron trabajaban para la Fuerza Aérea, dos eran miembros del ala armada del ANC, Umkhonto weSizwe y el resto eran civiles.

Uno de los doscientos diecinueve fue el señor Neville Clarence, que quedó ciego. Tuvo una gran dificultad para obtener ayuda financiera por incapacidad y una pensión de la Fuerza Aérea, pero dijo en una de las audiencias del Comité de Violaciones de los Derechos Humanos:

"No tengo ningún resentimiento a cuestas —nunca lo tuve ni lo tendré— contra los autores materiales de la explosión del autobomba...".

El señor Clarence asistió a la audiencia en la que los responsables de ese ataque solicitaron la amnistía. El principal solicitante fue el señor Aboobaker Ismail. Neville Clarence no se opuso a la solicitud. En lugar de eso, se acercó al señor Ismail, que se había disculpado por las bajas civiles, se dieron las manos y dijo que él lo perdonaba, incluso si su acción le había costado la vista y que quería que unieran fuerzas para trabajar por el bien común de todos. Luego dijo que parecía como si no quisieran separarse. La foto de ellos estrechando sus manos se mostró en nuestras pantallas de televisión y fue publicada en las portadas de los periódicos. Expresó de forma más elocuente que las palabras lo que significaba todo el proceso de sanidad. Surgió como un magnífico ícono para el proceso de la Verdad y la Reconciliación.

También describí a las víctimas como *admirables, extraordinarias* y *especiales,* y en un sentido real probaron serlo. Sin embargo, en un sentido muy importante no serían *extraordinarias, especiales* ni *notables* si esas palabras se tomaran para significar que ellos eran una excepción, que eran *sui generis,* que eran gente fuera de este mundo. Entonces, la forma sudafricana de lidiar con un pasado conflictivo, traumático y abominable no sería útil como ejemplo que el mundo tendría interés de imitar porque, por definición, sería irrepetible. Tal interpretación también va en contra de los hechos, como se demostró en el caso de la familia Biehl.

Los Biehl no son sudafricanos. Son ciudadanos de Estados Unidos. Por lo tanto, los sudafricanos no son peculiares. Quizás sería mejor decir que existen las así llamadas personas ordinarias en todas las naciones y tierras que son capaces de logros extraordinarios. Tales personas pueden hacer de un proceso como el de la Verdad y la Reconciliación una opción viable para otros países que necesiten hacer las paces con su pasado. Si no has escuchado sobre estas personas, eso subraya el punto: que no debemos decir que los sudafricanos tienen atributos únicos negados a otros. Así como aquellos que han sido capaces de las más horrendas atrocidades resultaron ser seres humanos comunes y corrientes como nosotros, también aquellos que han demostrado notables ejemplos de la capacidad de perdonar podrían ser el hombre o la mujer que vive en nuestra cuadra.

Maravillosamente, el perdón y la reconciliación son posibles en cualquier momento y lugar, y de hecho están teniendo lugar, con frecuencia pasan inadvertidos y sin celebrar. Marietta Jaeger, su esposo y sus cinco hijos pasaban un glorioso mes de vacaciones de verano de campamento en Montana. La última noche de las vacaciones, la hija de siete años, la niña más pequeña, Susie, se perdió. Marietta se aferró a la esperanza de encontrarla. Pensó que esto iba a suceder, cuando una noche el hombre que la secuestró llamó por teléfono. Pero era solo para burlarse. Luego, esa persona fue arrestada y Marietta le dijo que lo perdonaba. Así describió la experiencia:

"... finalmente llegué a la conclusión de que la justicia verdadera no es el castigo, sino la restauración, no necesariamente de cómo solían ser las cosas, sino de cómo realmente deben ser. Tanto en las escrituras hebreas como en las cristianas, de donde provienen mis creencias y valores, el Dios que brota de ellos es un Dios de misericordia y compasión, un Dios que no busca castigar, destruir o matarnos, sino un Dios que trabaja incansablemente para ayudarnos y sanarnos, rehabilitarnos y reconciliarnos, restaurarnos a las riquezas y plenitud de la vida para la cual fuimos creados. Ahora, eso era la justicia que quería para este hombre que se había llevado a mi niñita. Aunque era posible condenarlo a pena de muerte, sentí que matar al secuestrador en su nombre violaría y profanaría la bondad, dulzura y belleza de la vida de Susie. Ella merecía un recordatorio más noble y bello que la muerte a sangre fría, premeditada y sancionada por el Estado de un hombre indefenso, aunque la muerte pareciera merecida. Sentí que la honraría mucho más no convirtiéndome en lo que yo deploraba, sino diciendo que toda vida es sagrada y digna de guardarse. Así que pedí al fiscal que ofreciera la sentencia alternativa por su delito: la condena a prisión perpetua sin derecho a libertad condicional. Mi petición fue honrada, y solo cuando se le ofreció la alternativa confesó la muerte de Susie y también la de otras tres jóvenes vidas.

"Aunque no tengo problemas en admitir que al principio quería matar a ese hombre con mis manos, al momento del veredicto de sus delitos, estaba convencida de que mi mejor opción y la más saludable era perdonar. En los veinte años que pasaron desde que perdí a mi hija, he trabajado con víctimas y con sus familias y mi experiencia ha sido casi invariablemente confirmada. Las familias víctimas tienen, al principio, el derecho de una respuesta de ira válida, humana, pero aquellas personas que conservan una mentalidad vengativa le entregan al malhechor otra víctima más.

"Amargados, atormentados, esclavizados por su pasado, así, la calidad de vida disminuye. Aunque sea justificada, nuestra falta de perdón nos deshace. La ira, el odio, el resentimiento, la amargura, la venganza: todos son espíritus que lidian con la muerte y «tomarán nuestras vidas» en algún nivel, con tanta seguridad como fue tomada la vida de Susie. Creo que la única forma de ser personas completas, saludables y felices es aprendiendo a perdonar. Esa es la inexorable lección y experiencia del evangelio de Marietta. Aunque nunca lo hubiese elegido así, la primera persona en recibir un regalo de vida de la muerte de mi hija... fui yo".[27]

Esta es una historia poderosa. En un estilo similar, la presidenta de la República de Irlanda, Mary McAleese, cuenta en su libro *No reconciliados: amor en caos*[28] cómo Jesús enseña a sus discípulos a convertirse en personas que pueden amar espontáneamente, que no necesitan que se les ordene hacerlo. McAleese describe la notable reacción de Gordon Wilson ante el brutal asesinato de su hija:

"Es una persona fuera de lo común la que llega a aquel estado de perfecta serenidad espiritual. Supongo que son santos, si se les puede llamar santos, no necesariamente santos beatificados ni canonizados, sino la clase de persona en cuya presencia intuimos la cercanía de Dios, porque llevan a su mejor amigo a todos lados con ellos. Dios no los acompaña como un guardaespaldas ni va al frente de ellos como un tanque soviético limpiando el camino. Él los

---

27 *Exploring Forgiveness*, Robert D. Enright y Joanna North (editores). University of Winconsin Press, 1998.

28 *Unreconciled Being–Love in Chaos*, Mary McAleese.

acompaña como la voz pura de una soprano acompaña una canción: como una gota de rocío se sienta sobre una rosa.

"Uno de tales santos era Gordon Wilson. Él era un hombre tan experimentado en la disciplina del amor y cuando su hermosa hija, Marie, murió cruelmente en la carnicería que fue el bombardeo de Enniskillen, su mano posada en la suya mientras la vida se le deslizaba, las palabras de amor y perdón brotaron de forma natural de sus labios, como los ojos de un niño miran a su madre. Sus palabras nos avergonzaron, nos tomaron con la guardia baja.

"Sonaron muy distintas de lo que habíamos esperado y estábamos acostumbrados. Trajeron sosiego. Traían un sentido trascendental a un lugar tan feo que casi no nos atrevíamos a mirar. Pero tenía sus detractores y, aunque resulte increíble, bolsas de correo de odio. ¿Cómo te atreves a perdonar?, le gritaban. ¿Qué clase de padre eres que puedes perdonar a los asesinos de tu hija? Era como si nunca antes hubiesen escuchado el mandamiento de amar y perdonar en ninguna parte. Era como si estuviesen siendo pronunciadas por primera vez en la historia de la humanidad y como si Cristo nunca hubiese pronunciado las palabras «Padre, perdónalos porque no saben lo que hacen». Como una vez un practicante crítico me dijo sobre el tema de Gordon Wilson: «Seguramente el pobre hombre debe haber estado conmocionado», como si ofrecer amor y perdón fuera una señal de debilidad mental en vez de fortaleza espiritual".

Debe haber habido momentos en los que Dios haya lamentado habernos creado. Pero estoy seguro de que hubo más veces en las que Dios miró y vio a todas esas maravillosas personas que brillaron en la oscura noche del mal, la tortura, los abusos y el sufrimiento; brillaron al demostrar su nobleza de espíritu, su generosidad al estar preparados para perdonar, y así terminaron con la oscuridad, y el aire fresco sopló en aquella situación para transformarla. Llenó a las personas con la esperanza nueva de que la desesperanza, la oscuridad, la ira, el resentimiento y el odio no tendrían la última palabra. Hay esperanza de que ocurra algo nuevo, de que los enemigos se conviertan en amigos otra vez, cuando el autor material deshumanizado pueda ser ayudado a recuperar su humanidad perdida. Este no es un sueño irresponsable. Sucedió y está sucediendo, y hay esperanza de que las pesadillas terminen, esperanza de que problemas en apariencia imposibles de tratar encuentren solución. Dios tiene algunos compañeros de trabajo grandiosos por allí.

Cada uno de nosotros tiene la capacidad de hacer el bien y eso es lo que hace a Dios decir que ha valido la pena el riesgo de traernos a la existencia. Extraordinariamente, Dios, el omnipotente, depende de nosotros, insignificantes, frágiles, vulnerables como quizás somos, para alcanzar sus propósitos divinos: el bien, la justicia, el perdón, la sanidad y la integridad. Dios no tiene a nadie más, sino a nosotros. San Agustín dijo: "Dios sin nosotros no querrá y nosotros sin Dios no podremos". Un sacerdote ruso pueblerino era acosado por un joven físico que repasaba todas las razones del ateísmo y que afirmó con arrogancia: "Por lo tanto no creo en Dios". El sacerdote no se desalentó y le contestó con tranquilidad: "No importa. Dios cree en ti".

Dios cree en nosotros. Dios depende de todos nosotros para ayudar a hacer de este mundo todo lo que Dios quiere que sea.

CAPÍTULO 8

Ese es mi hermano, conozco esos zapatos

Hubo muchos escarnecedores que se burlaban despectivamente ante lo que algunos llamaron la "Comisión *Kleenex*", porque se lloraba mucho en las audiencias públicas cuando los testigos se desahogaban. En la mesa a la que se sentaban junto al miembro de la Comisión llamado *briefer*, había generalmente un vaso de agua y una caja de pañuelos de papel que siempre estaban a mano cuando las personas se quebraban. Algunos que deseaban que fracasáramos se regodeaban cuando preguntaban de forma arrogante qué reconciliación había llevado a cabo la Comisión y qué verdad había desenterrado ya que —como esos críticos sarcásticos afirmaban— todo lo que parecía obtener la Comisión eran solamente los alegatos descabellados y sin pruebas de aquellos que actuaban para la audiencia.

Al preguntarle a esos cínicos qué habían hecho o que estaban haciendo para promover la reconciliación, con frecuencia murmuraban alguna historia que los exoneraba y justificaba. Parecían no estar conscientes de que de no haber existido un proceso como aquel de la Comisión —que dependía del acuerdo transitorio de que no habría retribución ni venganza y de que los sudafricanos debían tratar de crear un nuevo país libre de los conflictos raciales o regionales— bien podrían no haber estado allí para expresar sus observaciones inquietantes y despectivas. ¡Cuán fácil y rápido damos las cosas por supuestas!

Muchas personas blancas en Sudáfrica han llegado a sentirse con derecho a la reconciliación y al perdón sin haber tenido que esforzarse en lo más mínimo para colaborar con ese proceso crucial y demandante. Esa es una generalización, y como tal no hace justicia a aquellos blancos que fueron notables en su compromiso con la justicia y que estuvieron donde estaba la acción en los días oscuros de la espantosa represión del apartheid. Muchos de aquellos en ese grupo distinguido tuvieron que someterse a la hostilidad de sus comunidades blancas. Enfrentaron el ostracismo y a menudo tuvieron que soportar todo tipo de acoso y vilipendio, cuando no la detención y la tortura, que era la suerte de los que se animaban a hacerse oír, que estaban dispuestos a nadar contra la corriente en un país en el que todo eso era anatema. Su contribución con nuestra lucha era incalculable e indispensable y quiero rendirles un muy merecido y cálido homenaje.

Habiendo dicho eso, lamentablemente tengo que hacer notar que una gran parte de la comunidad blanca ha olvidado —muy fácilmente y con demasiada rapidez— que nuestro país estaba al borde de una catástrofe que nos podía haber abrumado con la clase de masacres y disturbios que caracterizaron a lugares como Bosnia, Kosovo, Medio Oriente e Irlanda del Norte.

Deberíamos estar rebosantes de inmensa gratitud porque las cosas resultaron de una manera diferente; fuimos bendecidos con la presidencia de una persona que se ha transformado en un ícono internacional del perdón y de la reconciliación, y de que muchos en nuestra tierra han imitado al Presidente. He anhelado con tanto deseo y con tanta desesperación que una generosidad de espíritu similar se despertara en la comunidad blanca por la generosidad de aquellos en la comunidad negra que, a pesar del inenarrable sufrimiento a los que se los sometió innecesariamente, han estado listos para perdonar a sus torturadores. Hubo detractores, la mayoría de ellos de la comunidad blanca, pero no exclusivamente de esta.

Si se pusieran en duda los logros de la Comisión de la Verdad y la

Reconciliación, una respuesta válida sería que se nos pidió que brindáramos un panorama tan completo como fuera posible de las groseras violaciones de los derechos humanos que ocurrieron en un periodo de mandato de treinta y cuatro años. Se esperaba que la Comisión promoviera la unidad y la reconciliación nacional. Es imprescindible subrayar que la Comisión tenía el propósito de promover y no de lograr esos valiosos objetivos. Se esperaba que hiciera una contribución, quizás se tenía la esperanza de que fuera contundente, una contribución estratégica, pero solo una contribución a un proceso que se concebía como un proyecto nacional.

La responsabilidad de darse cuenta de que este no es un proyecto con el que se pueda ser indiferente sino un proceso duradero y de largo plazo recae sobre cada uno de los sudafricanos. Es obligación de cada ciudadano hacer su contribución. Sin ser melodramático, no es mucho afirmar que es un asunto de vida o muerte. De su éxito depende la existencia, la supervivencia de nuestra nación, de todos nosotros como personas y como individuos. A fin de cuentas, es en nuestro mejor interés que nos convirtamos en personas misericordiosas, arrepentidas, reconciliadoras y reconciliadas, porque sin perdón, sin reconciliación, no tenemos futuro. De modo que de alguna forma es prematuro preguntar qué es lo que ha logrado la Comisión.

Y sin embargo, hay algunos logros significativos que alcanzamos en los dos años y un poco más durante los cuales se llevó a cabo la mayoría de nuestro trabajo.

En el último capítulo describí algunos ejemplos de reconciliación o de voluntad de perdonar dignos de destacar y que nos dejaron asombrados y sin palabras. No fueron los únicos. Supimos después que muchos que dieron testimonio en la Comisión, con sólo el proceso de narrar sus historias encontraron alivio y sanidad. La aceptación, la afirmación, el reconocimiento de que indudablemente habían sufrido fue catártico para ellos. Si eso le hubiese ocurrido a una sola persona, hubiésemos dicho que la Comisión tenía más que justificada su existencia. El hecho de que numerosas personas dijeran lo mismo nos hizo desear haberle podido dar a muchos más la oportunidad de aligerar la pesada carga de su angustia.

En el segundo capítulo de este libro narré la historia de Los Cuatro de Cradock. El hermano de uno de ellos, Matthew Goniwe, me dijo de cierto alivio que la familia sintió después de que su cuñada, Nyami, testificara en la Comisión. A la manera de *ubuntu*, su historia era, indirectamente, su historia también, porque el *ubuntu* hace que todos ellos, toda la familia Goniwe, se pertenecieran. Estaban interconectados en esa red de interdependencia y fraternidad que hacía que lo que le ocurría a uno, le pasara en un sentido real a todos ellos. Nyami significa persona que soporta mucho, una persona paciente. Cuando Nyami Goniwe testificó, nos dijo cómo la familia se había sentido decepcionada por la conclusión del magistrado durante la primera investigación judicial de la muerte de su esposo, que refería que él y sus camaradas habían sido asesinados por personas desconocidas, cuando era un secreto a voces que las fuerzas de seguridad habían estado involucradas:

"...La familia estaba empeñada en tratar de lograr que se abriera la primera audiencia judicial. Ellos [el Estado] querían concluir el asunto, tratarlo tan rápido como fuera posible. Luchamos por conseguirlo, con la ayuda de abogados, y entonces se abrió un poquito. Pero... nada surgió de eso. Entonces tuvimos que atravesar una [segunda] investigación prolongada, y esta nos hirió física y emocionalmente. Supongo que teníamos grandes esperanzas. No sé qué esperábamos al final; creo que nos acercamos a la Comisión en cierta medida con la misma perspectiva... La renuncia [acerca de asistir a la Comisión] se debía a que no sabía lo que iba a pasar allí. Tenía muy poca información. Pero ahora que estoy acá, me siento honrada por la experiencia de los otros. Estoy feliz de decir que estoy satisfecha de haber venido".

También nosotros fuimos honrados por eso que las personas parecían encontrar cuando exponían su vulnerabilidad en público. Por cierto, no puedo decir que esperaba que aquellos que se presentaban en la Comisión encontrarían sanidad y cierre en el proceso de volver a contar sus historias devastadoras. No soy un psicólogo entrenado, aunque como pastor se supone que sé un poquito de cómo funcionan el espíritu y el alma humana. Fue un privilegio maravilloso estar allí cuando las personas abrían sus corazones y llegaban a una nueva integridad, resultado de sus narraciones. Le agradezco a Dios porque la Comisión ofreciera ese tipo de entorno seguro y acogedor, porque eso permitió que algo de esa catarsis tuviera lugar.

Esto es lo que un joven, Lucas Sikwepere, dijo después de que describiera cómo un famoso policía de Ciudad del Cabo, el suboficial H. C. J. "Barrie" Barnard, le disparara en la cara y lo dejara ciego:

> "Siento que... lo que me devolvió la vista, la visión, es haber venido aquí y contar la historia. Siento que lo que me ha hecho estar enfermo todo el tiempo es que no podía contar mi historia. Pero ahora... se siente como si hubiese recuperado mi vista al venir acá y contárselas a ustedes".

El privilegio de ser parte de tal proceso compensó la mezquindad espiritual de muchos que se empobrecieron al excluirse de algo que los hubiese beneficiado de maneras que jamás se hubiesen imaginado.

Una de nuestras audiencias más difícil y discutible fue la maratón de nueve días de sesiones que investigó las actividades del club de football de la señora Winnie Madikizela-Mandela. A pesar de la controversia, incluso esa dolorosa audiencia produjo algunos resultados positivos. La saga comenzó cuando, en respuesta a las afirmaciones de las víctimas y en vista de su propia condena en la corte por cargos de secuestro y asalto, la Comisión la citó legalmente bajo la sección 29 de la Ley de Promoción de la Unidad Nacional y de la Reconciliación. Esa fue la cláusula que nos permitió, entre otras cosas, citar a personas para hacerles preguntas de investigación. En el curso normal de los acontecimientos, hubiese sido una audiencia *a puertas cerradas*. Por su insistencia, sin embargo, se realizó como una audiencia abierta y pública, presumiblemente para que ella pudiera ser capaz de responder a todas las sospechas, alegatos y alusiones personales dirigidos contra ella.

No se puede negar que es una mujer extraordinaria e inusual. Cuando su esposo se debilitaba cumpliendo cadena perpetua, el sistema del apartheid hizo todo lo que estaba a su alcance por destruirla mediante todo tipo de hostigamiento. Fue detenida, se la mantuvo bajo vigilancia policial e incluso fue mandada al exilio de Soweto a Brandfort, a más de 700 kilómetros, en Free State, donde tuvo que ir a vivir en una comunidad que hablaba sesotho, un lenguaje que la señora Madikizela-Mandela no entendía en aquella época. Y era una persona proscripta, prácticamente bajo arresto domiciliario.

Eso significa que era una prisionera a su propio costo. No se le permitía asistir a una reunión, la que se definía como cualquier encuentro con más de una persona. No podía abandonar el distrito al cual estaba confinada por el "periodo de la exclusión", generalmente cinco años, sin permiso. No podía ir al cine, ni a la iglesia, ni a una comida campestre. No podía asistir a una boda ni a un funeral, ni siquiera al de su propio hijo, a menos que tuviera permiso, el cual se entregaba en muy pocas ocasiones. Una persona proscripta no se podía comunicar con otra persona proscripta ni ser citado sin el permiso del ministro. Tenía que estar en su casa de seis de la tarde a seis de la mañana en los días de semana y todo el fin de semana. En verdad, una existencia en las sombras. Esa era la suerte de muchos de los opositores del sistema del apartheid y se los inhibía sin el beneficio del debido proceso. El ministro era el fiscal y el juez en su propio caso: no se conocía qué evidencia estaba disponible para justificar la exclusión y por lo tanto no se la podía cuestionar. Era una derogación total del estado de derecho y estaba justificada para el beneficio de Occidente ya que se afirmaba que era necesario combatir el comunismo. Muchos de los que entraban en conflicto con esas leyes eran cristianos comprometidos.

En la época en la que no estaba proscripta, Winnie Mandela era asombrosa: carismática, atractiva, una oradora poderosa. Jugaba un papel importante para concentrar gente cuando la mayoría de nuestros líderes estaban en prisión o en el exilio. La lucha contra el apartheid tiene una deuda inmensa con ella. Winnie Mandela era una política consagrada que sabía lo que hacía movilizar a la así llamada gente común y corriente. Estaba presente cuando las personas estaban heridas. Rodeaba a la mayoría de los políticos cuando se necesitaba ganar el apoyo popular, y desde que cayó en desgracia al ser declarada culpable de secuestro, ha tenido una asombrosa capacidad para recuperarse. El apoyo popular entre los miembros de base del Congreso Nacional Africano permaneció estable y para 1999 había comenzado a aumentar.

Cuando estaba en Brandfort solía visitarla y llevarle la comunión, la que celebrábamos en mi automóvil en la calle. Se podía ver a la distancia, sobre una colina que dominaba al escuálido asentamiento, a la Policía de Seguridad en un coche, vigilando celosamente sus movimientos.

Los fines de semana no se le permitía salir más allá del patio, y en tales ocasiones celebrábamos la Sagrada Comunión a orillas de la cerca, uno a cada lado. Con frecuencia me asombraba de nuestro país, pavoneándose ante el mundo, proclamando ser un país cristiano, cualquiera sea el sentido de ello, mientras allí estábamos, obligados a celebrar la eucaristía de esa manera.

Exiliarla a Brandfort produjo un efecto indeseado en el sistema. Muy pronto, Winnie Mandela generaba conciencia política en esa pequeña y poco sofisticada comunidad rural mediante la conducta personal y el ejemplo. Brandfort es un gueto pequeño y polvoriento. Ella plantó un jardín y una huerta, y pronto comenzaron a brotar huertas y jardines del tamaño de un pañuelo por todo Brandfort.

Comenzó una clínica y una biblioteca. La comunidad de blancos sudafricanos comenzó a protestar y a pedirle a las autoridades que la reubicaran, porque según ellos era una agitadora. A los nativos se les estaban subiendo los humos desde que ella había llegado. Las personas la admiraban, de hecho, la amaban. Winnie Mandela no era alguien con quien se pudiera jugar, y pienso que ella era consciente de su poder e influencia. Era segura de sí misma y no poco orgullosa. Yo le tenía gran aprecio y sus dos hijas me llamaban "tío". Era la niña bonita de la resistencia en el exterior, especialmente entre la comunidad afroamericana. Se la llegó a conocer como "La madre de la Nación".

El sistema del apartheid aplicaba gran presión sobre ella. Una de las lecciones que aprendí al envejecer es que debemos ser mucho más modestos en lo que expresamos sobre nuestras propias proezas y nuestras capacidades. Lo que es aun más importante, debemos ser generosos en nuestros juicios hacia los otros, porque nunca podremos llegar a saber todo lo que se puede saber sobre otra persona. No quiero exonerar con estas palabras a la señora Madikizela-Mandela de su responsabilidad, por las cosas espantosas que hizo o en las que se cree que estuvo involucrada, ni justificar nada de ello. Solo digo que ella hizo un trabajo maravilloso con su liderazgo durante la lucha. Ninguno de nosotros puede jamás predecir con absoluta certeza que sabe que no se doblegará ante la presión. No beneficia señalar que otros sobrevivieron ante el mismo tipo de presiones. Todos reaccionamos y respondemos de formas completamente distintas. Nada parecido a esa audiencia de nueve días se llevó a cabo con ninguna otra persona.

Bien pueden imaginarse los reclamos que hubiese recibido la Comisión por no ser imparcial si hubiésemos sometido, digamos, a un afrikáner a un tratamiento similar. Algunos que siempre creen que existen intereses ocultos expresan que esto se hizo en una época en la que el liderazgo del ANC se alegraría de cualquier cosa que avergonzara a Madikizela-Mandela y minara su popularidad entre la gente. Es suficiente señalar que la Comisión quería una audiencia a puertas cerradas. Estábamos resueltos a recibir ayuda para entender una personalidad fascinante y su inmenso impacto en hechos significativos que para nosotros eran fundamentales acerca de la violación de los derechos humanos. Fue ella la que insistió en una audiencia pública con toda la publicidad y el alboroto correspondientes.

Se reforzó la seguridad del lugar en el que se realizaba la audiencia en Mayfair, un suburbio al oeste de Johannesburgo, en noviembre de 1997. Los medios de comunicación estaban a pleno y la señora Madikizela-Mandela, resplandeciente en sus elegantes trajes de diseñador, no decepcionó a nadie. Muchos de sus seguidores se hicieron presentes: hombres jóvenes que danzaban el *toyi-toyi*[29] y cantaban con todo el corazón, como también señoras tranquilas en sus inconfundibles uniformes de la Liga Femenina del Congreso Nacional Africano, del cual ella era la presidenta. En una ocasión, esas señoras realizaron una manifestación con carteles dentro del recinto en el que se llevaba a cabo la audiencia, hasta que les dije que estaban en rebeldía, pues aunque la audiencia no era un tribunal, tenía mucha de las convenciones. Por ejemplo, a los testigos que perjuraran se los podía imputar como en un caso judicial común.

Un panel de abogados representaba a diferentes clientes que tenían cierto interés en las actuaciones. Se sintieron un poco frustrados cuando tuvimos que restringir los interrogatorios porque no éramos una corte que buscaba establecer la culpa más allá de la duda razonable. Nuestra búsqueda era llegar a tanta de la verdad como fuera posible y teníamos que recordarle a todo el mundo que no daríamos un veredicto de culpable o inocente al final de la audiencia. Después, sería la Comisión en su informe principal la que anunciaría dónde creía que radicaba la responsabilidad de la violación de derechos humanos.

La señora Madikizela-Mandela desdeñó despectivamente casi todos los testimonios en su contra como "ridículos" y "absurdos". Casi ni se inmutó. Quizás la única vez que pareció sentirse afectada fue cuando el obispo Verryn se dirigió a ella durante su testimonio, justo después de disculparse con la señora Joyce Saipei por no haber hecho más para proteger a su hijo de ser asesinado. El obispo Verryn, que injustamente había sido difamado y calumniado como un abusador de menores, le habló con estas conmovedoras palabras:

"...Nosotros nos vimos cara a cara brevemente en la casa de la misión una vez, y mis sentimientos hacia usted me han llevado en varias

---

29   El *toyi-toyi* es una danza de guerra que los negros sudafricanos popularizaron en sus protestas contra el apartheid (N. de la e.)

direcciones, como se puede imaginar. Anhelo nuestra reconciliación. He sido profundamente afectado por algunas de las cosas que usted dijo sobre mí, las cuales me hirieron y me dolieron en lo más profundo. Tuve que luchar para aprender a perdonar, aun si usted no quiere el perdón e incluso si piensa que yo debo ofrecérselo. Lucho por encontrar una forma en la que nos podamos reconciliar, por el bien de esta nación y por aquellos que creen que Dios ama profundamente. Así que aquí estoy, frente a usted, y quiero decírselo".

Al final de la audiencia, la Comisión levantó la sesión para evaluar los descubrimientos sobre las actividades de la señora Madikizela-Mandela y del club de football, las cuales publicamos en nuestro informe en octubre de 1998. Sin embargo, antes de hacerlo le hice una petición vehemente. Comencé hablando en la audiencia de la relación de mi familia con ella:

"Solo quiero decir que nosotros teníamos una relación muy estrecha con la familia Mandela. Vivíamos en la misma calle, en lo que algunas veces se conoce como Beverly Hills (Orlando West, en Soweto), nuestros hijos fueron a la misma escuela en Swaziland. La señora Madikizela-Mandela es madrina de uno de nuestros nietos, que recibió el bautismo el domingo en que fue liberado Madiba [Nelson Mandela]".

Conté de mis visitas a Brandfort y la describí como un ícono de liberación:

"Nunca podremos olvidar su sobresaliente contribución con la lucha y su espíritu indomable. Se hizo todo lo posible para tratar de quebrar ese espíritu y ella fue una inspiración increíble para muchos. Su contribución a la lucha nunca podrá ser negada. Fue la representante más adecuada de su esposo".

Después, presenté una petición a la señora Madikizela-Mandela reiterando lo que habíamos tratado de hacer en las audiencias y describiendo mis variadas reacciones a las actuaciones de líderes prominentes de nuestra gente, que habían dado evidencia en la audiencia de sus intentos para detener los abusos del club de football:

"Luchamos para establecer una organización nueva y diferente, que se caracterizara por una nueva moral, en la que la integridad, la veracidad y la obligación de rendir cuentas fueran la orden del día. Decimos que el crimen, la violencia doméstica, el descuido del medio ambiente, la corrupción y el egoísmo actuales prevalecen, y pueden hacerlo porque necesitamos el antídoto para un nuevo orden moral, el respeto por la autoridad.

Algunos de nosotros estábamos devastados, pero también encontramos estimulante lo que pasó durante esa audiencia: desolados por la actuación de algunos eminentes líderes de la lucha. La corrupción moral que evidenciaron fue inesperada y devastadora. Hubo excepciones maravillosas que se levantaron en marcado contraste: Azhar Cachalia, Murphy Morobe —los dos obispos metodistas—, Sydney Mufamadi (ahora ministro de Gabinete responsable de la policía)...

"Necesitamos demostrar que cualitativamente, moralmente, esa nueva administración es diferente, que necesitamos levantarnos y ser contados para el bien, la verdad, la compasión y no como aduladores de los poderosos".

Luego apelé:

"Reconozco el papel de la señora Madikizela-Mandela en la historia de nuestra lucha y sin embargo debo decir que algo salió muy mal, terriblemente mal. Qué, no lo sé. Ninguno de nosotros pudo predecirlo, pues debemos seguir diciendo: «nuestra conducta se ha ajustado a la gracia de Dios». Algo malo, tanto así que muchos líderes tuvieron que involucrarse para tratar de lidiar con un problema en particular.

"Fue maravilloso ver a Winnie caminando de la mano de su esposo... [en 1990] mientras salían de la prisión Victor Verster. Fue hermoso verlos caminar juntos en el jardín de Bishopscourt el día después de la liberación de Mandela.

"Yo fui uno de los líderes de la Iglesia a los que se les pidió venir a hablarles [en 1988, cuando las actividades del club de football obligaron a los líderes eclesiásticos y cívicos a actuar]. Vine desde Ciudad del Cabo. Cuando llegué a Soweto intentamos tener la reunión, pero fue imposible, pues usted no pudo vernos. Usted estaba estudiando, según usted misma dijo...

"Esto es lo que le hubiese dicho, lo que quería decirle: Hablo con usted como alguien que le tiene un profundo aprecio y que ama a su familia profundamente. Tengamos una reunión pública, para que en esa reunión pública usted se ponga de pie y diga que hubo cosas que salieron mal, hay cosas que salieron mal y yo no sé por qué. Hay personas allá afuera que quieren darle un abrazo. Yo todavía lo hago por el afecto profundo que le tengo. Allá afuera hay muchas personas que querrían hacerlo si usted fuera capaz de decir que algo salió mal... y decir «lo lamento. Siento mucho por mi papel en aquello que salió mal».

"Creo que somos personas extraordinarias. Muchos se hubiesen apresurado para perdonarla y darle un abrazo. Le ruego, le ruego, le ruego, por favor. No he hecho ningún hallazgo en particular de lo que pasó aquí. Hablo como alguien que ha vivido en esta comunidad. Usted es una gran persona y no sabe cuánto se realzaría su grandeza si dijera: «Lo lamento, las cosas salieron mal, perdónenme». Se lo ruego".

La señora Madikizela-Mandela respondió:

"...Muchas gracias por sus sabias y hermosas palabras. Ese es el padre que siempre he reconocido en usted. Espero que eso no haya cambiado. Aprovecharé esta oportunidad para decirle a la familia del doctor Asvat[30] cuán profundamente lo lamento; a la madre de Stompie, cuánto lo siento. Ya se lo he expresado hace algunos años, cuando el tema estaba candente. Digo que es cierto, que las cosas salieron muy mal. Estoy completamente de acuerdo con eso y por la parte de esos años dolorosos en que las cosas salieron muy mal y por haber estado consciente del hecho de que había factores que llevaron a eso, por todo ello estoy profundamente arrepentida".

Luego de ese comentario, pospuse la audiencia.

Se la podría haber considerado una petición tibia, pero no estoy seguro de que sea correcto que nos mofemos de lo que pueda parecer como un pedido de perdón poco entusiasta. Nunca es fácil decir: "Perdón". Esa es la palabra más difícil de pronunciar en cualquier idioma. Con frecuencia, me resulta casi imposible decírsela a mi esposa en la intimidad de mi dormitorio. Podemos imaginarnos cuánto más difícil debe ser pronunciarla frente a las luces de la televisión y de la publicidad de los medios.

El profeta Isaías habla del siervo de Dios que es manso y no apaga una llama que arde. Pienso que era la primera vez que la señora Madikizela-Mandela se disculpaba en público y eso no era poco para una persona tan orgullosa como ella. Durante el desarrollo de la audiencia se la fotografió al lado de la señora Seipei, y algunos sugirieron que fue la Comisión la que de alguna manera había manipulado a la señora Seipei para que posara para tal foto, porque nuestras acciones subirían si lográbamos una reconciliación. Pero en verdad la iniciativa fue de la propia señora Seipei, una persona maravillosa que no guardaba ningún resentimiento.

Mi colega, Yasmin Sooka, vicepresidenta de la comisión del Comité de Violación de los Derechos Humanos, describió para los periodistas de la radio SABC algunas de las reacciones públicas de mi petición, especialmente entre los blancos:

---

30   El doctor Abubaker Asvat, de Soweto, fue asesinado en su consultorio unas semanas después de la muerte de Stompie, se presume que después de atender al muchacho herido.

"Pienso que su gesto fue malinterpretado por varias personas que entendieron que él trataba de darle a ella una salida, pero para mí esa es la realidad de todo esto: se trata de decir las cosas que salieron mal y de asumir la responsabilidad por ellas. Pienso que fue un momento muy doloroso y emotivo. Y yo sabía que era uno de esos retratos, diría yo, de la Comisión."

No tuve tiempo para pensar en las consecuencias de un desaire de la señora Mandela. Mi súplica vehemente podría haber sido rechazada. Gracias a Dios, ella respondió razonable y positivamente y yo pude irme rápido a tomar un vuelo a Ciudad del Cabo para asistir a una reunión urgente al otro día, a primera hora. ¡Puf!, esa bien podría ser la expresión apropiada.

En diciembre de 1988, en el punto más alto del sangriento conflicto entre el Partido de la Libertad Inkatha del jefe Buthelezi y el Frente Democrático Unido (UFD por sus siglas en inglés), aliado al ANC, en KwaZulu-Natal, Brian Mitchell, un capitán de policía dio órdenes a un grupo de agentes para que atacaran a los simpatizantes del UFD.

A esos agentes de policía se los llamaba despectivamente como *kitskonstabels* (*kits*, o sea "instantáneo" en afrikáans, como el café instantáneo), porque solo recibían el entrenamiento más rudimentario y luego se los dejaba sueltos entre la gente. Con frecuencia, tenían poca disciplina y algunas veces iban a trabajar mientras estaban bajo la influencia del alcohol, portando armas de fuego.

Los jóvenes de los asentamientos los ridiculizaban y eran despreciados como colaboradores, al igual que la mayoría de los oficiales de policía. Por ello, eran propensos a ser poco compasivos con aquellos que veían como hostiles al sistema. En este caso, malinterpretaron las órdenes y atacaron el objetivo equivocado. En vez de acometer a los pretendidos simpatizantes del UFD —lo que hubiese sido igual de censurable— masacraron a once personas, en su mayoría mujeres y niños que estaban en una vigilia en Trust Feed Farm, devastando a una comunidad rural y apolítica.

"Y yo solo puedo preguntarle a aquellos que estuvieron involucrados directa o indirectamente... y que resultaron afectados por este caso... que consideren perdonarme... yo he perdido todo en la vida".

La comunidad de la Trust Feed Farm dijo que estaba preparada para perdonarlo, siempre y cuando se involucrara activamente en la reconstrucción de la comunidad que había ayudado a destruir. Brian Mitchell hizo algo valiente e inusual. Le pidió a la Comisión que le facilitara una visita al lugar. Podría haber salido muy mal. Fue una reunión difícil y tensa al comienzo, con todos un poco incómodos y con la comunidad, como es comprensible, hostil.

Con la voz entrecortada, se dirigió a las personas reunidas:

"Solo quiero expresar mi gratitud a la comunidad por permitirme venir aquí hoy y por la buena voluntad que... he vivido hasta este momento. Hubo quienes me advirtieron que no debía venir hoy. Pero, a pesar de esas advertencias, lo hice, porque sé que es lo correcto. Me hicieron comprender que todavía hay muchas personas que dejaron la zona en 1988 y que todavía no se les ha permitido volver a establecerse en esta área. Pienso que es importante que logremos que a esas personas se les facilite regresar a su tierra y cultivarla. Y que haya reconciliación entre los partidos políticos que estaban tan divididos aquí".

Después de un rato, la atmósfera comenzó a cambiar, a aligerarse. Aunque una o dos de las víctimas no estaban tan deseosas de perdonarlo, la mayoría estaba feliz de que hubiese asistido y para cuando se fue, las cosas habían mejorado tanto que lo despidieron cálidamente.

Brian Mitchell pagó un alto precio por su participación con la policía en el trabajo encubierto de fomentar los problemas entre agrupaciones políticas rivales. Su esposa se divorció de él y no ha visto a su hijo en mucho tiempo.

Puede admirárselo por querer transformar su remordimiento en algo práctico para la comunidad que había victimizado. Quizás este tipo de compensación debería haberse requerido como una condición para conceder la amnistía. Entonces, las críticas de que aquellos que habían recibido amnistía obtenían algo a cambio de nada, mientras que las víctimas languidecían en la pobreza, la miseria y el sufrimiento, habrían sido infundadas. Ese encuentro inicialmente incómodo, que progresivamente se tornó más afectuoso, se mostró en televisión y fue ampliamente difundido en Sudáfrica y eso solo podía ser algo bueno, en especial en un área que ha estado caracterizada por tanta violencia y disturbios como KwaZulu-Natal. Estoy seguro de que fue útil para alentar a otros a transitar el difícil pero gratificante camino de destruir a los enemigos transformándolos en amigos.

En las tempranas horas del 31 de agosto de 1988, una bomba sacudió *Khotso House* en Johannesburgo, la oficina central del Consejo Sudafricano de Iglesias, reduciéndola a escombros. Fue un milagro que nadie resultara herido gravemente. Los pensionados que vivían en un edificio de departamentos escaparon con heridas leves: la fuerza de la explosión destrozó los vidrios de las ventanas, arrojando escombros como si fueran proyectiles. Durante el día, la calle en la que se encuentra la *Khotso House* es un hervidero de actividad, una calle cerca de la estación central de trenes, llena de peatones apurados y vendedores ambulantes que ejercen allí su oficio. Cuando visité la escena, vi un tapiz que retrataba a Jesús cuidando una ciudad estaba en la entrada entre todo el polvo y los escombros, pero sin haber sufrido daños. Quizás como una señal de que, a la larga, la bondad y la verdad prevalecerían y la maldad y la injusticia fracasarían.

Yo tenía un vínculo cercano con ese edificio, porque fue durante mi ejercicio como secretario general del Consejo Sudafricano de Iglesias que lo conseguimos, a través de la generosidad de las iglesias alemanas. Viajé desde Ciudad del Cabo en el primer vuelo disponible, ahora como primado de la Iglesia de la provincia de África del Sur, para demostrar nuestra solidaridad con el Consejo, cuyos miembros habían sido traumatizados por ese horrendo episodio.

Mientras recorríamos el destruido edificio, bromeaba con el entonces secretario general, el doctor Frank Chikane, diciéndole que le había entregado un edificio en perfectas condiciones y preguntándole cómo lo había dejado convertirse en escombros. La mayoría de nosotros pensamos que era la última de las artimañas del Gobierno del apartheid, incluso si no podíamos brindar el tipo de evidencia que dejaría satisfecha a una corte de justicia. De modo que no fuimos engañados por el cuento chino de la maquinaria de propaganda del Gobierno. El mismo señor Adriaan Vlok, entonces ministro de Ley y Orden, anunció que el Congreso Nacional Africano —todavía era una organización proscrita, cuyos miembros eran de manera rutinaria representados como terroristas y sus actividades como inspiradas en el comunismo— era el responsable del ataque a la *Khotso House*. Incluso tuvo la audacia de nombrar a la persona que la policía consideraba autora intelectual de ese último atentado. Acusó a la señora Shirley Gunn, que estuvo detenida sin juicio durante seis meses junto a su pequeño hijo.

La mayoría de aquellos pertenecientes a la comunidad blanca —con el cerebro lavado por la propaganda que brotaba de los medios electrónicos controlados por el Gobierno— lo creyeron por completo. Sencillamente lo añadieron a la cuenta de hechos ruines que el terrorismo realizaba por medio de esos salvajes que querían derrocar un Gobierno cristiano y temeroso de Dios que les proveía a los blancos con uno de los más altos niveles de vida en el mundo y que mantenía a los nativos en su lugar. La mayoría de los blancos le creían al señor Vlok y estaban orgullosos de su policía, que arrestaba a esos terroristas tan velozmente. Podían dormir tranquilos en sus camas sabiendo que su seguridad estaba en manos muy competentes. Si yo hubiese sido blanco es casi seguro que me hubiese sentido de la misma manera. Era necesaria una enorme porción de gracia para rechazar un sistema que aseguraba semejante privilegio, tantos beneficios y ventajas; realmente hay que maravillarse ante aquellos sudafricanos blancos que sí se opusieron a un sistema que los beneficiaba tan significativamente.

Quizás el mundo y Sudáfrica nunca hubieran sabido lo que realmente pasó en *Khotso House* si no hubiese sido por la Comisión de la Verdad y la Reconciliación. No se podía esperar que la policía se delatara a sí misma, así que el mundo hubiese seguido creyendo que el ANC era el culpable, aunque algunos quizás se hayan preguntado cómo el mismo ANC podría haberle hecho eso a una organización que se oponía tan vehementemente al apartheid, a la que a menudo se describía como "el ANC en oración", una fachada para el terrorismo del Congreso Nacional Africano. Algunas veces, el Gobierno afirmaba que las oficinas centrales del Consejo Sudafricano de Iglesias se usaban como escala para el Congreso Nacional Africano y que en el edificio se guardaban armas. Otra vez, hubo muchos en la comunidad blanca que creyeron en ese flagrante absurdo. No formularon la pregunta obvia: si la policía tenía esta evidencia incriminatoria, ¿por qué no hicieron una redada en el edificio y expusieron al Consejo Sudafricano de Iglesias al mundo, quebrantando irrevocablemente su credibilidad como una organización que trabajaba con métodos pacíficos para el cambio? (Si eso hubiera sucedido, casi todas las iglesias del exterior y los gobiernos se hubiesen deshecho del Consejo Sudafricano de Iglesias por considerarlo una vergüenza y hubiese perdido los patrocinadores financieros más importantes). Los blancos creyeron todo. No querían hacer preguntas incómodas: ¿para qué romper la calma cuando las cosas eran sencillas para ellos en Sudáfrica?

Entonces la verdad salió a la luz, revelada por los mismos culpables en las solicitudes de amnistía. El ex ministro de Gabinete, el señor Vlok, que había anunciado tan categóricamente a los medios que la bomba había sido obra del Congreso Nacional Africano, reveló la verdad en su solicitud de amnistía. Ese acto de terrorismo, como lo había descripto minuciosamente cuando hizo su anuncio era, por cierto, la obra de su propio departamento. Sus propios oficiales de policía, cuyo trabajo era defender la ley y el orden y arrestar terroristas, habían llevado a cabo un grave hecho de terrorismo urbano, que demostraba muy claramente la bancarrota moral de ese sistema corrupto que tuvo que utilizar métodos tan malvados para sostenerse a sí mismo. Un ministro mentía abierta y públicamente.

Esa es la razón por la cual la policía había sido incapaz de resolver tantos de los misterios que abundaban en nuestra historia. ¿Quién había matado a Steve Biko? ¿Quién había atraído, mediante engaños, a los Tres de Pebco hacia su espantosa muerte? ¿Quién había puesto la bomba en las oficinas centrales del Congreso de Sindicatos Sudafricanos, y en las oficinas centrales de la Iglesia Católica Romana, la *Khanya House*. La policía no podía resolver esos misterios porque ellos mismos eran los culpables que buscaban embaucar al público con farsas. Los crímenes no eran los actos aberrantes, la obra de las "manzanas podridas", como los defensores del Gobierno del apartheid los llamaron. Esos crímenes eran una parte integral de los esfuerzos tenaces del sistema por sobrevivir, menoscabando la ley. El sistema no tenía integridad y era corrupto. Actuaba según su propia naturaleza.

El señor Vlok reveló que la *Khotso House* fue atacada bajo las instrucciones del entonces presidente, el señor P. W. Botha, después de una reunión del Consejo de Seguridad Nacional que él presidía. El señor Botha y otros afirmaban que ese incidente no constituía una violación de los derechos humanos y por lo tanto no era incumbencia de la Comisión. Los perpetradores tuvieron suerte de que nadie resultara muerto. Uno de los operarios, el coronel Eugene de Kock, le dijo a la Comisión que se les había ordenado disparar aun a compañeros policías, si estos interferían en alguna forma con el atentado. En todos los casos es totalmente reprobable e inaceptable que el Estado, a través de uno de sus órganos, subvierta la misma ley que tiene obligación de defender y proteger.

A favor del señor Vloc está el hecho de que, después de solicitar amnistía, se disculpó con la señora Gunn por haberla calumniado tan vergonzosamente. Aunque nada podía compensarle la pérdida de la libertad personal y la gran injusticia que había sufrido, es bueno saber que ella demandó con éxito al Gobierno por los daños de ese acto cruel.

El doctor Chikane sobrevivió a ataques de bombas, detenciones y torturas; fue uno de los acusados de traición en un juicio durante los años en los que se opuso al apartheid. Un día, durante un viaje a Namibia se sintió muy enfermo. Se recuperó y luego se dio cuenta de que eso sucedió tan pronto se cambió la ropa. Se olvidó de esa extraña ocurrencia hasta la siguiente vez, cuando casi muere durante una cena en los Estados Unidos. Eso demostró ser su salvación, porque estaba visitando a su esposa en la Universidad de Wisconsin, en la que un académico realizaba investigaciones sobre venenos. Lo que sucedió fue que el doctor Chikane había absorbido un veneno orgánico que rociaron sobre su ropa. La mayoría de las personas sospechó que este era un ejemplo más de los juegos mortales que el Gobierno usaba para permanecer en el poder, incluso matando a sus opositores. Podríamos haber seguido alimentando nuestro resentimiento y nuestras sospechas y hubiésemos tenido que luchar contra la frustración al no tener pruebas contundentes para respaldarlas, si no hubiese sido por el proceso de amnistía.

Ahora sabemos lo que sucedió, porque la Comisión llevó a cabo una audiencia pública en junio de 1998, acerca del Programa de Guerra Biológica y Química. Lo que se reveló en esas sesiones fue devastador. El nuevo Gobierno democrático no estaba contento con que la audiencia fuera pública, pues le preocupaba que se revelaran algunos proyectos secretos y eso conllevara al incumplimientos de los tratados de no proliferación que se habían firmado. Logramos un acuerdo satisfactorio: cuando el Gobierno solicitaba restricciones para la audiencia, yo dictaminaría que buscábamos cultivar una nueva cultura de transparencia, de obligación de rendir cuentas y de respeto por los derechos humanos, así que las audiencias serían públicas, pero también impondríamos garantías para evitar que se diera a conocer información que socavara la seguridad nacional o llevara al incumplimiento de los tratados de no proliferación.

Pronto se hizo evidente que —contrariamente a las aseveraciones previas hechas por el Gobierno del apartheid de que el programa del Programa de Guerra Biológica y Química solo había tenido objetivos de defensa— no había sido nada por el estilo. Tuvo características principalmente ofensivas. Lo que me destrozaba anímicamente es que todo había sido tan científico, tan calculado, tan clínico... Habíamos escuchado detalles atroces en la evidencia presentada anteriormente en la Comisión, sin embargo, esas atrocidades no habían sido elaboradas por hombres de guardapolvo blanco en laboratorios inmaculados, trastornando la ciencia para fines tan malvados como los que salieron a la luz en estas audiencias. El personal de la Comisión que estuvo involucrado en las investigaciones previas merece un cálido elogio como también aquellos académicos de la Universidad de Ciudad del Cabo que asistieron a nuestro equipo para descifrar complicadas fórmulas científicas.

La evidencia que surgió en nuestra audiencia mostró que los científicos, médicos, veterinarios, laboratorios, como también las universidades y las empresas apoyaban el apartheid con la ayuda de una amplia red internacional. Los experimentos científicos, de manera cínica y escalofriante, se llevaban a cabo con el objetivo de causar enfermedades y disminuir la salud de las comunidades. El cólera, el botulismo, el ántrax, el envenenamiento químico y la producción de enormes suministros de mandrax, éxtasis y otras drogas, presuntamente para controlar a la multitud, eran algunos de los proyectos de ese programa. Ahora nos asombramos de que haya tanto suministro de drogas entre la comunidad mestiza de Cape Flats en Ciudad del Cabo. ¿Es un desgraciado fenómeno social o tiene relación con parte del plan del Programa de Guerra Biológica y Química para menoscabar la moral de aquella comunidad?

Había un aire extraño en todo ello, algunos aspectos de la cuestión parecían una película de James Bond, con sombrillas especiales, destornilladores y otros artículos que se convertían en armas mortales para aplicar veneno.

El uso de la ciencia en esta forma me recordó los horrores de Dachau. Para mí, ese programa fue el aspecto más diabólico del apartheid. Estaba dispuesto a aceptar que los perpetradores harían casi todo por sobrevivir, pero nunca esperé que cayeran a ese nivel. El programa estaba liderado por un cardiólogo, el doctor Wouter Basson, al que los medios de comunicación apodaban "Doctor Muerte". Era muy indiferente y jugaba al juego del gato y el ratón cuando tenía que presentarse ante la Comisión: afirmaba que, como ya había un caso pendiente contra él, no iba a testificar ante nosotros por temor a incriminarse. Con frecuencia se comportaba de forma provocativa en la audiencia al vestir lo que hemos llamado la *"Madiba shirt"*, las camisas de colores brillantes que tanto ama nuestro presidente, Nelson Mandela.

El programa tuvo un costo exorbitante. Las investigaciones eran, por lo general, rudimentarias y los operativos alcanzaron niveles de incompetencia e ineptitud que eran asombrosos, afortunadamente para algunos de los objetivos de las conspiraciones del programa. Salió a la luz la verdad sobre los misteriosos ataques que casi matan al doctor Chikane. Su maleta había sido saboteada en uno de sus viajes y su ropa interior estaba impregnada con veneno, pero no en cantidad suficiente. De modo que debía su vida a la incompetencia de aquellos que habían llevado los venenos del Programa de Guerra Biológica y Química. Supuestamente, el programa tenía proyectos cuyo objetivo era encontrar una bacteria que atacara solo a los negros para reducir su índice de fertilidad.

Uno de los que brindó evidencia fue un científico, el doctor Schalk van Rensburg, quien le dijo a la audiencia:

> "También había planes para contaminar la medicación que usaba el presidente Mandela en la prisión de Pollsmoor con talio, un metal pesado venenoso imposible de detectar. En una conversación con [otro investigador] André Immelman poco después de la liberación de Nelson Mandela... estaba muy confiado de que la función cerebral de Nelson Mandela se deterioraría progresivamente durante algún tiempo".

Gracias a Dios fueron muy incompetentes. Nuestro país le debe gran parte de su supervivencia al señor Mandela por ser un defensor tan apasionado del perdón y la reconciliación.

▲ ▲ ▲

Recibí una invitación para predicar en una lujosa Iglesia Holandesa Reformada de blancos en Lynnwood, Pretoria, el fin de semana posterior a la audiencia del Programa de Guerra Biológica y Química. Esta era la iglesia parroquial de algunos de los miembros del antiguo Gobierno. Era una congregación importante y prestigiosa, y mi segunda incursión en esa guarida del león.

Hasta hace muy poco, la Iglesia Reformada Holandesa para blancos fue inalterable en su apoyo al apartheid. Proveyó el fundamento teológico para el apartheid e incluso precedió a los políticos al proponer cierta legislación para llevar a cabo la separación de las razas aprobada por Dios. Las historias de la Torre de Babel y la dispersión subsiguiente de las razas que no eran capaces de comunicarse porque no entendían unos el idioma de los otros y la maldición de Cam que también se usó para poner a los nativos correctamente en su lugar. Es una rara explicación utilizar el castigo para el pecado humano, en el caso de la historia de la Torre de Babel, revelar la voluntad divina, ignorando el hecho de que la historia del primer pentecostés cristiano, del que hay registro en el capítulo dos de los Hechos de los Apóstoles, fue visto en la Iglesia como una dramática revocación de todo lo que había sucedido en la Torre de Babel.

La mayoría de las iglesias condenaron el apartheid por apostasía, mientras que la Iglesia Holandesa Reformada acosaba y declaraba herejes a aquellos de sus miembros que criticaban su posición, entre los cuales se encontraban personas sobresalientes como el doctor Beyers Naudé, que me sucedió como secretario general del Consejo Sudafricano de Iglesias.

Pero después, esta iglesia que había defendido al apartheid teológicamente durante tanto tiempo abandonó su postura e invitó a aquellos que había perseguido anteriormente, aquellos que habían testificado proféticamente a su Sí11odo General, y se disculpó enormemente y en público por todo lo que los había hecho sufrir. Fue algo maravilloso ver a los incondicionales de Dios, como por ejemplo a Beyers Naudé, ser públicamente reivindicado y rehabilitado. En tales momentos se siente que hay mucha bondad en el mundo y que Dios es verdaderamente un

Dios bueno. Muy pocas iglesias han sido tan francas en reconocer que habían equivocado el camino. Mi propia iglesia, la Iglesia Anglicana, siempre se opuso al apartheid en su formulación y en muchas de las resoluciones de las conferencias y sínodos, y sin embargo vivía una forma de existencia del apartheid. Por supuesto que Sudáfrica estaba racialmente segregada, así que hubiese sido difícil tener una feligresía no racial, pero mi Iglesia fue dolorosamente lenta en reconocer que estaba viviendo una mentira reñida con sus pronunciamientos. Muchos de los feligreses blancos se oponían a recibir la Sagrada Comunión junto a sus trabajadores domésticos, aunque el apartheid no lo prohibía. El primer obispo anglicano negro fue nombrado recién en 1960, más de un siglo después de la fundación de la Iglesia. No había ningún decreto gubernamental que obligara a la institución a pagar estipendios diferentes a los clérigos según su raza; sin embargo, los clérigos blancos recibían un sueldo superior a sus colegas negros. Así que los anglicanos no pueden presumir ni vanagloriarse frente a la Iglesia Reformada Holandesa.

Me sentía tenso y aprehensivo mientras me preparaba para ir a Pretoria, porque muchos en la comunidad blanca, en especial los afrikáneres, me habían considerado un ogro, apenas cristiano, y se preguntaban si ahora no presidía una caza de brujas contra los afrikáneres. Sin embargo, recibí una cálida bienvenida en una iglesia que estaba bastante llena. La música era maravillosa. Un grupo de niños caminó en procesión con velas simbólicas. Mi texto fue Romanos 5:8, mi favorito: "Cuando todavía éramos pecadores, Cristo murió por nosotros". Prediqué mi único sermón: que Dios nos ama gratuitamente como un acto de gracia, que no tenemos que impresionar a Dios para que Él nos ame en recompensa.

Luego dije que los afrikáneres imaginaban que solo había dos opciones en la vida política, social y comunitaria de Sudáfrica: o ser el mandamás, dominante; o ser el desvalido, el servil, el felpudo de otros. Les expresé que había una emocionante tercera opción: la de abrazar el nuevo orden con entusiasmo y usar los enormes recursos de dinero, capacidad y experiencia para ayudar a que la nueva sociedad fuera exitosa, para el bien de todos.

Les dije que me había sentido destrozado por las revelaciones de la audiencia del Programa de Guerra Biológica y Química y había orado para que se levantaran líderes entre la comunidad blanca, en especial entre la comunidad afrikáner, la que nos ayudaría a hacer las paces y quienes seguramente se disculparían sin tratar de sobrepasarse con las justificaciones, pues ese exceso le restaría valor a la disculpa. Fue un momento electrizante. Parecía que algunas personas en la congregación lloraban y uno de los pastores, Ockie Raubenheimer, se puso de pie a mi lado en el púlpito. Mientras hablaba, tenía los ojos llenos de lágrimas y sollozaba. Dijo que había sido un capellán castrense durante treinta años y que no había sabido que semejantes cosas se planeaban o se hacían. Con la voz quebrada me pidió perdón y cuando nos abrazamos la congregación nos ofreció un nutrido aplauso.

Dios ha hecho algunas cosas extrañas en la historia de nuestra tierra. Ese fue uno de los más inusuales. Que haya sucedido en un suburbio de Pretoria en la Iglesia Holandesa Reformada lo hizo particularmente conmovedor. Era similar a que un blanco, bautista y del sur de Estados Unidos se disculpara por las leyes de segregación de Jim Crow en su iglesia cuando un negro predicaba; o que el ex primer ministro israelí, el señor Netanyahu, fuera a Cisjordania y pidiera perdón por los asentamientos judíos entre los palestinos. Realmente había esperanza para nuestra madre patria. Solo los más cínicos podrían permanecer insensibles. Este fue un ejemplo más de la extraordinaria reconciliación que Dios estaba logrando a través del trabajo de la Comisión.

Previamente, en la vida de la Comisión, tuvimos una audiencia en Paarl, no muy lejos de Ciudad del Cabo. Uno de los momentos más significativos y conmovedores de la audiencia fue la presentación que realizó el Presbiterio de Stellenbosch de la Iglesia Reformada Holandesa, lugar en el que aquella iglesia tenía uno de sus seminarios teológicos más importantes. La confesión de no haber sido completamente fieles a las demandas e imperativos del evangelio de Jesucristo fue una de las más directas e inequívocas que tuvimos de aquella zona. El Presbiterio no se anduvo con rodeos para condenar su connivencia con un orden sociopolítico injusto y por no identificarse con el pobre, el pisoteado y el oprimido. Fue como un soplo de aire fresco allí donde hubo una gran autojustificada hipocresía.

Hubo una exhibición especial en la audiencia en la que se mostraban momentos clave en la historia del racismo y la resistencia al apartheid. Dedicaba una sección al servicio militar, y se exhibía el uniforme y el equipo que había usado el soldado Wallace MacGregor, que había servido en la frontera de Namibia y Angola durante la lucha por la independencia de Namibia. MacGregor provenía de una familia que hablaba afrikáans. Su madre, Anne-Marie, no aceptaba el hecho de que su hijo había muerto. Ella nos dijo en una declaración escrita:

"Se me dijo que mi hijo fue muerto a unos pocos kilómetros de Oshakati [en el norte de Namibia]. Lo trajeron a casa envuelto en una bolsa plástica, gruesa y sellada. La instrucción era que no se debía abrir la bolsa plástica. Lo único que sé sobre el estado de mi hijo es que sus extremidades estaban intactas. Eso lo supe por su tío, que sacó esa conclusión al pasar su mano sobre la bolsa plástica...

"Acepto eso como una ley militar. No se te permite dar la última mirada a tu propio hijo, incluso si yace allí, sin vida. El día del funeral de Wallace no se abrió su ataúd. Ya pasaron diez años desde que vi por última vez a mi hijo y nueve desde que lo enterramos. Pero en estos nueve años he luchado por completar el proceso de duelo por Wallace.

"Una parte de mí se pregunta si realmente era Wallace el que estaba en aquella bolsa plástica. ¿Cómo puedo dejarlo descansar dentro de mi corazón si no lo vi partir? Cuando perdí a mi madre, a la que amaba muchísimo, la vi, la toqué y por lo tanto pude separarme de ella, soltarla y seguir adelante. Pero con Wallace... hay muchas preguntas que todavía no tienen respuesta.

"En la lucha con mi dolor, me gustaría saber exactamente dónde murió. Cómo sucedió. Quién estaba con él cuando pasó. ¿Alguien lo ayudó para evitar que sucediera? ¿Quién era el médico que lo asistió?

"Nunca tuve la oportunidad de formular esas preguntas. Nadie jamás me explicó nada sobre la muerte de mi hijo... "Algunas veces veo a Wallace en las calles. Recuerdo dos ocasiones distintas cuando pensé que lo había visto. Y al final era una persona que se parecía a él. Mi pena se hace cada vez más intensa cuando llega el aniversario de su muerte. Hubiese cumplido treinta años en enero. Guardo un álbum con todas sus fotografías, como una forma de lidiar con mis sentimientos de pérdida. Pero es muy duro cuando hay tantas cosas de las que no tengo seguridad".

La Comisión pudo arreglar una reunión entre la familia de Mac-Gregor y alguien que había estado en la acción con su hijo. Esa persona describió cómo habían matado a su colega y la señora AnneMarie MacGregor repetía continuamente: "*Hy is rêrig dood*" ("Realmente está muerto"). Una vez que el hecho fue comprobado sin dejar dudas, parecía que ella podía poner fin a sus traumas. Podía entonces darle un cierre. Ya no sufriría más la tortura de tener la vana esperanza de que el ejército hubiese cometido un error y que su hijo todavía estuviera vivo.

Nunca olvidaré fácilmente el llanto angustiado de una madre que vino a testificar a una de nuestras audiencias. Nos contó cómo desapareció su hijo.

Ella creyó que quizás él había muerto. No estaba segura, pero había llegado a esa conclusión pensando que era difícil que todavía estuviera con vida, porque no había escuchado nada acerca de él, ni un rumor de que estuviera en el exilio, para romper el silencio sobrecogedor que pesaba sobre él y que la había angustiado tanto. Y en su desgarrador grito del corazón nos pidió: "¿Pueden encontrar aunque sea un hueso para poder darle un entierro decoroso?".

Parte de lo más terrible de la lucha contra el apartheid fue la habilidad con la que los operadores del sistema, bajo un manto de oscuridad, apropiada para sus inicuos planes, podían secuestrar a aquellos sospechados de ser "terroristas", a quienes estaban en el equipo clandestino del movimiento de liberación dentro del país, o a líderes del todavía legal movimiento popular antiapartheid. Después, llevarían a sus rehenes a remotas comisarías o a granjas donde los torturaban y casi siempre terminaban matándolos. Con mucha frecuencia cruzaron los límites de Sudáfrica para adentrarse en países extranjeros, violando sin reparo la soberanía e integridad territorial de aquellas tierras para hacer con esas personas lo que se les ocurriera. Muchos desaparecieron de esa manera, y esa es la razón por la cual una madre pudo hacer esa súplica desgarradora. Sin la Comisión de la Verdad y la Reconciliación, un lamento semejante hubiese sido llevado por el viento como un lastimero suspiro.

Debe haber más de doscientas personas desaparecidas. Provistos con la información recogida en las solicitudes de amnistía, nuestros investigadores se dispusieron a inspeccionar varias granjas en diferentes partes del país. La policía y otros miembros de la fuerza de seguridad parecían haber tenido mucho éxito en conseguir la cooperación de varios granjeros y empresarios de pompas fúnebres que ayudaron a mantener sus oscuros secretos, enterrando a algunas personas en tumbas desconocidas y dándoles entierros de indigentes.

(El apartheid hubiese fracasado bastante tiempo antes si muchos ciudadanos blancos comunes y corrientes no hubiesen estado aparentemente dispuestos a colaborar con el Estado. Probablemente creyeron, de manera genuina, que esa era su contribución en la batalla para resistir los ataques del comunismo.

De otra manera es difícil entender por qué parecía normal que ciudadanos respetuosos de la ley fueran proclives a colaborar con tan horrendas actividades, no una vez sino en varias ocasiones. No es de extrañar que algunos participantes de movimientos de liberación pensaran que los granjeros —especialmente en las granjas adyacentes a las fronteras de países vecinos— eran blanco legítimo para la acción, y que no eran civiles en el sentido estricto, sino una parte integral de la máquina militar. La Comisión rechazó ese punto de vista, pero se puede comprender la razón por la que seriamente debería investigarse).

Algunas granjas se convirtieron en granjas de la muerte, en las que varias personas fueron enterradas de forma misteriosa. En un caso, los investigadores de la Comisión de la Verdad y la Reconciliación abrieron tres tumbas esperando encontrar un cuerpo en cada una. Encontraron cuatro cuerpos en cada una de ellas, doce en total. Esas exhumaciones fueron ocasiones muy movilizadoras, muy angustiantes. Las realizaron personas expertas en descubrir dónde se había removido el terreno, por lo general, con la ayuda de perros rastreadores de la policía. Hubo patólogos y otros expertos forenses que ayudaron a reconstruir los esqueletos.

Los familiares de las víctimas, quienes a menudo asistieron a las exhumaciones, deben haber deseado que las tumbas estuvieran vacías para poder seguir con la esperanza de que sus seres queridos estuvieran vivos en algún lugar, que podrían oír otra vez la recordada cadencia de la voz y la forma especial en la que esa persona se reía o se frotaba las manos mientras hablaba. Tenemos muchos modos para darnos esperanzas que dentro de nosotros sabemos que son falsas. Pero si no lo hiciéramos, tal vez la vida nos resultaría intolerable. Las familias se deben haber preguntado cómo tener la seguridad de que se iban a exhumar los restos de sus seres amados.

Afortunadamente en la mayoría de los casos, la policía guardaba registros de esas atrocidades. El sistema del apartheid es notorio por haber destruido muchos documentos comprometedores, pero no pudieron destruir todo, y por ello algunas veces podíamos estar casi seguros sobre las identificaciones. A menudo, las víctimas eran enterradas con sus documentos de identidad.

Si hablamos de registros, recuerdo cómo, hacia el final de la vida de la Comisión, nuestra unidad de investigación registró varias estaciones de policía para recuperar los documentos que todavía existieran y descubrió un archivo con algunas fotografías espantosas. Daba la impresión de que en una estación de policía cerca de la frontera con un país vecino la Policía de Seguridad podía torturar y luego matar a su presa. La serie de fotografías parecían indicar que en ese caso habían usado un soplete con las víctimas, del tipo que usan los carroceros o los soldadores y que mostraron horrendas escenas de miembros quemados.

Si esto es lo que pasó, ¡qué forma atroz de morir! ¿Cómo resistieron los torturadores la fetidez y los gritos de insoportable agonía?

Probablemente usaron las fotos para intimidar a posteriores víctimas. Mirando esas fotos, casi rompo a llorar. Aquellos que hicieron esto debían ser personar rudas.

Nuestros equipos abrieron varias tumbas. Esto es lo que Richard Lyster, el comisario que lideró nuestra oficina KwaZulu-Natal dijo:

"El momento más perdurable... la imagen que estará conmigo por el resto de mi vida... es la primera exhumación que se hizo en KwaZulu-Natal. Se trataba de una joven mujer [Phila Ndwandwe] que era miembro del Umkhonto weSizwe, la rama del ANC, en Swaziland. Un hombre llamado Andy Taylor, un notorio policía de la Seguridad la secuestró. Fue llevada a la granja que habían alquilado en un área remota de Natal Midlands. La mantuvieron desnuda en un pequeño cuarto de cemento. Esto lo sabemos porque las personas que la mataron solicitaron la amnistía. El propósito de mantenerla allí y de torturarla, porque dijeron que la torturaron, era para persuadirla de que se convirtiera en informante.

"Y luego, cuando no le encontraron un uso y ya no les servía, hicieron que se arrodillara y le dispararon en la parte de atrás de la cabeza. Cavaron una tumba bastante profunda, pero corta, por lo que tuvieron que doblar las piernas para poder colocarla allí, de espaldas. Cuando destapamos su cuerpo tenía una bolsa plástica azul en su cintura. Les preguntamos a las personas qué era eso. Dijeron que ella se había puesto esa bolsa plástica para tratar de mantener algo de dignidad femenina mientras era interrogada y torturada. Para mí sólo expresaba muchas cosas sobre aquellos que la habían matado y muchas cosas sobre personas como ella, personas que murieron. Dijeron cosas como que ella era muy valiente".

En una conmovedora instancia podría no haber existido ninguna duda sobre la identidad de la persona enterrada allí. Cuando la sepultura se abrió un hombre dijo: "Ese es mi hermano. Conozco esos zapatos. Yo se los compré".

En los más o menos cincuenta casos en los que la Comisión de la Verdad y la Reconciliación condujo las exhumaciones, los familiares pudieron darle un funeral apropiado a los restos de sus seres amados. En el caso de los cuadros de dirigentes del Congreso Nacional Africano, se les dieron los honores militares adecuados, generalmente con la presencia de un ministro o viceministro de Gabinete. Todos los familiares que pudieron hacer esos funerales agradecieron a la Comisión por encontrar los huesos, lo que les permitió darles, finalmente, sepultura. Ahora sabían lo que les pasó a sus seres queridos y experimentaron sanidad, dieron un cierre a sus historias. Eso no hubiese sucedido sin la información provista a través del proceso de amnistía de la Comisión de la Verdad y la Reconciliación.

CAPÍTULO 9

*¿Por qué cuernos
estoy haciendo este
trabajo ingrato?*

Hubo muchos momentos en los que pensé en hacerme examinar por haber aceptado el trabajo de presidir esa particular comisión. Esto siempre me sucedía cuando sentía que las relaciones en la Comisión dejaban mucho que desear.

Ya he señalado que era algo bueno para nosotros que fuéramos tan representativos de la sociedad sudafricana como fuera posible en cuanto a género, raza, afiliación política o ausencia de ella, edad, nivel social, adhesión religiosa o no adhesión, y también en cuanto a las profesiones o aficiones que tuviéramos. Pero ese atributo admirable de la Comisión también implicó que nos llevara un tiempo transformarnos en un grupo preparado para trabajar por consenso, confiando los unos en los otros.

Durante bastante tiempo, cada uno de nosotros trató de impresionar a los demás mostrándose como alguien a quien no se debía tomar a la ligera. Pasamos mucho tiempo labrando nuestra pequeña zona de influencia y asegurándonos de no ser subestimados, de que por derecho propio teníamos que ser tomados con seriedad. Todo eso es bueno cuando tienes mucho tiempo para involucrarte en ejercicios que alienten el espíritu de grupo. Pero haber tenido que arrancar a toda marcha para crear la enorme estructura necesaria en una operación de tal magnitud, y con tantos puntos a tratar, añadía frustración y angustia, y nos contrariaba. Sin embargo, la mayoría de mis colegas trabajaron muy duramente.

Una de ellos estaba tan comprometida con los objetivos de la Comisión que ofreció voluntariamente mucho de su tiempo y energía para lidiar con algunos de los trabajos atrasados que quedaron después de entregar el informe al presidente Nelson Mandela y de que su designación formal terminara.

Debido a que trabajábamos bajo inmensa presión, muy a menudo teníamos los nervios de punta. Es de resaltar que no nos hayamos dado por vencidos con más frecuencia y que pudimos finalizar nuestra tarea como un equipo mucho más coherente que cuando la comenzamos. Realmente éramos como un grupo de *prima donnas*, muchas veces hipersensibles y sintiéndonos agraviados fácilmente ante ofensas imaginarias o reales.

Tal vez no nos habíamos dado cuenta de cuán atados y traumatizados estábamos todos nosotros, los sudafricanos, como resultado de los embates del apartheid que de distintas formas sufrimos.

Este cruel sistema tuvo más víctimas de lo que cualquiera podría haber imaginado posible. Tal vez sería más preciso decir que la comprensión nos golpeó como una masa en el plexo solar. De una forma u otra, como defensor, como perpetrador, como víctima, o como alguien que se oponía al sistema, algo le pasó a nuestra humanidad, a nuestra condición y valor como persona.

Todos los sudafricanos éramos menos completos de lo que hubiésemos sido sin el apartheid. Aquellos que tuvieron privilegios salieron perdiendo porque se volvieron más indiferentes, menos compasivos, menos humanitarios, y por lo tanto, menos humanos, porque este universo ha sido construido de tal manera que, a menos que vivamos de acuerdo a sus leyes morales, paguemos el precio. Por tal ley estamos unidos, por lo que La Biblia llama "el haz de los que viven con el Señor". Nuestra humanidad está envuelta en la de los demás. Somos humanos porque nos pertenecemos. Estamos hechos para vivir en comunidad, para estar unidos, para estar en familia, para existir en una delicada telaraña de interdependencia. En verdad "no es bueno que el hombre esté solo"[31], porque nadie puede ser un humano en soledad. Somos hermanos y hermanas los unos de los otros, nos guste o no, y cada uno de nosotros es un individuo precioso. No depende de cosas como la etnia, el género, la política, el estatus social, económico o educativo, que son todos extrínsecos. Cada persona no sólo debe ser respetada sino reverenciada como alguien creado a la imagen de Dios. Tratar a una persona como si fuera menos de lo que es no solamente es malvado, no es sólo doloroso, como suele ser generalmente para aquel que recibe ese trato o cualquier tipo de discriminación o injusticia, no: es verdaderamente blasfemo, porque es como escupir en la cara de Dios. E inevitable e inexorablemente, aquellos que se comportan de esa manera no pueden escaparse de las consecuencias de sus transgresiones de las leyes del universo.

Aquellos que se oponían al sistema podían acabar —como lo describió de forma conmovedora el obispo Peter Storey en la audiencia de Winnie Madikizela-Mandela— convirtiéndose en aquello que más aborrecen. Trágicamente, los que se opusieron al apartheid, a menudo se insensibilizaron y descendieron a los mismos niveles que aquellos con los que se enfrentaban. Con frecuencia, las víctimas terminaron por incorporar la definición que los dominantes tenían sobre ellas. Se comenzaron a preguntar si no serían como sus patrones y señoras los definían. Por lo tanto, con frecuencia aceptaban que valía la pena ambicionar los valores de la clase dominante.

Y entonces, los espantosos demonios del odio y del desprecio de sí mismo, una enorme y negativa imagen propia tomaba lugar en el centro del ser de la víctima, muy corrosiva del amor propio y de la confianza en sí mismo, y se llevaba la esencia de la víctima. Esa es la perniciosa fuente de la lucha mutuamente destructiva que se puede encontrar, por ejemplo, en la comunidad afroamericana. La sociedad

---

31   Génesis 2:18

conspiró para que los afroamericanos se llenaran de odio por sí mismos, lo que luego proyectaron hacia afuera. Cuado alguien se odia y se destruye, destruye también a aquellos que ha sido condicionado a odiar.

Una de las más impiadosas consecuencias de la injusticia, en especial la injusticia racial, es que puede hacer dudar a un hijo de Dios si lo es o no. Sudáfrica se convirtió en el escenario de un conflicto entre combatientes gravemente heridos y traumatizados. Quizás aquellos que afirmaban no estar tan heridos ni traumatizados eran los más dignos de compasión.

El objetivo de la Comisión fue tratar de ayudar a sanar a las personas heridas. No éramos una clase superior que pontificaba la suerte de las pobres y desventuradas víctimas. Nosotros también estábamos heridos y traumatizados. Cada uno de nosotros vino con sus propias cargas. Estábamos condicionados por aquello que había definido a Sudáfrica ante mundo, volviéndola una casa dividida contra sí misma y una paria para el resto del planeta. Misericordiosamente, el mundo no nos dejó librados a nuestros propios recursos, sino que estaba fascinado por nosotros: oraban por nosotros, nos amaban, se exasperaban, nos boicoteaban, nos aplicaban sanciones y continuaron apoyándonos hasta el milagro del 27 de abril de 1994, que asombró a todas las naciones. Yo no era muy inteligente. Si lo hubiese sido, habría advertido que comenzábamos con el pie izquierdo porque, tontamente, los miembros del equipo que nombramos o recomendamos eran todos blancos.

Todos estábamos ansiosos por empezar tan pronto como fuera posible, y yo sugerí que se nombrara como mi asistente en la Comisión a quien fuera mi secretaria mientras fui obispo, ya que conocía mis debilidades y, lo que era más importante, podía entender mi letra manuscrita. Además, mi secretario de medios durante mi arzobispado fue nombrado director de prensa de la Comisión, ya que necesitábamos tener vínculos con los medios tan pronto como fuera posible. El doctor Boraine señaló lo mismo cuando propuso a su secretario como su asistente personal. Esos nombramientos fueron aprobados casi sin discusión. Cuando el doctor Boraine y yo sugerimos que un joven abogado blanco, que había comenzado a distinguirse en el campo de los derechos humanos, fuera nombrado como secretario ejecutivo de la Comisión causó alarma. Hablando en código durante la discusión, los comisionados dejaron en claro que existía una gran incomodidad sobre quién iba realmente a encabezar la Comisión. ¿Iba a hacerlo yo o en realidad solo era un nombramiento simbólico, una pantalla negra para el doctor Boraine, que era un sobresaliente partidario incondicional con un récord de lucha impecable, pero que sería sospechado de ser esa especie odiada en la política antiapartheid en Sudáfrica: el blanco liberal con todo tipo de intereses ocultos que querría manipular a la Comisión para propia ventaja?

Cómo iba a resultar todo esto nadie lo sabía a ciencia cierta. Pero las aguas estuvieron turbias y llevó casi dos años para que las personas comenzaran a pensar que nosotros realmente estábamos del mismo lado y teníamos el mismo tipo de preocupaciones. A lo largo del camino, tuvimos otros contratiempos. A poco tiempo de definir nuestro equipo, enfrentamos un problema serio. Uno de los primeros nombramientos en la oficina regional del Cabo Occidental fue el del entonces esposo de una comisionada. En sí mismo eso no hubiese sido grave. El conflicto era que la comisionada estaba en el panel que entrevistó a los candidatos y ella debió, con la sabiduría perfecta de la retrospectiva, haberse recusado del panel o declarado su interés cuando el grupo entrevistó a su esposo. La mayoría de sus colegas en la misma oficina regional no tenían dudas de su integridad ni estaban particularmente preocupados de que ella fuera una de las entrevistadoras, pues no temían que su buen juicio se viera afectado por el nepotismo. No pasó lo mismo con otros colegas. Justo en medio de nuestra primera audiencia en East London, cuando teníamos tantas cosas de las que preocuparnos, se reveló esta bomba. Realmente no ayudó que la pareja fuera blanca. Sin embargo, era llamativo que los colegas ignoraran el hecho de que había otros en el panel que sin ninguna duda hubiesen rechazado a un candidato que no estuviera adecuadamente calificado. Por lo tanto, nuestra atención quedó dividida en un tiempo crucial en el que necesitábamos dar la mejor impresión, ya que era nuestra oportunidad para que la Comisión se mostrara tan atractiva y efectiva como fuera posible. El impacto que lográramos, sin importar de qué clase, en esa audiencia y las impresiones que dejara en los medios de comunicación y en el público tendrían una importante repercusión sobre la disposición de las víctimas a testificar. Por eso, era un momento muy inoportuno para que nos distrajéramos por una preocupación de ese tipo. Además, yo estaba inquieto porque era el tipo de cosas que ciertos sectores de la prensa encuentran difíciles de resistir, en especial esa sección del electorado que hacía tanto tiempo había desestimado a la Comisión como una caza de brujas contra los afrikáneres y como una vara que el Congreso Nacional Africano usaría para aplastar a sus oponentes políticos. Había algunos dentro de la Comisión totalmente inexpertos en cuanto al manejo de los medios de comunicación, pues disfrutaban el sentimiento nuevo de poder e importancia al verse a sí mismos por impreso y en la televisión, y también les resultaba difícil mantener la confidencialidad que ordenaba la ley.

Para nuestra desazón, descubrimos que la Comisión filtraba por todos lados. La información que se suponía iba a mantenerse de forma confidencial, al menos hasta que se convocara a una audiencia, seguía encontrando su camino al dominio público, lo que le agregaba un elemento más a la sensación de desconfianza. Tuve que agudizar mis habilidades para hacer malabarismo: tomar la responsabilidad pastoral de todos los miembros del equipo, tratar de que todos se sintieran apreciados, especiales, que aportaban cualidades indispensables al proceso, y proveer información a la prensa, quienes socavarían todo el proceso si se nos volvían hostiles.

Afortunadamente, tenía un buen director de medios que contaba con el respeto de los profesionales de un gremio en el que él mismo había sido entrenado. En términos generales, tenía una muy buena relación con los periodistas que cubrían las noticias de la Comisión. Hace mucho tiempo que había decidido ser tan accesible como fuera posible en mi vida pública, en especial en los oscuros días del conflicto cuando no teníamos tantos recursos y necesitábamos que los medios contaran nuestra historia para combatir la propaganda sofisticada y bien financiada del Estado del apartheid. También había decidido que siempre era mejor ser franco, como dicen, transparente, de modo que las veces que tuve que decir "sin comentarios" o "por favor, esperen un poco", los periodistas confiaron en mí, sabían no que estaba tratando de engañarlos.

También aprendimos que siempre es mejor dar la propia versión de los hechos primero, porque eso generalmente determina la naturaleza del discurso después. Nada debilita más que ser atrapado en una situación desfavorable, tratando de explicar y de justificar. Si uno tiene que estar a la defensiva, pierde. De modo que trataba de evitar tener demasiada información confidencial. A todos nos gusta el poder. Pocas cosas son tan emocionantes como tener un secreto, y ¿cuál era el sentido de tener un secreto si los demás no sabían que poseías algo tan valioso? Tratamos de evitar esa tentación de demostrar poder brindando información a los medios tan frecuentemente como fuera posible. Aun así, de vez en cuando pasamos por situaciones incómodas al filtrarse algo.

En aquella primera audiencia, nos preocupaba tener que sortear preguntas sobre los nombramientos del cónyuge de la comisionada, cuando en realidad tendríamos que haber estado concentrados en el absorbente y estresante asunto de nuestra primera audiencia. A Dios gracias, o la información nunca se filtró o la prensa decidió que era insignificante ante el terrible drama que se narraba con el desgarrador testimonio que se daba ante la Comisión. Si parecíamos tranquilos y con un control razonable de la situación, debemos haber sido maestros de la ilusión y actores consumados, pues aquel exterior sereno no reflejaba la tensión bajo la superficie.

Quizás debería estar más profundamente agradecido por esos momentos en la mañana temprano en los que trato de estar tranquilo, de estar en la presencia de Aquel que es manso, compasivo y sereno para compartir o para recibir parte de aquella paz divina. También fue un hecho misericordioso haber tenido el feliz privilegio de la eucaristía diaria: habitualmente en mi oficina, con mi asistente personal, el director de medios y el policía asignado para controlar mi seguridad, y los viernes, si estábamos en Ciudad del Cabo, en la Catedral de San Jorge, o en una habitación de hotel cuando estábamos en audiencias en distintas partes del país. Sin todo esto sé que hubiese colapsado y que los poderes del mal, que siempre están al acecho para sabotear los esfuerzos de alcanzar el éxito, hubiesen debilitado el extraordinario intento de sanar a las personas heridas. Nos hubiésemos sentido abrumados por las fuerzas que propician la desintegración y el fracaso. Afortunadamente, nos mantuvimos en contacto con la fuente del bien, no solo por nuestros propios esfuerzos, sino aun más por la afectuosa preocupación de muchos.

Como lo relata el Antiguo Testamento, el profeta Eliseo y su siervo estaban rodeados por una gran cantidad de enemigos. Pero el profeta permaneció extrañamente tranquilo y, de alguna manera, despreocupado, mientras su siervo cada vez se inquietaba más. El profeta le pidió a Dios que abriera los ojos del siervo y entonces este vio que aquellos que estaban de su lado eran muchos más que aquellos que estaban en su contra. Nosotros, los sudafricanos, hemos experimentado esto en nuestras vidas: que las fuerzas del bien resultan ser muchas veces más que las fuerzas del mal. Lo hemos vivenciado en algunas ocasiones en la Comisión, y la controversia sobre la designación del cónyuge de la comisionado fue una de tales ocasiones, cuando una situación potencialmente explosiva se resolvió amigablemente. Pero fue un episodio en nuestra experiencia que hubiese preferido no vivir. Quizás eso sea ingenuidad, dado lo que he dicho sobre nuestra composición y dado también el efecto perverso que el apartheid tuvo sobre nosotros. De no haber sido este problema en particular, habría sido alguna otra cosa, casi como una etapa necesaria para hacer las paces con nuestros diferentes pasados y el de nuestro país. Quizás era utópico y demasiado idealista esperar surcar tranquilamente la naturaleza turbulenta del mar que navegábamos.

En otra ocasión, recibí informes, ampliamente publicados por los medios, de que algunos en el equipo de una comisión no habían sido imparciales en el tratamiento de un testigo en una de las audiencias de la masacre de Bisho. Le dije a los medios que estábamos muy al tanto del requerimiento legal de imparcialidad, para que todos los que vinieran de cualquier lado del conflicto de nuestra tierra sintieran que habían tenido una audiencia justa y no habían sido discriminados. Dije que no podíamos darnos el lujo de poner en peligro el éxito de nuestra empresa siendo percibidos como predispuestos a favor de uno u otro lado.

Los miembros de ese equipo en particular sintieron que les había dado una reprimenda pública. Llevaron el asunto a una reunión formal de la Comisión poco después, en la que expresaron que no sentían haber hecho nada de lo cual disculparse. Sintieron también que sus preguntas y actitudes hacia aquellos que apoyaban el apartheid habían sido justas y apropiadas, aunque indicaron que estaban conscientes de que esas personas habían ayudado a hacer sufrir a aquellos que habían sido víctimas del apartheid.

Intenté enfatizar que ellos tenían libertad para tener los sentimientos que estimaran apropiados, pero que debían ser cuidadosos de manejar todo de forma tan imparcial y ecuánime como fuera posible. Señalé que las críticas acerca de la forma en la que habían hecho las cosas no provenía de aquellos periodistas que con frecuencia eran hostiles con la Comisión, sino de aquellos que querían que tuviéramos éxito.

Mis colegas se mantuvieron firmes; aseguraban que no habían hecho nada malo y sospechaban de cualquiera en los medios que hubiese sido siempre objetivos en el pasado o que no hubiese dado apoyo a la lucha. Sin duda, no estábamos en la misma longitud de onda en esa reunión, y los comisionados que estaban en desacuerdo habían hecho una presentación escrita que en un párrafo cuestionaba mi integridad. Consideré el asunto muy seriamente, como si fuera capaz de desmerecer toda nuestra tarea. Dije que no trabajaría en un entorno en el que se atacara mi buena fe. Manifesté que renunciaría si ellos no reconsideraban su declaración y reconocían la seriedad de lo que habían percibido que habían hecho. Con el tiempo, llegamos a un final feliz: retiraron el párrafo ofensivo. Esa fue una ocasión en la que una crisis interna y una amenaza de renuncia no se filtró a los medios. Pero sí causó sufrimiento en diferentes maneras: física y psicológicamente.

Las dificultades que encontramos al tratar de aumentar la confianza el uno con el otro, a volvernos un cuerpo más coherente y unido perdieron importancia al compararlas con el revuelo que experimentamos cuando las acusaciones se hicieron contra un comisionado. En una de las audiencias de amnistía, se lo inculpó de haber estado involucrado —al menos como cómplice— en el incidente que estaban tratando: el ataque del APLA en la taberna Heidelberg, en Observatory, un suburbio de Ciudad del Cabo, el 31 de diciembre de 1993. Murieron tres mujeres y tres personas resultaron heridas cuando dos espías del Ejército de Liberación del Pueblo de Azania abrieron fuego contra los clientes de la taberna. También se arrojó una granada de mano entre la multitud, pero gracias a Dios no explotó, ya que de lo contrario, el número de heridos o muertos hubiese sido mayor.

Tres de los seis acusados fueron hallados culpables y sentenciados a largos años de prisión. Fue durante la audiencia para evaluar las solicitudes de amnistía de los señores Humphrey Luyando Gqomfa, Vuyisile Brian Madasi y Zola Prince Mabala que un testigo identificó al señor Dumisa Ntsebeza, uno de los comisionados y jefe de nuestra unidad de investigación.

En el curso de las averiguaciones por esas solicitudes de amnistía, la unidad de investigación encontró una declaración jurada del señor Bennet Sibaya en un expediente policial anterior. La declaración afirmaba que Sibaya había visto a un grupo de hombres armados en Gugulethu, un asentamiento urbano para negros en Ciudad del Cabo, poco después del ataque a la taberna Heidelberg, en un coche que estaba a nombre del señor Ntsebeza. El señor Sibaya afirmaba que él había levantado un pedazo de papel, que era un mapa rudimentario de la taberna. Los investigadores de la Comisión entrevistaron al señor Sibaya, quien confirmó su declaración anterior. Prestó declaración en la audiencia de amnistía de octubre de 1997. Él caminó lentamente por la habitación cuando le preguntamos si podía identificar al señor Ntsebeza, quien —afirmaba— había estado cerca del automóvil en Gugulethu. Pasó por delante del señor Ntsebeza, regresó y dijo que ese era el hombre al que había visto esa noche. Fue un momento electrizante.

Aun así, todo lo demás que sucedió en la Comisión fue sencillo comparado con el impacto de ese testimonio y la identificación. Luego, cuando regresé a casa, soñé contra toda esperanza que fuera solo un mal sueño, una horrible pesadilla y que nos despertaríamos y nos daríamos cuenta de que todo estaba en orden en la Comisión, y que las cosas sucedían relativamente sin dificultades. Pero no, no era ninguna pesadilla: era la realidad desnuda y brutal.

Los grandes titulares lo anunciaban y las noticias en la televisión mostraban imágenes dramáticas del señor Sibaya caminando lentamente alrededor de la habitación hasta detenerse ante un desconcertado señor Ntsebeza, que para su propio mérito no hizo nada impulsivo. Me aferré a mi tambaleante creencia en su integridad e inocencia. El señor Sibaya resistió un interrogatorio enérgico y profundo realizado por el hábil abogado del señor Ntsebeza. Muchos dijeron que los había impresionado por su comportamiento. Era un jardinero, de poca cultura, pero muy desenvuelto y no era fácil de alterar. Parecía decir la verdad y realmente estábamos en problemas. Cuando algunos meses antes, los investigadores se enteraron de la dañina e incriminatoria declaración jurada no iniciaron una investigación independiente con la esperanza de que nosotros íbamos a poder investigar y clarificar la situación internamente, pero ahora no teníamos opción. El asunto ya era de dominio público y todo el proceso de la Comisión y la Verdad estaba en riesgo.

Este caso en particular fue parecido al caso O. J. Simpson, en especial en el interior del equipo, pues lo dividió prácticamente al medio y casi por razas. Aquellos que estaban convencidos de que el señor Sibaya decía la verdad pensaban que era muy poco sofisticado como para haber pensado la elaborada historia que contaba, y para ello había solo una explicación: no la había inventado. La mayoría de esas personas eran blancas. Con el mismo fervor, aquellos que creían que Dumisa Ntsebeza decía la verdad cuando se declaró inocente eran negros en su mayoría. El apartheid tiene mucho por lo que responder. La Comisión decidió pedirle al presidente Mandela que nombrara una comisión judicial de investigación de forma urgente para informar si había algún fundamento en las acusaciones del señor Sibaya. El Presidente respondió con entusiasta celeridad y nombró al muy estimado juez de la Corte Constitucional, Richard Goldstone, quien se reportó tan pronto le fue posible. Me pareció que hubiese sido diplomático de parte del señor Ntsebeza recusarse de los asuntos de la Comisión hasta que el tema se resolviera cuando el juez Goldstone entregara su informe. Se rehusó: expresó que eso significaría que ya había sido hallado culpable y él declaraba su completa inocencia.

Podemos imaginar cómo se sentían los enemigos de la Comisión. Se estaban haciendo su agosto, mientras nosotros trabajábamos bajo un pesado manto de penumbra. Nos sacudió los cimientos, aunque creo que si hubiese pasado al principio de la vida de la Comisión sin ninguna duda nos hubiese destruido. Pero a esa altura, dos años después del comienzo, habíamos, sorprendentemente, crecido y teníamos más confianza uno en el otro. Por lo tanto, los comisionados aceptaron casi por unanimidad que la integridad de Dumisa no estaba puesta en duda y creímos su lado de la historia. Eso hubiese sido difícil al inicio del peregrinaje. Teníamos misericordias de las cuales estar agradecidos. Pero el revuelo y la aflicción eran considerables.

Unos pocos días después de esa dramática actuación al señalar a Ntsebeza, un intranquilo señor Sibaya pidió una audiencia conmigo. Me confesó que tanto su declaración jurada como su testimonio eran falsos.

Dijo que en el tiempo del ataque de la taberna Heidelberg permanecía arrestado por comercio ilegal de cangrejo de río o langosta. Después lo habían torturado y había sido presionado por la policía para dar una declaración falsa que incriminara al señor Ntsebeza, que en esa época era el blanco de una serie de acusaciones de la policía, que pensaba que él tenía conexiones con el APLA y el PAC. Había sido abogado de estas dos organizaciones en varios juicios políticos y eso lo había convertido en *persona non grata* para la policía, tal como lo había sido el señor Griffiths Mxenge, el abogado de Durban que ellos habían asesinado en 1981. Decir que nos sentimos aliviados es quedarnos cortos. No perdimos tiempo en hacérselo saber al mundo y yo aparecí en una conferencia de prensa con el señor Sibaya, que estaba acompañado por el abogado que velaba por sus intereses. No pudimos tener un final mejor para nuestra pesadilla. Era la réplica perfecta para aquellos que nos mordían los talones y que escribían nuestros obituarios institucionales. El pobre Dumisa había vivido en el infierno durante todo ese tiempo: era un pequeño consuelo tener el apoyo de algunos colegas cuando la mitad del personal de la organización y la mayoría del mundo ya lo habían condenado. Se podía ver a los buitres sobrevolando y se sabía que era solo una cuestión de tiempo antes de que descendieran rápidamente sobre su cadáver.

El juez Goldstone actuó con una celeridad digna de elogio y finalizó su informe rápidamente. Encontró que las afirmaciones eran falsas y declaró inocente al señor Ntsebeza. Criticó a la Comisión por no haber convocado a una investigación independiente ni bien salieron a la superficie las imputaciones. Debo hacerme responsable de esto porque yo tuve la esperanza de que seríamos capaces de llegar al fondo de la situación a través de una investigación interna. Supongo que también me motivaba el deseo de ahorrarle a la Comisión tanta vergüenza como fuera posible y proteger a nuestro colega. No fue una decisión sabia y demostró cuán importante puede ser la transparencia. Es mucho mejor para todos los involucrados. Pero el episodio mostró otra vez el largo alcance del sistema, que aunque ya moribundo, estaba dispuesto a retirar de la circulación a los sujetos difíciles. No hubo ningún tipo de restricciones y todavía estamos pagando el precio de un sistema policial con tales valores.

Nuestro ex presidente Mandela es realmente un hombre notable. Ahora que esta afirmación es un comentario común, puede descartársela como algo trillado. Estaba consciente de que el señor Ntsebeza iba a estar ansioso, esperando con temor el resultado de la investigación de Goldstone. Por eso, ni bien se le entregó el informe, llamó por teléfono a Sumisa Ntsebeza para compartir las buenas noticias con él: había sido reivindicado por completo.

Cuando me enteré, llamé a la secretaria del Presidente y le pedí que le hiciera saber que yo estaba molesto por la violación del protocolo. Yo era el presidente de la Comisión y debería haber sido el primero en conocer los contenidos del informe del juez Goldstone. A los pocos minutos de mi llamado, el Presidente estaba en la línea y me dijo: "Mpilo (mi nombre africano), tienes razón. Lo siento, debería haberte dicho a ti primero, pero estaba preocupado por ese joven. Me disculpo". ¡Vaya! No conozco tantas personas con ese nivel de grandeza expresado en su disposición a la humildad. Pero Mandela es reconocido en todo el mundo como una clase muy especial de persona.

Cada vez que me sentía tentado a tirar la toalla, sucedían cosas como esas, el bien y la verdad prevalecían, y me daba cuenta del increíble privilegio que era formar parte de ese extraordinario experimento, y continuaba al pie del cañón con energías y entusiasmo renovados hasta que nos golpeara una nueva crisis.

Antes de poder decir apartheid llegó de forma inesperada la próxima crisis, en la víspera de la entrega de nuestro informe al presidente Mandela, el 29 de octubre de 1998. Ahora entiendo un poquito mejor la sabiduría de los refranes: "del plato a la boca se pierde la sopa" y "no cantes victoria antes de tiempo".

La ley requería que la Comisión enviara notificaciones a aquellas personas, instituciones u organizaciones contra las cuales teníamos la pretensión de emitir un fallo adverso. Tales notificaciones fueron enviadas a varios individuos como también a partidos políticos. A todos se les dio la oportunidad de brindar evidencia adicional para la consideración de la Comisión que podría persuadirla a modificar el fallo. A todos los que se les enviaron tales notificaciones tuvieron la posibilidad de dialogar con la Comisión, pero solo por escrito, no oralmente, simplemente porque no había tiempo suficiente para entrevistar personalmente a una gran cantidad de posibles perpetradores. En el caso del ANC, los puntos en cuestión ya habían sido examinados cuidadosamente en tres audiencias distintas que involucraban a los líderes políticos y militares. Tuvieron tiempo suficiente para responder a las notificaciones.

El ANC solicitó, a modo de respuesta, una reunión especial con la Comisión para discutir los contenidos de la notificación que había recibido. Debo decir que algunos de nosotros nos sentimos sorprendidos, ya que creíamos que, en el caso del ANC, la notificación iba a ser una mera formalidad. El fallo contemplado se había basado en las propias presentaciones, considerables, completas y sinceras del partido, que incluían expresiones elocuentes de arrepentimiento por las violaciones que habían sucedido cuando los operativos del movimiento de liberación habían llevado a cabo las políticas del ANC, o cuando no habían adherido totalmente a los lineamientos de la organización, o cuando los cuadros dirigentes habían actuado en coléricas represalias por las actividades del régimen del apartheid.

Por ejemplo, el ANC se había disculpado porque hubo bajas civiles en su campaña de minas terrestres, la cual terminó por esa misma razón y por el atentado de Church Street en Pretoria. También admitió que algunas de las mujeres militantes habían sido sexualmente abusadas en los campos militares en Angola y en otros lugares, y que el liderazgo había aceptado la responsabilidad moral y política de una manera ejemplar. Las altas esferas de la jerarquía del partido habían llevado esta postura a su lógica conclusión cuando solicitaban colectiva y simbólicamente la amnistía. Ese fue un gesto noble y encomiable, que afirmaba elocuentemente que no estaban abandonando a los soldados rasos, sino que estaban preparados para asumir la culpa. Desafortunadamente, no estaba prevista en la ley una solicitud corporativa y colectiva, pero el motivo detrás del gesto es realmente loable. Así que no esperábamos ningún problema por ese lado.

El presidente en funciones de la Comisión, Dumisa Ntsebeza, tuvo un extenso intercambio epistolar con el ANC, señalándoles que todos aquellos que habían recibido notificaciones habían sido instados a responder por escrito si deseaban comunicarse con la Comisión respecto a algún tema relevante. Señaló que el ANC estaba desperdiciando un tiempo precioso, que debía seguir adelante y entregar a la Comisión sus respuestas por escrito.

Él trabajaba con la impresión de que el tema hasta ahora se había tratado de forma amistosa, porque el secretario general del ANC había prometido darle a la Comisión por escrito la respuesta del partido. Sin embargo, dejó vencer tanto nuestro plazo como el suyo para dar su respuesta. La entregó a último momento, cuando ya el informe había ido a la imprenta.

Mientras todo esto sucedía, el doctor Boraine y yo estábamos en Estados Unidos; habíamos tomado cátedras universitarias como profesores invitados, él en la Escuela de Leyes de la Universidad de Nueva York y yo en la Escuela de Teología Candler, en la Universidad Emory de Atlanta. Teníamos previsto regresar a tiempo para la reunión final de la Comisión, antes de la culminante entrega. Se esperaba que fuera una ocasión espléndida, en la que los representantes de las víctimas, la comunidad diplomática, los representantes eclesiásticos y las organizaciones no gubernamentales estuvieran presentes. La emisora SABC iba a transmitir en vivo por televisión y también por radio. La Comisión de la Verdad y la Reconciliación se retiraba con gran estruendo.

Nuestra última reunión debería haber sido una reunión de negocios rutinaria. Quizás hubiese sido conmovedora como la última reunión formal de un grupo de personas que se habían unido, que habían atravesado por un tiempo penoso, con un cierto nivel de nostalgia esperable, así como también un dejo de dolor. Anunciamos que dos comisionados que trabajaban en el Comité de Amnistía habían sido nombrados como delegados para el nuevo director nacional de la Fiscalía, puestos muy importantes para los cuales fueron cálidamente encomendados. Se hicieron otros anuncios más comunes. Entonces, sorpresivamente, un comisionado sugirió la reapertura del caso de la solicitud del Congreso Nacional Africano para una reunión, ya que algunos de los comisionados sentían que esa reunión debía llevarse a cabo.

El asunto fue reabierto, incluso a esa hora tardía. Otros comisionados y yo tratamos de señalar que sería desastroso hacerlo, porque podría interpretarse como una adulación servil al partido gobernante, pues ningún otro individuo ni organización había recibido un privilegio semejante. Algunos de los comisionados recomendaron que consideráramos las protestas formales del ANC hechas fuera de plazo: esos dos días previos a la entrega de un informe de dos mil setecientas páginas en cinco volúmenes, que iba a ser impreso y presentado al presidente Mandela. Tener en cuenta las protestas formales de último minuto del ANC, hechas fuera del periodo de gracia especificado, podría haber llevado a consecuencias mucho peores. Aun si hubiesen expuesto razones convincentes y sensatas de por qué la Comisión debía corregir las conclusiones a las que había arribado, cambiar el informe habría sido prueba suficiente para que casi todos pensaran que la Comisión de la Verdad y la Reconciliación era un lacayo del ANC, y que todo el proceso era una elaborada farsa armada para cumplir el mandato del partido. Todo parecía muy obvio, pero aquellos colegas que instaban a la reapertura de todo el asunto permanecieron inconmovibles e inflexibles en cuanto a que debería haber una reunión con el ANC o que se deberían tener en cuenta las protestas formales, aun en la víspera de la entrega del informe.

Realmente no podía creer lo que escuchaba. La integridad y la credibilidad de la Comisión estaban tan evidentemente en riesgo que ninguna persona de bien y en pleno uso de sus facultades podía querer arriesgarse a menoscabar todo el extraordinario trabajo, y a hacer peligrar la importante obra de tratar de sanar a nuestra nación.

Supongo que un punto ciego se lo denomina de esa manera justamente porque es invisible para aquellos que no quieren o no pueden ver. Tuve una sensación de vacío en la boca del estómago a medida que veía toda la empresa hundirse sin dejar rastro. Hubiese sido el más horrible engaño jamás efectuado sobre las desafortunadas víctimas, que habían sido tan generosas y tan dignas en el deseo de renunciar a sus derechos por el bien del conjunto, y ahora estábamos listos para escupirles en el rostro como respuesta a su grandeza.

Por lo general, no votábamos sobre esos temas. En esta ocasión, tuvimos que someter el tema a votación en una atmósfera muy tensa. La moción de otorgarle al ANC una audiencia perdió por estrecho margen.

Después votamos respecto a tomar en cuenta sus protestas formales. Siete a favor y siete en contra. Un punto muerto. Nunca antes tuve necesidad de desempatar y en esta ocasión voté para decirle "no" al ANC. Fue una situación comprometida en nuestra última reunión, la cual debería haber sido más amigable y, por cierto, no un asunto controvertido.

Parecía que algunos de nuestros colegas estaban al tanto de la decisión del ANC de llevarnos a la Corte en el caso de que rehusáramos concederle al partido una audiencia, y quizás ellos querían evitar esa vergüenza en particular. Me sentí desolado por la noticia de que eso mismo fue lo que el partido había hecho el día previo a la fecha programada para presentar el informe: solicitaron a la Corte Suprema un interdicto para detener la publicación de cualquier parte del informe que los implicara en violaciones de los derechos humanos hasta que hubiésemos considerado sus solicitudes. Era muy surrealista. El señor F. W. de Klerk también presentó una solicitud a la Corte para que se removiera el fallo contra él.

Podemos entender el comportamiento de De Klerk e incluso decir que formaba parte de su personalidad. Pero el ANC había apoyado el proceso, esto era algo totalmente inesperado y fuera de tono con su naturaleza y actitud.

Cuando dejamos Ciudad del Cabo para ir a Pretoria, donde se desarrollaría la entrega del informe, me sentía apesadumbrado. Nuestro departamento legal y otros abogados trabajaron frenéticamente durante la noche en los documentos pertinentes para la Corte. Continuamos con los preparativos como si no tuviéramos una enorme espada de Damocles pendiendo sobre nosotros. Se acondicionaron las instalaciones en las cuales los periodistas de todo el mundo pudieran reunirse para tener una vista previa del informe de cinco volúmenes durante tres o cuatro horas, y así pudieran preparar sus copias para cumplir con sus entregas.

Cuando el veredicto de la Corte manifestó que la solicitud del Congreso Nacional Africano había sido desestimada con costas y que nosotros podíamos publicar el informe, nuestras celebraciones fueron muy silenciosas. Estaba agradecido de no haber decepcionado a las víctimas y la ceremonia, aunque teñida con más tristeza de lo que hubiese sido el caso, fue una maravillosa mezcla de solemnidad y celebración, congoja y gozo, lágrimas y danzas. El Presidente y yo danzamos lo que se ha dado en llamar la "Madiba shuffle" con el melodioso sonido del Imilonji kaNtu, uno de nuestros principales coros.

Al entregarle al presidente Mandela los volúmenes encuadernados en cuero me sentí profundamente agradecido por la bondad de Dios para con nosotros, que habíamos sobrevivido a tiempos difíciles y de prueba. Me sentí agradecido porque habíamos sido capaces de descubrir tanta verdad como lo habíamos hecho, agradecido de que habíamos sido el medio para dar algún cierre, llevar algo de sanidad, de reconciliación; agradecido porque sin duda habíamos mirado a la bestia, por los colegas extraordinarios que Dios me había dado, y por encima de todo, por toda la gente maravillosa que había acudido a la Comisión y que generosamente se había desnudado ante nosotros y ante el mundo, haciéndose vulnerables y ayudándonos a recuperar nuestra humanidad al rehabilitarles a ellos su dignidad. Éramos frágiles y falibles, auténticas vasijas terrenales, como dice san Pablo, de modo que evidentemente la gloria superabundante le pertenecía a Dios.

CAPÍTULO 10

"Nosotros no sabíamos"

¿Cómo fue posible que personas normales, decentes y temerosas de Dios, como se consideraban a sí mismos los blancos sudafricanos, hicieran la vista gorda respecto de un sistema que empobreció, oprimió y violó a aquellos otros con quienes compartían la hermosa tierra que era su patria?

El apartheid no hubiera sobrevivido por un solo día si no hubiese recibido el apoyo de esa minoría emancipada y privilegiada. Si ellos "no sabían", como muchos afirmaron, ¿cómo es que hubo quienes, entre la comunidad blanca, que no solo supieron los resultados funestos de las políticas oficiales, sino que condenaron las políticas viciadas y colaboraron para ponerles fin? Y ¿por qué ese grupo valiente era por lo general vilipendiado y aislado por el resto de la comunidad blanca, si no era que aquellos que disfrutaban de los beneficios que el apartheid les proveía habían justificado ese sistema malvado y hecho las paces con él?

Es necesario hacer notar que muchas personas blancas crecieron sin conocer otro sistema y que ellos lo aprobaban porque era el *statu quo* que les brindaba mucha comodidad. El sistema no era ingenuo. De hecho, era muy sofisticado. Los asentamientos para negros estaban, por lo general, fuera de la vista de los blancos y era sencillo pasar de tenerlos fuera de la vista a tenerlos fuera de la mente.

Era problemático para un blanco visitar un distrito negro. Hubo quienes lo hicieron, pero para la mayoría de los blancos era más cómodo mantenerse en sus barrios residenciales salubres y acomodados. Nosotros, los negros y blancos sudafricanos, sufrimos una profunda forma de esquizofrenia: habitábamos dos mundos separados y extraños física y psicológicamente. Cuando yo era arzobispo, vivía en Bishopscourt, un suburbio de gran categoría en Ciudad del Cabo. Era un barrio acomodado como cualquiera que se pueda hallar en cualquier otra parte del mundo: grandes propiedades, preciosos jardines, piscinas y residencias suntuosas. Y a una buena distancia geográfica —y de todo tipo— de Langa o Gugulethu, los asentamientos para negros más cercanos. No se iba o se pasaba por ellos a menos que uno realmente quisiera verlos. ¿Y por qué una persona blanca común y corriente hubiese querido pasar por tanta molestia?

Hoy, por supuesto, no se puede encontrar a nadie que haya apoyado alguna vez al apartheid. Pero la Comisión quería comprender un poco la razón por la cual había sido posible que un sistema tan inaceptable sobreviviese tanto tiempo. Se nos ordenó en nuestra acta fundacional que buscáramos comprender los "antecedentes, circunstancias, factores y contexto" dentro de los cuales ocurrieron las violaciones de los derechos humanos. Para tratar de ayudarnos, realizamos lo que denominamos "audiencias institucionales" a las que asistieron los representantes de las principales instituciones sociales para describir cómo percibían que se había evaluado su relación con el apartheid.

Obtuvimos respuestas positivas de la mayoría de aquellos que invitamos, provenientes del área de la justicia, de la salud, de los negocios, de las comunidades de fe, de los sindicatos y de los medios de comunicación. Algunos de los que prometieron concurrir y proveer declaraciones no cumplieron. Otros, directamente se rehusaron a presentarse, entre ellos, la Unión de Agricultores de Sudáfrica, que representaba a los granjeros blancos y la Unión de Trabajadores de Minas, también formada por blancos. Las empresas multinacionales de petróleo, grandes inversores en Sudáfrica, no respondieron. Tuvimos audiencias con la juventud, con los conscriptos y con los prisioneros, y también llevamos a cabo audiencias con mujeres.

En la mayoría de esas audiencias, las perspectivas diferían, por lo general entre los grupos raciales. Los negros tendían a ser críticos del rol que jugaron algunas instituciones al apoyar y perpetuar el apartheid, mientras que los blancos en la mismas instituciones tendían a ser defensivos respecto a sus roles en el sostenimiento del entonces opresivo *statu quo*. La perspectiva de cada persona dependía de quién era y dónde estaba. Muchos blancos respaldaron el servicio militar —limitado durante el apartheid sólo a los blancos— porque el Gobierno les habían hecho aceptar como cierta la idea de que habría un ataque violento del comunismo sobre el último bastión de existencia civilizada y aceptable.

La mayoría de los blancos consideraron a aquellos jóvenes blancos que querían abolir la conscripción como cobardes y traidores, mientras que los opositores la consideraban una forma de participar en la defensa de un sistema que aborrecían. Por lo tanto, nos advirtieron que debíamos ser cautelosos con las generalizaciones. La situación tendía a ser más compleja de lo que aparentaba a primera vista, y requería un análisis sensible y agudo.

Las audiencias institucionales mostraron en general a un país en el que la vasta mayoría fue excluida de forma sistemática e intencional de toda participación real en el proceso de decisión política. A su vez, eso significó que fuera excluida también de todas las otras esferas de influencia y de poder económico, social, etcétera. La característica más notable fue la flagrante ausencia de aquellos que no eran blancos en cualquier posición de la sociedad que valiera la pena, pues ello aseguraría que serían oídos y que su punto de vista sería tomado en serio. La mayoría de los blancos veía las cosas desde su propia perspectiva, lo que no es sorprendente. Sus valores eran considerados como universalmente válidos, toda persona tenía que estar a la altura de esos valores eurocentristas para no ser considerado inferior, un disidente, un extraño, un marginado. Esas eran suposiciones sin evaluar, que eran compartidas por la mayoría de los blancos y era probable que fueran bien preservadas por el *statu quo* que protegía los intereses creados por los blancos con tanta eficiencia.

La forma en la cual muchas de nuestras instituciones funcionaban bajo el apartheid puede ilustrarse con la imagen que surgió en la audiencia de los medios de comunicación. La propiedad de los periódicos se había concedido a los blancos. Los medios gráficos describían los hechos desde la perspectiva de los blancos. Incluso aquellos diarios de los cuales se podría decir que estaban en contra del apartheid, que se percibían a sí mismos como liberales, no veían nada malo en continuar durante largo tiempo titulando un accidente en el que "fueron heridos una persona y cuatro nativos". A los periodistas blancos y a sus editores no parecía ocurrírseles que esas expresiones exhibían de forma lamentable sus viscerales actitudes. Muy en el fondo, inconscientemente, no expresado sino de esa forma, las personas negras no eran personas en su totalidad.

Quizás hubo algunas expresiones de protesta, pero así es como a los lectores les parecía que debía ser. Y la forma en la que tantas otras cosas se ordenaban en el país parecía confirmar que el racismo fluía en lo profundo del ordenamiento de la vida de Sudáfrica. Por ello, no fue de sorprender que esos mismos periódicos usaran de forma consistente un término que favorecía al Gobierno al referirse a aquellos que las personas negras llamaban "luchadores por la libertad" como "terroristas". Podrían haber usado términos más neutrales como "insurgentes" o "guerrilla". El Gobierno sudafricano sabía que era importante deslegitimar la contienda titulándola de terrorismo, pues sabían que obtendrían respuestas de condicionamiento pavloviano de la comunidad blanca y de muchos de la comunidad internacional.

Los periódicos que expresaban oposición al apartheid lo aplicaban en las salas de redacción con instalaciones —como los comedores y los baños— segregadas. El personal negro siempre se llevaba la peor parte en lo que respecta a oportunidades de capacitación y salarios. Los periódicos no eran reacios a la autocensura, para no despertar la ira del Gobierno y, obviamente, para evitar el control legal. Cuando el Gobierno del apartheid cerró el diario de los negros, el *World*, los periódicos de blancos en la misma empresa protestaron de forma tibia y sugirieron que el *World* había estado jugando con fuego y obtuvo lo que se le avecinaba. No era poco frecuente que el texto de un reportero blanco tuviera preferencia sobre el de un periodista negro, aun si este último incluía experiencias personales de aquello de lo que estaba informando. Cuando los periodistas negros describían la conducta atroz contra los negros por parte de las fuerzas de seguridad, su texto se moderaba como si quizás hubiese calumniado a esas fuerzas. Por supuesto, ahora sabemos que los periodistas negros estaban diciendo las cosas como eran. Los editores hubieran negado con gran enfado que eran racistas. No, ellos querían textos "objetivos". No se molestaban en definir desde la perspectiva de quién se juzgaba lo que era objetivo, ya que se partía de la suposición de que sus estándares eran universales.

A los editores de periódicos los hubiera consternado ser acusados de racismo, pero el hecho es que ellos se rehusaron a aceptar la palabra de una persona negra cuando esta entraba en colisión con lo que ellos pensaban sobre su propia gente y su apego a estándares honrados. No tenían pares de otro grupo que pudieran argumentar por esa perspectiva rechazada. Esos periódicos incluso llegaron al punto de proveer ediciones especiales para los asentamientos, un hecho que parecía consentir la visión de que había diferentes perspectivas y puntos de vista acerca de lo que debía considerarse de interés periodístico. Muchos negros eran ambivalentes acerca de esas ediciones diferentes, porque sus existencias parecían seguir, en el desarrollo de sus líneas, el dictamen del apartheid sobre cada grupo étnico.

El Gobierno fue capaz de salirse con la suya mediante las amenazas de tomar acciones drásticas contra los periódicos "indisciplinados" que podrían causar problema y agitar a los negros. Los dueños de los periódicos fueron corregidos apropiadamente e hicieron el trabajo sucio del Estado al punto de permitir la muerte de un diario que había defendido valientemente la causa del oprimido. Esa publicación era el *Rand Daily Mail*, que había tenido algunos editores notables. Era una espina constante en la carne del Gobierno y con la presión de ese sector se permitió que cerrara. El Gobierno conocía el valor de tener una prensa relativamente libre, pero algo acomodaticia. Le hacía bien a la propaganda en el extranjero: "Sudáfrica no puede ser tan mala, después de todo tiene una prensa crítica y libre". La prensa sudafricana fue descaradamente aduladora y solidaria con el Gobierno del apartheid y no tenía problema en admitirlo. Estaba firme detrás del Partido Nacional y del Gobierno, la mayoría como órganos mismos del partido.

Con los medios electrónicos sucedía lo mismo. La *South African Broadcasting Corporation* estaba dominada por una sociedad secreta, la Afrikaner Broederbond, una organización que promovía los intereses de los afrikáneres y que tenía tentáculos en cada una de las esferas de la vida: en la Iglesia, en las escuelas, en los negocios, en la cultura, en las universidades, en las profesiones, en las Fuerzas de Defensa, en los deportes, en los medios de comunicación y, por supuesto, en la política. Su modo de obrar se convertía en la agenda del Gobierno. Si querías tener éxito en el mundo afrikáner en cualquier sector de la actividad humana y no eras miembro de esa poderosa y omnipresente sociedad secreta tus chances eran nulas. No podías contradecir sus decretos y decisiones. Si lo hacías, sufrirías las consecuencias.

Por eso, la mayor virtud en Sudáfrica llegó a ser la conformidad, no oponerse al sistema. El valor más grande se colocó en una lealtad incuestionable a los dictados de la Broederbond. Esa es quizás la razón por la cual las personas no formulaban preguntas incómodas. Para muchos, cada cosa tenía que ser de una manera en particular porque alguien con autoridad había declarado que así debía ser. Encontraban particularmente difícil, si no imposible, distinguir entre autoridad y autoritarismo. Al fin y al cabo, la idea más estrafalaria era aceptada porque se invocaba el instinto gregario. Los hombres de negocios japoneses que venían de visita, y debido al poder del yen, se convertían en "blancos honorarios". Una persona de origen china nacida en Sudáfrica sería un no-europeo; pero si nacía en China, ¡por supuesto que era europeo! Eso hubiese sido algo extremadamente ridículo si no hubiese tenido tales espantosas repercusiones. Algunas personas se suicidaron porque estaban mal clasificadas racialmente, ya que el valor y los privilegios dependían mucho del grupo racial al que se pertenecía. La clasificación determinaba dónde se podía vivir, a qué escuelas se podía asistir, con quién se podía casar y qué trabajo podía hacer. Incluso determinaba dónde se podía enterrar a la persona.

En la SABC, ya fuese de forma explícita o no, la Broederbond predominaba. El presidente de su junta fue también en algún momento el presidente de dicha hermandad y los afrikáneres estaban a cargo. Aun la junta de asesores, que supervisaba los servicios de aquellos que no eran blancos, tenía una membresía total de blancos. Los empleados negros en la SABC, según se nos dijo, recibían menos entrenamiento, inferior equipamiento y peores horas de trabajo. Tenían prohibido mirar a las mujeres blancas y se arriesgaban a ser castigados si quebraban esa regla. En los pasillos, los negros tenían que darles el paso a los blancos. Había reglas para el disciplinamiento de los trabajadores. Auque parezca increíble, los trabajadores podían elegir entre ser despedidos o azotados con un a*sjambok* (látigo de cuero).

Fue en nuestra audiencia con los medios en donde se conoció por primera vez esa información impactante. Y fueron los trabajadores negros los que resultaron ser las víctimas de esa barbarie. Todo aquello era posible por causa de la prevaleciente ideología racista. Era habitual que el boletín de noticias de un canal de televisión se interrumpiera porque al presidente de la nación no le gustaba un punto en particular y había que cambiarlo. Eso no se consideraba algo extraño. Era Sudáfrica, y el Gobierno estaba a cargo, y nadie se hubiese animado a hacer cuestionamientos.

El señor P. W. Botha era el presidente de Estado: un hombre irascible, difícil y terco, con muy mal genio. Se decía que reducía a lágrimas a hombres adultos, sus ministros de Gabinete, con apenas su lengua ácida, y que nadie se animaba a enfrentarlo. Obtenía lo que quería. Sus deseos eran órdenes para todos. Esa era la cultura que prevalecía. Durante nuestras audiencias, las comunidades de fe eran por lo general mucho más abiertas que los miembros de otras instituciones respecto a confesar sus imperfecciones y su connivencia con el *statu quo* del apartheid. Admitieron haber sido muy agudos en sus críticas, pero también admitieron haberlo practicado en el ordenamiento de la vida de sus instituciones.

Hubo quienes se separaron en agrupaciones raciales. El doctor Frank Chikane había sido interrogado y torturado por un grupo de la seguridad policial que estaba al mando de un miembro del sector blanco de su denominación, la Misión de Fe Apostólica, un hombre que había ido a un servicio de la iglesia después de una sesión de tortura. (Desde entonces, los dos sectores de esta denominación se han amalgamado durante un movilizador servicio en el que los blancos les pidieron perdón a sus colegas negros). Durante el proceso de la Verdad y la Reconciliación, las comunidades de fe se dieron cuenta de que ellas tenían una responsabilidad especial en toda la cuestión de la sanidad de las personas heridas, de alentar la reconciliación y la reparación entre sus adherentes.

Los granjeros blancos y aquellos involucrados en la agricultura comercial se habían beneficiado mucho de la conquista original de la tierra y luego de la racista e infame *Land Act,* que data de 1913, la cual permitía que ellos adquirieran grandes extensiones de tierra para cultivar. Recibían créditos y subsidios del estado, y en los años posteriores del Land Bank, en términos muy favorables. Tenían a disposición una inagotable provisión de mano de obra barata. La Ley de Pases fue diseñada para evitar que los negros compitieran como productores de alimento con granjeros blancos consentidos, pues hubo un tiempo en el que los negros habían sido pequeños agricultores exitosos, lo que planteaba una amenaza real para los granjeros blancos. Entonces, el Gobierno arrojó de las tierras a los negros para que se convirtieran en asalariados en las minas como trabajadores contratados. Se sugirió que —sobre todo las iglesias— debían examinar cómo habían adquirido las tierras y que debían devolverlas a los legítimos dueños, si es que estas habían sido adquiridas en términos que no eran justos. También se instó a las iglesias a evaluar cómo podían aliviar el inmenso deseo de tierras entre aquellos que no las poseían.

El sector de la salud también se había organizado según las razas. Antes de la Segunda Guerra Mundial, ningún negro había sido educado como médico en Sudáfrica. Antes de 1990, nuestras escuelas de medicina discriminaban abiertamente a los negros que estudiaban para ser médicos. A menudo, tenían clases diferentes y casi nunca se les permitía trabajar sobre cadáveres de blancos. Rara vez examinaban a pacientes blancos en las guardias de obstetricia y ginecología. Después de obtener las mismas calificaciones, se les pagaban salarios inferiores a los que recibían sus colegas blancos. Pero fue en la colaboración con la Policía de Seguridad donde la profesión médica se comportó de la forma más reprensible. Algunos médicos de distrito contravenían la mayoría de las reglas de la ética médica. Cuando examinaban a los detenidos, no solían guardar la confidencialidad médico-paciente. Revisaban a los pacientes en la presencia de la policía o del oficial de la prisión. Sin contar con el permiso del paciente, les entregaban los informes médicos a la policía, se doblegaban ante la presión de los oficiales y no hacían del bienestar de sus pacientes una prioridad.

El caso más notorio fue, por supuesto, el de Steve Biko, que se describió en un capítulo anterior de este libro, cuando los médicos permitieron que la policía decidiera lo que era mejor. Algunos médicos de distrito asesoraban a los equipos de tortura sobre técnicas para no dejar rastros, y sobre cuánto más podía aguantar una persona que estaba siendo torturada. En algunas ocasiones, otros se habían rehusado a brindar tratamiento médico a algunos activistas heridos, pues consideraban que la policía tenía que obtener información o que los terroristas no debían recibir ayuda.

La profesión legal no era mejor. Un tribunal se rehusó a permitir que los negros fueran miembros hasta 1990, por lo que se les hacía difícil poder ejercer la profesión. Una de las leyes del apartheid prohibía a los negros tener sus bufetes de abogados en las zonas de los blancos. Nuestro actual presidente del Tribunal, Ismail Mahomed, solía comer su almuerzo en los baños de los bufetes de sus colegas blancos, mientras ellos usaban el restaurante solo para blancos. Cuando quería trabajar, tenía que averiguar cuál de los colegas blancos estaba en la corte, así podía usar la oficina vacía. Clasificado como "indígena", no se le permitía pasar la noche en Bloemfontein, la sede del Tribunal de apelación de la antigua Corte Suprema. De modo que cuando tenía que defender un caso ante la máxima corte de Sudáfrica, tenía que viajar a diario entre Johannesburgo y Bloemfontein, una distancia de unos seiscientos kilómetros en cada sentido. (En la forma irónica en la que suceden las cosas, ahora tiene su residencia oficial como presidente de la Corte Suprema en Bloemfontein. Seguramente, se ríe entre dientes alguna que otra vez). Durante la mayor parte del periodo de mandato de la Comisión, casi todos los jueces eran hombres y blancos, y lo admitieran o no, ellos llevaron al tribunal su bagaje como hombres blancos.

Desafortunadamente, los jueces en Sudáfrica han sido puestos en un pedestal inaccesible, por poco endiosados. Se los consideraba casi seres infalibles. Sin embargo, muy pocos de ellos serían capaces de entrar imaginativamente en el mundo de la mayoría de los acusados que comparecían ante ellos, porque estos eran negros y el mundo de la experiencia negra, de la humillación negra bajo el yugo de la opresión, de la privación y de la falta de poderes les era ajeno. Por lo tanto, muy pocos jueces habían entendido o simpatizado con las aspiraciones políticas de los negros. Fuera de las cortes, la mayoría se encontraba solo con aquellos negros en posiciones menores, generalmente como sirvientes en sus hogares. Por eso, cuando se acusaba a los negros de delitos políticos, el juez blanco, que se movía en los círculos que aprobaban el privilegio y la hegemonía de los blancos, muy pocas veces sería comprensivo con aquellos que querían desbancar una administración que les proveía a él y a su comunidad con aquello a lo que ya se habían acostumbrado.

Rara vez un juez blanco hubiese pensado que podría haber un mínimo de justificación para la agitación contra un sistema semejante. Por lo tanto, eran parte de una administración opresiva. La mayoría de las leyes ni siquiera trataban de ser sutiles. Fundamentalmente, eran injustas.

Bajo el apartheid, los sudafricanos blancos cometieron el grave error de confundir "legal" con "moralmente correcto" y por lo tanto se ponían coléricos cuando algunas personas decíamos que las leyes injustas no obligaban a la obediencia. Se sentían muy molestos con las iglesias y el Movimiento Democrático de Masas, y su campaña para desobedecer estas leyes injustas. Muchos sudafricanos blancos pensaban también que "ilegal" era igual a "inmoral". Cuando se señalaba que había leyes que convertían en un delito que un hombre durmiera con su propia esposa, no parecían comprender que la obligación del cristiano es obedecer la ley de Dios más que la ley del hombre, y que la ley de Dios expresaba que lo que Dios ha unido no debe separarlo el hombre. Bajo una legislación diseñada para controlar los movimientos de los negros, una mujer negra y su esposo cometerían un delito si ella se unía a él en el hotel solo para hombres que este ocupaba como trabajador migratorio en la ciudad del hombre blanco.

Cuando les preguntamos a los jueces y a los abogados por qué razón cooperaron con leyes que eran contrarias a la justicia, respondían a menudo que el Parlamento era soberano y que daba poco lugar a la discreción judicial y a la elección. Cuando les preguntamos por qué no se rehusaron a colaborar con la injusticia renunciando, dijeron que temían que el Gobierno nombrara a personas aun menos comprensivas de la verdadera justicia y que alguna posibilidad de justicia era mejor que ninguna. Desde mi punto de vista, la doctrina de la soberanía parlamentaria es válida solamente en un auténtico Estado democrático en el que puede decirse con certeza que el Parlamento representa a las personas. Claramente, este no era el caso en Sudáfrica. Si bien es cierto que puede ser mejor tener jueces que estén razonablemente bien dispuestos a los principios de derecho, si ellos hubieran renunciado quizás la aberración del apartheid hubiese sido expuesta ante el mundo mucho antes y de forma más descarnada. Una postura semejante podría haber acelerado su desaparición. Mientras, el Gobierno de Sudáfrica era adepto a señalar que había un poder judicial independiente en su país.

Algunos jueces hicieron muy buenas presentaciones ante la Comisión, pero, lamentablemente, se rehusaron a reunirse con nosotros. Afirmaban que eso hubiese minado su independencia. Con respeto, eso es insostenible. La Comisión era una institución única y es poco probable que se repitiera, y por lo tanto no podía sentar un precedente. Los jueces, como todos los demás que se presentaron ante la Comisión, no hubiesen sido puestos en el banquillo. Habían tratado junto a nosotros de averiguar qué había salido mal y cómo el sistema judicial podía ser moldeado para ayudar a crear una cultura en la que la norma jurídica y los derechos humanos fueran respetados. Quizás nos equivocamos al no usar nuestros poderes para citar legalmente a los jueces, porque ellos mantuvieron esa ficción de no ser responsables. La mayoría de las personas negras creían que el sistema judicial confabulaba con un sistema corrupto, dándole una legitimidad que no merecía y llevando a todo el sistema judicial al descrédito.

Nosotros, los negros, habíamos aceptado como natural que una persona negra estuviera en gran desventaja en la corte sudafricana. Hubo notables excepciones entre los jueces, personas que trataron de deslizar algo de justicia para los más desfavorecidos, que no tenían parte en la construcción de esas leyes censurables. Pero la mayoría se rehusó a aceptar el testimonio de los detenidos, por lo general negros, de que habían sido torturados. Casi siempre le creían a la policía, aun cuando la evidencia médica respaldaba la denuncia. Un oficial de policía de alto rango le reveló a la Comisión lo que la mayoría de nosotros creíamos instintivamente sobre el nivel de conspiración entre la fiscalía y la policía, en especial en las investigaciones sobre las muertes misteriosas de activistas en las que los magistrados casi nunca encontraban a ningún culpable. Declaró que en una investigación, el fiscal le proveyó las preguntas que le iban a hacer así como también las respuestas que debía dar.

Ahora el poder judicial se está transformando, con más nombramientos de hombres y mujeres negros. Pero cuatro casos recientes hacen que muchos digan que todavía está controlado por posturas del apartheid. A nuestro ex Presidente —contrariamente a todas las convenciones previas— se le pidió que testificara en un caso que él mismo había promovido. Mandela había designado una comisión judicial para investigar lo que todavía era un rugby mayoritariamente controlado por blancos. La acusación fue puesta en duda y la corte falló en su contra. En otro caso, a un granjero blanco se le dio una condena en suspenso luego de matar a un bebé negro. En el tercer juicio, dos oficiales de policía blancos recibieron condenas muy livianas luego de haber empuñado piquetas contra un grupo de hombres negros, dos de los cuales murieron. Un cuarto proceso involucraba una condena en suspenso dada a un hombre blanco que mató a una mujer negra mientras empuñaba un revólver para asustarla y sacarla de su propiedad. Todo esto no ayuda a las personas a tener más confianza en un sistema del que nunca se fiaron.

Respecto al sector empresarial, la percepción de la mayoría de las personas negras es que casi todos los negocios participaron en el capitalismo racial, en connivencia con los gobernantes del apartheid, para sacar todo el provecho que fuera posible. Los negocios, especialmente las minas, se beneficiaron de la Ley de Pases, mediante la cual se controlaba estrictamente el movimiento de los negros y se les impedía vender su mano de obra libremente en un mercado abierto. Esas leyes crueles transformaron a los bantustanes en reservorios inagotables de mano de obra barata. A los trabajadores migratorios se les permitía entrar a las ciudades de los blancos solo por el tiempo que tuvieran trabajo y se los obligaba a vivir en albergues para un solo sexo, un sistema que trastocaba la vida familiar de los negros. Esa ley y otras similares permitieron que los negocios de los blancos acumularan grandes concentraciones de capital y que monopolizaran la bolsa de valores.

Un informe de Naciones Unidas indica que Sudáfrica tiene la brecha más manifiesta entre los ricos y los pobres de todo el continente africano. La Comisión expresó que esa situación era la antesala de un desastre y que la brecha debía reducirse de forma urgente. Se hicieron sugerencias a la Comisión entre las que se incluyó un impuesto a la riqueza, un gravamen por única vez al ingreso personal de las empresas, una donación única del sector privado de un uno por ciento de la capitalización del mercado de la bolsa de valores de Johannesburgo, todo ello para financiar el desarrollo de los negros. La Comisión dejó en manos de expertos la determinación de la viabilidad de esas ideas, pero señaló en el informe que, a menos que hubiese una transformación material real en la vida de aquellos que habían sido víctimas del apartheid, bien podríamos despedirnos de la reconciliación. Esta no ocurriría sin alguna compensación.

Las audiencias de género que llevamos a cabo revelaron la extraordinaria resiliencia y valentía de las mujeres. Estadísticamente establecimos que, cuando las mujeres venían a testificar a la Comisión, casi siempre contaban historias de cosas que les ocurrieron a otros, mientras que, cuando lo hacían los hombres, casi siempre contaban lo que les había pasado a ellos mismos.

Por lo tanto, sentimos que se justificaba realizar audiencias que se enfocaran en las mujeres como víctimas y escuchar abusos y violaciones vinculados exclusivamente a cuestiones de género. Parecía que las mujeres habían sufrido más crudamente que los hombres cuando fueron privadas de compañía y que fueron mucho más vulnerables ante los torturadores cuando estos usaban sus relaciones familiares para atacarlas, mintiéndoles acerca de niños que enfermaban o que morían. Muchas contaron de ataques sexuales y de cómo el género había sido usado para deshumanizarlas por medio de violaciones, no dejándolas lavarse cuando menstruaban y también cuando eran provocadas por la Policía de Seguridad mediante burlas: les decían que estaban en la lucha de liberación como combatientes únicamente para compensar que no eran capaces de conseguir hombres, y que en realidad solo eran prostitutas sin paga de los soldados.

Me di cuenta por primera vez en nuestras audiencias de que les debíamos mucho a nuestras mujeres, de que nunca hubiésemos obtenido nuestra libertad sin ellas. Quiero rendirles un homenaje por su notable participación en nuestra lucha. Un día, Leah, mi esposa, señaló con una alegría no disimulada un adhesivo en el parachoques de un automóvil en el que se leía: "cualquier mujer que quiere ser igual a un hombre no tiene ambiciones". Las mujeres en Sudáfrica fueron magníficas.

Bueno solo en partes

Gestos hermosos e inesperados ocurrieron a causa de nuestra Comisión. En una de las audiencias del Comité de Violaciones de los Derechos Humanos en Port Elizabeth, la señora Ivy Geina describió la amabilidad de su carcelera blanca, la señora Irene Crouse:

"La misma noche vi una luz en la oscuridad y que abrieron mi celda. No vi quien entraba. No miré a la persona. Ella me dijo: «Ivy, soy yo, la sargento Crouse. Traje tu medicina». Me la hizo tomar. Le dije que no podía sostener nada, pero que lo iba a intentar. Le dije que lo iba a intentar de todas maneras. Ella me respondió: «Está bien, no te preocupes. Yo te voy a ayudar». Así que hizo que tomara la medicación y después me dio un masaje. Entonces pude tratar de dormir".

Unos pocos días después un periódico local, el *Eastern Province Herald,* publicó una foto enorme en la portada de Ivy Geina abrazando a Irene Crouse, acompañada por el siguiente informe:

"La activista torturada, Ivy Geina, se reunió ayer con su ángel de misericordia, la amable carcelera que la sostuvo de la mano y la cuidó de sus heridas luego de horas del brutal interrogatorio de las fuerzas de seguridad. «Nunca pensé que me recordarías», dijo Irene, de 37 años, mientras las dos mujeres se abrazaban en el portal, llorando y riéndose al mismo tiempo. Ivy, de 59, respondió: «Después de ser atacada, fuiste tú quien vino a ayudarme, quien entró a mi celda en la noche. ¿Cómo puedes olvidar a alguien así?».

"«Nos encontramos como seres humanos, como mujeres —recuerda Ivy—. Existió ese tipo de comunicación ahí. Asegurarme de que tuviera una toalla limpia, preguntarme cómo estaba... La relación era muy buena». Irene sintió que ella solo estaba «cumpliendo con su trabajo» cuando ayudó a Ivy".

No sería muy honesto y sí totalmente contraproducente aparentar que la Comisión de la Verdad y la Reconciliación era perfecta o que estaba integrada por personas infalibles. Realmente, ese no era el caso. En algunos aspectos éramos imperfectos, simples mortales con algunos dones y algunos defectos, como cualquier otro ser humano. Nadie podría habernos acusado de ser modelos de virtudes. Para nuestra desazón y gran frustración, no éramos nada de eso. Es una observación superficial notar que la Comisión era solo buena en partes. Hubo cosas espléndidas sobre la Comisión y tuvo logros notables, pero hubo también situaciones que se podrían haber manejado de forma diferente, y algunas que se podrían haber hecho mucho mejor. Pero así son las cosas. Atravesábamos aguas inexploradas y a menudo tuvimos que improvisar a lo largo del camino. Es gracias a todos los que fueron parte de nuestro proceso que se logró tanto.

Para mí, una de las grandes debilidades en la Comisión fue que no logramos atraer a la mayoría de la comunidad blanca a fin de que participara con entusiasmo en el proceso. Bien pudo haber sido por errores de nuestro lado. Sin duda, hubo uno de parte del lado de nuestros compatriotas blancos. Igualó la forma en la que, en términos generales, se habían rehusado a aceptar la nueva administración de todo corazón. En mi opinión, han pasado demasiado tiempo lamentándose, encontrando faltas con rapidez y regodeándose de los defectos —reales o imaginarios— de aquellos que hoy en día comandan el timón.

Están demasiado llenos de resentimiento porque han perdido en parte el poder político. El problema es que se pensaba que solo hay dos posiciones posibles en cualquier escenario sociopolítico: o dominas o eres dominado. No había lugar en este tipo de escenario para el poder participativo y compartido.

Lamentablemente, los sudafricanos blancos carecían de un líder blanco, pues tenía que ser uno de ellos quien pudiera decirles: "¡Despierten, compatriotas blancos! Quizás hayan perdido poder político, si por ello entienden el control político exclusivo, pero todavía tienen gran cantidad de poder a su disposición. Tienen la mayor parte del poder económico, han perdido un poco de su dinero, pero no han sido arrojados de sus hermosos hogares, no viven en chozas. Tienen una gran cuota de poder que deriva de la educación superior que recibieron, que es mucho mejor que la de los negros. Pueden aceptar esta nueva administración con entusiasmo y facilitar las cuantiosas habilidades, los recursos y el dinero para que esto funcione. Hemos sido muy, muy afortunados. Invirtamos todo lo que tenemos para que esto tenga éxito, de otra manera, un día las personas negras se van a enojar porque los cambios políticos no trajeron cambios materiales para ellos y no habrá un Mandela que ayude a controlarlos. Que esta empresa tenga éxito es en nuestro mejor interés. Sin nuestra cooperación fracasará y nos hundiremos con el *Titanic*".

A pesar de nuestros continuos esfuerzos, también fuimos incapaces de obtener la participación comprometida del Partido de la Libertad Inkatha. Realmente lo intentamos. En el mejor de los casos, su participación oficial careció de entusiasmo.

Con mucha más frecuencia se enojaban y eran hostiles. Oficialmente, dijeron que los miembros deberían acercarse a la Comisión de la Verdad y la Reconciliación solo después de que le señalamos al jefe Buthelezi que los miembros comunes y corrientes de su organización no calificarían para compensaciones pagas del Fondo del Presidente, a menos que primero testificaran ante el Comité de Violaciones de los Derechos Humanos, el que determinaría si ellos eran víctimas según lo definía la ley. Si lo hacían, se los enviaría al Comité de Compensaciones y Rehabilitación para que este indicara la compensación precisa para la cual eran elegibles. Entonces enfrentamos una avalancha de solicitudes de último minuto con las que tuvimos que tratar en un periodo muy breve. Algunas de las víctimas podían ser enviadas directamente al Comité de Compensaciones y Rehabilitación por el Comité de Amnistía, pero la gran mayoría vino del Comité de Violaciones de los Derechos Humanos.

También hubo algunos puntos débiles en el proceso de compensación y rehabilitación. Primero, estaba nuestra congoja —a la que siempre me he referido— porque los que recibían la amnistía salían libres inmediatamente, mientras que las víctimas todavía no habían obtenido compensación final casi un año después de haber presentado el informe. También he dicho cuántas víctimas consideraron la presencia ante la Comisión como un punto de viraje, algo que les permitió alcanzar cierto cierre. Pero hubo críticas entre los miembros de nuestro propio equipo que se sentían contrariados porque nosotros no podíamos ofrecer consejo y apoyo a largo plazo. Por supuesto, teníamos a nuestros *briefers*, que brindaban mucho más apoyo y asistencia que lo que generalmente estaba a disposición, por ejemplo, a las víctimas que daban testimonio en las cortes criminales. Pero es posible que hubiese personas que, porque reabrieron sus heridas ante nosotros y no recibieron la ayuda profesional suficiente para lidiar con la angustia, se hayan ido más traumatizadas que antes.

La dificultad que tuvimos fue que nuestro mandato legal era investigar y hacer recomendaciones al Gobierno sobre los montos de la reparación y la rehabilitación, pero no implementarlas. Como resultado, no podíamos asegurarles fondos estatales para proveer más ayuda psicológica y otras formas de asesoramiento y apoyo a los que venían a la Comisión que lo que los *briefers* podían proveer. Tenemos una gran deuda con las organizaciones no gubernamentales y con las comunidades de fe que han tratado de saldar esa brecha profunda. Pero hubiese resultado mucho mejor si ese importante servicio hubiera sido una parte integral del proceso terapéutico de la Comisión. Y por supuesto, aquellos que aparecieron en las audiencias públicas solo constituyeron una sección transversal de las víctimas que se presentaron ante la Comisión. Al fin y al cabo, será el Gobierno y la sociedad civil quienes deberán responder a nuestras recomendaciones con programas de rehabilitación y compensación que se ocupen de los intereses de todas las víctimas.

Aunque la Comisión y el Comité de Amnistía generalmente trabajaban bien juntos, algunas veces hubo dificultades. Cuando se bosquejó nuestra acta de gobierno, el Partido Nacional temió que la Comisión estuviese predispuesta contra la antigua administración. Así que se aseguró de que el Comité de Amnistía fuera liderado por un juez y que sus decisiones no fueran examinadas por el resto de la Comisión. El Comité de Amnistía tenía una autonomía muy considerable. Sus decisiones solo las podía revisar y revocar un tribunal legal. En el medio de la audiencia del club de football de Mandela y de la señora Winnie Madikizela-Mandela, recibimos la noticia de que treinta y siete líderes del ANC habían recibido amnistía. Tenían un muy encomiable motivo para solicitarla: querían demostrar que asumían una responsabilidad colectiva por las acciones de sus cuadros. Desafortunadamente, la ley no preveía ese tipo de amnistía corporativa en la que no se enumeraban delitos específicos. Incluso aquellos de nosotros que no éramos abogados nos sorprendimos ante la decisión del Comité. Pero nuestras manos estaban atadas. Todo lo que podíamos hacer era desafiar la decisión llevando a nuestro propio Comité a la corte. Tratamos de negociar un acuerdo convenido con el ANC para evitar un litigio prolongado. Los nacionalistas sabían que estábamos involucrados en ese proceso, pero estaban deseosos de anotarse puntos políticos y fueron a la corte antes de que nuestro asunto pudiera ser tratado.

Al final, tanto las solicitudes del Partido Nacional como las nuestras fueron escuchadas el mismo día, y la decisión del Comité fue dejada de lado. Estaba disgustado con la acción carente de principios de ese partido, el cual presumió de su éxito de aquello que nos había incitado a hacer, sabiendo perfectamente que la verdad era distinta. Siempre se criticará como otra demostración de la actitud parcial de la Comisión hacia el ANC. Me siento aliviado de no ser lo suficientemente listo como para ser un político. Algunas personas no reconocerían la integridad aun si esta los estuviera mirando a la cara.

Uno de los éxitos de la Comisión fue que muchos miembros de la fuerza de policía del antiguo régimen solicitaron amnistía y revelaron lo que habían hecho. Gran parte de la verdad que pudimos develar vino de la boca de los mismos perpetradores, ya que ellos brindaron elementos para refutar las críticas de que la mayor parte de lo que se había difundido eran acusaciones e injurias de aquellos que testificaron en nuestras audiencias orientadas a las víctimas.

Aquello que dijeron los que testificaron en las audiencias de las víctimas no fue tan alarmante como los estremecedores detalles que las audiencias de amnistía revelaron sobre el tipo de atrocidades que se llevaban a cabo de forma rutinaria. Una madre podría decir que su hijo había cambiado físicamente tras su detención, que quedó confinado a una silla de ruedas, que había perdido el cabello y que luego había desaparecido sin dejar rastros. Podría especular con la posibilidad de que las fuerzas de seguridad estuvieran de alguna manera involucradas. La policía, que conocía toda la verdad, podría obtener un interdicto de la corte para impedir que ella los mencionara en su testimonio. Pero finalmente, no fue ella quien reveló lo que le ocurrió a su hijo. Fueron los propios culpables cuando solicitaron amnistía, las mismas personas que deliberadamente mintieron en la corte para obtener el interdicto. Ninguno admitió jamás haber envenenado a su hijo mientras estaba detenido. Pero aquellos responsables de haberlo matado confesaron y revelaron los repugnantes detalles: que ellos habían secuestrado a su hijo, Siphiwe Mtimkulu, que habían puesto una droga en su café, para luego pegarle un tiro en la cabeza y quemar el cuerpo. Les llevó seis horas calcinar el cadáver, que la carne de los muslos se redujera a cenizas. Avivaron el fuego por turnos, para mantenerlo encendido. Después recogieron los restos cremados y los esparcieron cerca del río Fish. Eso fue lo que le dijeron a la Comisión. Hasta ese momento, habían mantenido su conspiración de silencio durante las investigaciones de la desaparición de Mtimkulu. Y lo habían hecho bajo juramento. Policías jerárquicos habían subvertido el principio de derecho que debían defender al haber perjurado abiertamente. En la Comisión, a fin de calificar para la amnistía, el perpetrador tenía que hacer una exposición completa, mientras que en la corte trató de defender su inocencia mintiendo.

Fuimos afortunados de que tantos policías vinieran en busca de amnistía, pero lamentablemente una debilidad de la Comisión de la Verdad y la Reconciliación era el hecho de que las Fuerzas Armadas, las viejas Fuerzas de Defensa de Sudáfrica apenas si cooperaban con la Comisión, si es que lo hacían. El hecho de que casi no testificaran militares dejó un vacío considerable. Las principales figuras que sí solicitaron amnistía se vieron forzadas a hacerlo porque los policías que estuvieron involucrados junto a ellos en operaciones conjuntas la habían solicitado antes.

Es muy cierto que el país todavía querrá saber si nuestra sanidad y reconciliación será permanente y efectiva.

LA ESTRATEGIA GLOBAL

Las Fuerzas de Defensa de Sudáfrica eran parte de una estrategia global que el señor P. W. Botha ideó para responder a lo que él y la cúpula militar llamaron la revolucionaria "embestida total" del comunismo, cuando Sudáfrica estaba gobernada por el Consejo de Seguridad del Estado. Este era un órgano que estaba legalmente subordinado al Gabinete, pero realmente el país estaba gobernado por lo que nosotros en Sudáfrica llamábamos *securocrats*, que dominaban la manera de pensar del Gobierno en aquellos días. Nuestro país quedó casi en pie de guerra al entrar en la década de los ochenta.

A pesar de que todavía no se nos consideraba por nuestro respeto a la ley y a los derechos humanos, sufrimos otra erosión de nuestros derechos. A partir de ese momento, no sería patriótico poner en tela de juicio las decisiones del Gobierno, que en realidad eran las decisiones del Consejo de Seguridad Estatal. Todo estaba subordinado a la seguridad del Estado tal y como lo determinaban aquellos en el poder. Eso hizo sentir a los sudafricanos blancos que allá afuera había un mundo malo, deseoso de atraparlos, de destruir su "modo de vida sudafricano". El mundo hostil quería derribar a un Gobierno cristiano y reemplazarlo con una dictadura comunista, antidemocrática, atea e impía. El Gobierno del apartheid como maquinaria de propaganda era adepto a señalar los desastres que padecieron los países de África que habían adoptado el socialismo: básicamente habían terminado mal debido a que esos negros poco confiables e irresponsables habían asumido el control.

Este era el tiempo en el que las superpotencias, Estados Unidos y la Unión Soviética, dieron comienzo a la Guerra Fría. Lo hicieron en todo tipo de formas, pero en especial a través de terceros Estados en diferentes zonas de guerra, lugares en los que buscaban mostrar su poderío y establecer hegemonía.

En ese entonces, Estados Unidos apoyaba con entusiasmo a cualquier gobierno en tanto se declarara como anticomunista por más deshonrosos que fueran sus antecedentes sobre derechos humanos. Por lo tanto, el Gobierno del apartheid se benefició mucho de la política de "compromiso constructivo" del presidente Ronald Reagan. Estados Unidos hablaba de la boca para afuera sobre las opiniones antiapartheid, pues afirmaba que mantener relaciones con gobiernos tan perversos como el régimen del apartheid brindaba una mejor oportunidad de influenciarlos para hacerlos mejorar, más que si se los aislaba o se los condenaba al ostracismo.

Traté sin éxito de persuadir al presidente Reagan y a la primera ministra Margaret Thatcher de Gran Bretaña para que cambiaran y adoptaran una estrategia pacífica que provoque un cambio en Sudáfrica mediante la imposición de sanciones económicas. Me reuní con el presidente Reagan y su Gabinete en la Casa Blanca poco después de haber sido galardonado con el premio Nobel de la Paz en 1984, pero sin ningún resultado.

Se asombró cuando le mostré mi documento de viaje, porque no se me permitía tener un pasaporte sudafricano normal. Lo que lo impactó fue la forma en la que ellos describían mi nacionalidad en ese documento: "indeterminable en la actualidad". Tomé el té con la primera ministra Thatcher. Estuvimos juntos por casi una hora en el número 10 de Downing Street y ella transmitía mucho encanto. Realmente me sentí muy impresionado de cuán encantadora era en contraste con su imagen como la dama de hierro que no tenía ninguna tolerancia por el débil. Pero no logré que comprendiera la importancia de las sanciones. Como se dijo de ella en otras ocasiones: "la dama no cambia de opinión".

A Dios gracias, con el tiempo los pueblos de ambos países prestaron atención a nuestras súplicas y se impusieron algunas sanciones, especialmente por Estados Unidos, las que contribuyeron de manera sustancial a la desaparición del apartheid.

La administración de Reagan fundó los Contras en Nicaragua para subvertir el Movimiento Sandinista de Liberación. Reagan también apoyaba al presidente Ferdinand Marcos y su régimen represivo en Filipinas y mostró una coherencia inconmovible al brindar apoyo a la Unión Nacional para la Independencia Total de Angola (Unita, por sus siglas en portugués) del doctor Jonas Savimbi, que resultó una sangrienta guerra civil contra el gobierno del Movimiento Popular de Liberación de Angola, en ese tiempo de inspiración marxista.

Sudáfrica se unió al combate y apoyó a Unita, porque luchaban contra la SWAPO, el movimiento de liberación de Namibia que había obtenido bases en Angola por intermedio del Movimiento Popular de Liberación de Angola.

Sudáfrica se involucró en una política de persecución implacable. Las Fuerzas de Defensa de Sudáfrica atacaban lo que denominaba bases y campos terroristas en los llamados estados de la línea de fuego: Botswana; Lesotho; Swaziland; Mozambique; Angola; Zambia; Tanzania y Zimbabwe. Al hacerlo, violaba la integridad territorial de muchos de esos países con impunidad, con el objetivo de forzarlos a rehusarse a dar refugio a los exiliados sudafricanos y bases de asilo para los movimientos de liberación. Respaldaba esa política con una de desestabilización, apoyando a grupos opositores en diferentes países como sus sustitutos. Ayudó al movimiento del señor Alphonso Dlakama's Renamo en Mozambique, mutilando a los rehenes, cortándoles las orejas, la nariz, los labios y otras partes del cuerpo, tomando pueblos enteros, incluidos los niños y las mujeres, que a menudo eran sexualmente abusadas, y forzaban a los jóvenes a convertirse en niños-soldados. Mozambique y Angola han sido devastados por esas guerras civiles, lo que se debe en parte a las políticas de desestabilización del apartheid.

En un informe titulado *Apartheid Terrorism*[32] publicado en octubre

---

32 *Apartheid Terrorism: The Destabilization Report*, de Phyllis Johnson y David Martin. (Commonweath Secretariat, en asociación con James Currey e Indiana University Press).

de 1989, se estimó que la acción desestabilizadora de las Fuerzas de Defensa de Sudáfrica de 1980 a 1988 dio como resultado:

▲ la muerte de un millón y medio de personas;

▲ cuatro millones de refugiados;

▲ la destrucción económica, con pérdidas valuadas en 60 mil millones de dólares y

▲ la muerte de cien mil elefantes y rinocerontes, cuyos colmillos y cuernos "compensaban" a Sudáfrica por obtener armas para la Resistencia Nacional Mozambiqueña y Unita.

Angola y Mozambique continúan pagando un gran precio, ya que buena parte de la tierra cultivable no es segura debido a las minas terrestres que aún se encuentran enterradas allí. El presidente Joachim Chissano dio una conferencia sobre minas terrestres en Maputo, en mayo de 1999, en la que afirmó que le llevaría a Mozambique sesenta años deshacerse de cerca de dos millones de minas terrestres enterradas allí. Desde 1993, cerca de sesenta mil minas se han desactivado, al elevado costo de un millón seiscientos mil dólares. Angola todavía continúa la interminable guerra civil.

La Comisión encontró a las Fuerzas de Defensa de Sudáfrica responsables de varias violaciones de los derechos humanos: seiscientos namibios fueron masacrados en el campamento Kassinga, en Angola, en un asalto de las Fuerzas de Defensa de Sudáfrica en 1978. La SWAPO argumentó que Kassinga era un campo de refugiado, pero las Fuerzas de Defensa de Sudáfrica rebatieron esos argumentos, ya que sostenían que era un objetivo militar legítimo, pues era un campo militar. En nuestro informe, llegamos a la conclusión de que el asalto había resultado en graves violaciones de los derechos humanos contra los civiles que ocupaban el campo.

Nos hubiera gustado que más miembros de las Fuerzas de Defensa de Sudáfrica testificaran y cooperaran con nuestros esfuerzos por desentrañar tanto los misterios de una ideología de ataques violentos como lo que esta condujo en la práctica. Lo que sí sabemos es que llevó a que el servicio de policía dentro de Sudáfrica se militarizara cada vez más desde mediados de la década del ochenta.

El objetivo de un ejército es matar enemigos y destruir sus equipos. Existe para destruir y matar al enemigo. A medida que la resistencia al apartheid se intensificaba en los años ochenta, esa filosofía se aplicó cada vez más internamente. Por ello, en vez de arrestar a los sospechosos y a los culpables, eliminarlos se hizo una práctica más frecuente. Eso sucedió, por ejemplo, en el caso de los cuatro miembros del Congreso Africano de Estudiantes en el que tres adolescentes —Bimbo Madikela, Ntshingo Matabane y Fanyana Nhlapo— fueron asesinados, y un cuarto —Zandisile Musi— resultó herido. La Policía de Seguridad los llevó engañados hasta una mina abandonada cerca de Krugersdorp, al oeste de Johanesburgo, en febrero de 1982. Aquellos que solicitaron amnistía por estos asesinatos fueron los expolicías Willem Schoon, Abraham Grobbelaar, Jan Coetzee y Christian Rorich. Le dijeron al Comité de Amnistía que un *askari* les había dicho que los estudiantes querían armas y entrenamiento para asesinar a un policía de seguridad, el suboficial Mkosi. Coetzee dijo que había decidido que sería mejor matar a los activistas en vez de arrestarlos. El incidente se preparó de modo que pareciera que esos jóvenes habían provocado ellos mismos la explosión. En la audiencia de amnistía, se les preguntó a los solicitantes si sabían las edades de los adolescentes, si de hecho eran terroristas y si la policía había considerado alternativas para asesinarlos. Los perpetradores eran expertos: un brigadier consintió el plan secreto. Claramente, la decisión se tomó porque era muy difícil seguir la forma legal de lidiar con los sospechosos: arrestarlos y buscar evidencia que probara, sin dejar dudas, en un tribunal, que ellos estaban involucrados o que pensaban o planeaban alguna actividad subversiva. No, eso hubiese llevado demasiado tiempo, así que consideraron mejor matarlos que arrestarlos.

Las actas del Consejo Nacional de Seguridad a partir de 1980 está llenas de vocabulario bastante fuera de lo común —como por ejemplo "neutralizar" y "eliminar" personas— que los líderes del Gobierno del apartheid engañosamente pretendían que creyéramos era lenguaje inocuo, que no tenía ningún otro significado más que "detener" o "censurar". Aquellos que llevaron a cabo esas órdenes entendían que estas significaban matar, dar muerte y asesinar.

En nuestro informe identificamos algunas de las oraciones que encontramos, tanto en los documentos del Consejo de Seguridad Estatal como en los discursos políticos en plataformas públicas y en el Parlamento:

▲ *elimineer vyandelike leiers* (eliminar a los líderes enemigos)

▲ *neutraliseer* (neutralizar)

▲ neutralizar a los intimidadores mediante el uso de la fuerza policial formal e informal

▲ destruir terroristas

▲ *fisiese vernietiging—mense, fasiliteite, fondse* (destrucción física de personas, instalaciones, fondos)

▲ *uithaal* (sacar)

▲ *uitwis* (aniquilar)

▲ *verwyder* (remover, hacer desaparecer)

▲ *maak 'n plan* (formular un plan)

▲ *metodes ander as aanhouding* (otros métodos aparte de la detención)

▲ *onkonvensionele metodes* (métodos no convencionales).

En público, este era el tipo de lenguaje que los líderes del apartheid —como el general Magnus Malan, ministro de Defensa, en un discurso parlamentario el 4 de febrero de 1986— usaban:

"Las fuerzas de seguridad los golpeará duramente (al ANC) en cualquier lugar en el que los encuentre. No nos sentaremos aquí cruzados de brazos esperando que ellos atraviesen nuestras fronteras. Llevaremos a cabo una vigilancia continua. Determinaremos los objetivos correctos y aplastaremos a esos terroristas, sus compañeros de viaje y aquellos que los ayuden."

Este era el telón de fondo sobre el que los policías y los soldados interpretaban sus órdenes. Algunos líderes políticos, militares y policiales, enfrentados con lo absurdo de su posición, reconocieron que algunas de las frases mencionadas podrían haber sido "ambiguas", pero se quejaron porque ellos no habían tenido la intención de que sus operaciones quebrantaran la ley. Te veías tentado a replicar: "¡Vamos!". Si todo lo que ellos querían autorizar eran detenciones, arrestos, censuras, deportaciones, ¿por qué no dieron órdenes claras y explícitas, no ambiguas, para expresarlo? El general Johan van der Merwe, jefe de la policía bajo el señor de Klerk, un miembro del Consejo de Seguridad Estatal y excomandante de la Policía de Seguridad, que solicitó amnistía por varios asesinatos, fue más sincero. Nuestro informe citó la evidencia que presentó en la audiencia de las fuerzas armadas:

"Todos los poderes (dados a las fuerzas de seguridad) eran para evitar que el Congreso Nacional Africano y el Partido Comunista de Sudáfrica lograran sus objetivos revolucionarios y con frecuencia, con la aprobación del Gobierno anterior, tuvimos que movernos por fuera de los límites de la ley. Inevitablemente, eso llevó al hecho de que las acciones de la Policía de Sudafricana de Seguridad, especialmente las fuerzas armadas, incluyeron acciones ilegales".

Y agregó:

"Si le dices a un soldado «elimina a tu enemigo», según las circunstancias, él entenderá que significa matar. No es el único significado, pero sí es específicamente uno solo".

Quedó en una posición difícil en un punto de su evidencia. La Comisión le preguntó: "¿Estaría usted de acuerdo con que el desafortunado uso de ese lenguaje, «*vernietig*», «*uitroei*», «*uit te wis*», «*elimineer*» (destruir, hacer desaparecer, exterminar, eliminar), terminaron en muertes?" El general Van der Merwe respondió: "Sí, señor presidente".

Cuanto más nos acercábamos a aquellos que cumplían órdenes, más francas eran las respuestas:

"Nunca hubo duda con respecto a que «sacar» o «eliminar» significaban que había que matar a la persona", declaró el brigadier Alf Oosthuizen, ex jefe de la sección de inteligencia de la Policía de Seguridad, y quedó citado en el informe de la Comisión de la Verdad y la Reconciliación.

Algunos ex ministros de gabinete nos sugirieron que un pequeño círculo alrededor de P. W. Botha había sido responsable de las órdenes directas de matar y destruir. Pero el señor Leon Wessels, un reformista que había sido el primer nacionalista de alto rango en disculparse por el apartheid después de que el señor De Klerk abriera las negociaciones en 1990, expresó que ello no constituía ninguna excusa:

"Por lo tanto, no creo que la defensa política de «no sabíamos» sea posible para mí, porque en muchos aspectos creo que nosotros no queríamos saber".

Esas citas muestran la posición tomada y que en ningún momento el Gobierno del apartheid sancionó el asesinato de sus oponentes, lo que es muy difícil de afirmar. Es casi insostenible.

La evidencia que nos presentaron y la que encontramos en el informe indicaba que el Estado recurrió a métodos ilegales para lidiar con sus oponentes más o menos desde la época en la que el señor P. W. Botha ascendió al poder, primero como primer ministro en 1978 y luego como presidente de la nación. Esa conducta delictiva se extendió desde ese momento al periodo de su sucesor, el señor F. W. De Klerk. El Estado entró a la esfera de la criminalidad y casi ni podía ser considerado como una autoridad legítima. El señor Botha, según al señor Vlok, que era un ministro de gabinete en esa época, ordenó el bombardeo de Khotso House.

La Comisión encontró que era muy improbable que los miembros del Consejo de Seguridad Nacional no anticiparan las posibles consecuencias de adoptar una cada vez más creciente estrategia militar. Vimos que no hicieron nada para distinguir entre las personas involucradas en operaciones militares y aquellos que, pacíficamente, se oponían al apartheid. La palabra terrorista se usaba ampliamente y no con una precisión definida. Todos los opositores se trataban como objetivos legítimos para eliminar.

Hallamos que los documentos del Consejo de Seguridad Estatal eran una buena ilustración de la doctrina de *"denegabilidad plausible"*, *es decir, que los políticos deliberadamente expresaban sus instrucciones de forma tal que ellos, los autores intelectuales de las atrocidades de la fuerza de seguridad, pudieran transferir la responsabilidad a sus subordinados.*

¿Puede entonces decir que lo lamenta?

Cuando surgió la evidencia durante una audiencia de amnistía a finales de 1996 de que el señor Botha había dado personalmente las órdenes de bombardear Khotso House, fue el doctor Alex Boraine, nuestro vicepresidente, muy criticado como antiafrikáner y como predispuesto en contra del Partido Nacional, quien me sugirió que fuera a visitar al ex presidente en su casa de retiro en la ciudad de George, en la costa de Cabo del Sur.

A lo largo de los años, tuve varios encuentros personales con el señor Botha. El primero fue en 1980 cuando, como secretario general del Consejo Sudafricano de Iglesias, llevé una delegación de líderes de iglesias para verlo a él y a otros miembros de su gabinete en las oficinas gubernamentales en Union Buildings, en Pretoria. Algunos de nuestros pares nos llamaron duramente la atención por tener negociaciones con la cabeza de un régimen ilegítimo.

Sin embargo, mi perspectiva era que Moisés se acercó al Faraón varias veces, aun cuando sabía que su corazón estaba endurecido. Yo estaba muy comprometido con la reconciliación en ese momento — cuando no era algo popular— tanto como lo estoy ahora. Durante la reunión, hice una serie de propuestas al señor Botha, que si hubiesen sido aceptadas, podrían haber echado las bases para las negociaciones pacíficas que trajeran un acuerdo en nuestro país. Fue una reunión bastante cordial, pero el intento de abrir el diálogo colapsó cuando nos resistimos al intento del señor Botha de hacernos comenzar una gira propagandística de lo que las Fuerzas de Defensa de Sudáfrica llamaban "área de operaciones", en la frontera entre Namibia y Angola. Después, supimos que, mientras hablaba con nosotros, su Gobierno había estado financiando en secreto un organismo privado de la derecha que trataba de corrompernos.

Traté de caminar la segunda milla con el señor Botha en 1986, después de recibir con otros que trabajaban conmigo en el Consejo de Iglesias de Sudáfrica el premio Nobel de la Paz y luego de mi elección como Arzobispo de Ciudad del Cabo. Tuve la ilusión de que por algún tipo de milagro sería capaz de convencerlo de cambiar lo suficiente como para abrir la posibilidad a un acuerdo pacífico. Fue una reunión cara a cara, otra vez relativamente cordial, pero me fui de ella sin obtener ningún tipo de concesiones. Aunque me dio un cálido apretón de manos para la prensa, las fotografías muestran una expresión de preocupación en mi rostro.

La tercera reunión con el señor Botha, y la más difícil, tuvo lugar en 1988. Fui a pedirle que le perdonara la vida a seis personas que enfrentaban la pena de muerte como resultado del asesinato de un supuesto colaborador en Sharpeville, el mismo asentamiento en el cual había ocurrido la masacre en 1960. La primera parte de la reunión fue cordial: dos personas tenían una discusión relativamente razonable sobre si invocaría o no su prerrogativa presidencial. A continuación, cambió el tema y comenzó un ataque violento contra mí sobre una marcha ilegal en la que yo y otros líderes de la Iglesia nos habíamos dirigido al Parlamento para protestar sobre las restricciones que se les habían impuesto a varias organizaciones políticas. Me dio una carta sobre el tema que ya había sido distribuida a los miembros del Parlamento y a los medios de comunicación, de modo que yo me quejé ante su incumplimiento con el protocolo.

Después me enfrentó por haber marchado bajo una bandera comunista en un funeral, así que lo desafié a que presentara evidencia, porque sabía que no estaba diciendo la verdad. Sentado allí, en su oficina en Ciudad del Cabo, me dije a mí mismo: "¿Debo responder o ser respetuoso?". Botha tenía la reputación de hacer llorar aun a los miembros de su gabinete cuando se enfurecía. Entonces me dije: "Esta gente ha hecho sufrir a nuestro pueblo. Si quemo las naves, que así sea, pero no va a intimidarme así". Le dije que no era un niño pequeño y que no tenía ningún derecho a hablarme como lo había hecho. Yo era su huésped y él debía observar las convenciones y tratarme como tal. La reunión terminó cuando yo le dije que me sentía muy ofendido por lo que me estaba diciendo y con él contestándome: "Entonces, tome sus ofensas y váyase", por lo que salí de la habitación y la reunión terminó. Poco después, las iglesias lanzaron el programa de desobediencia civil que llamamos Campaña De pie por la Verdad, y después, en ese año, fue el bombardeo de Khotso House.

Desde entonces, el señor Botha sufrió un accidente cerebrovascular, fue excluido de su puesto contra su voluntad por los colegas del gabinete, liderados por el señor De Klerk, y se retiró a una casa de descanso. Con más de ochenta años de edad, se había retirado de la vida pública. La última vez que había sido visto en las noticias fue cuando visitó al presidente Mandela y le había dicho a los periodistas que no tendría nada que ver con la Comisión.

El objetivo de sugerirme que visitara al señor Botha era para alentarlo a cooperar con nosotros, ya que él había presidido los asuntos de nuestra nación en la época en la que la represión del apartheid era más intensa y la "estrategia total" estaba en su apogeo. También había presidido sesiones del Consejo de Seguridad. No tenía necesidad de haber ido a ver al señor Botha, ya que la Comisión podía citar legalmente a quien quisiera y tenía poder de búsqueda y detención. Pero estuve de acuerdo, con la esperanza de que eso confirmaría a los afrikáneres que no estábamos obsesionados con la idea de humillarlos o de involucrarnos en lo que algunos consideraban que era una cacería de brujas. Volé a George, nos encontramos en el hogar de su hija, y tuvimos una reunión muy cordial. Su hija fue una anfitriona atenta y nos convidó con té y bocadillos afrikáneres. El escenario no tenía nada que ver con todas las actividades atroces concernientes a nuestra reunión. Luego de entregarme una presentación por escrito, el señor Botha accedió a cooperar con la Comisión, proveyéndonos respuestas escritas a las preguntas que quisiéramos formularle. Señaló que iba a necesitar abogados experimentados para que lo ayudaran y que necesitaría acceso a documentos del Estado. Me pidió si me sería posible usar mis buenos oficios con el presidente Mandela para asegurar la asistencia financiera para los elevados honorarios legales y el acceso a los documentos necesarios.

Después de regresar a Ciudad del Cabo, fui a ver al presidente Mandela por ambos asuntos, quien me recibió de inmediato. Hicimos hasta lo imposible para acomodar la fecha límite pospuesta constantemente por el señor Botha para entregar su solicitud. Durante ese periodo su esposa murió. Me parecía importante demostrarle otra vez al señor Botha y a quienes lo apoyaban que no tenía ninguna animosidad personal contra él, así que viajé nuevamente a George para asistir al funeral de su esposa. Estaba consciente de que muchos en la comunidad negra encontrarían que mi comportamiento era, por decir lo menos, extraño y, en otro nivel, ofensivo. De hecho, un periodista de una radio para negros me vino a ver y me pidió que por favor le explicara a sus oyentes por qué estaba presente allí.

Al señor Botha le llevó cerca de diez meses completar sus respuestas a nuestras preguntas. Mientras tanto, surgía más información de las minutas del Consejo de Seguridad Nacional, así que decidimos que debíamos invitar a una variedad de líderes políticos y militares, entre quienes estaba incluido el señor Botha, a una audiencia. Las respuestas escritas son satisfactorias hasta cierto punto, pero no son lo mismo que las reuniones cara a cara, en la que una respuesta puede llevar a preguntas suplementarias. Se nos dijo que el señor Botha no se encontraba bien y acordamos posponer su asistencia.

Incluso sugerimos que podíamos reunirnos en George, a fin de evitarle el esfuerzo de viajar hasta Ciudad del Cabo, aunque se había comprometido con una joven a quien visitaba en un viaje que estaba a una distancia similar a la de Ciudad del Cabo. Para la Comisión sería más costoso e inconveniente, pues tendríamos que llevar nuestro equipo de traducción hasta George. Después de prolongadas discusiones entre la Comisión y los abogados del señor Botha, él anunció que la Comisión era un circo y que se rehusaba a asistir a nuestra audiencia. Fue citado legalmente, pero el día que tenía que presentarse, envió a su abogado con una respuesta por escrito.

El fiscal general del Cabo Occidental decidió procesar al señor Botha por el cargo de rehusarse a obedecer la citación. Aun así, no nos dimos por vencidos: durante su juicio en el juzgado local en George, continuamos negociaciones con el fin de alcanzar un compromiso que aseguraría su presencia ante nosotros. Le ofrecimos celebrar la audiencia en un hotel cercano y entregarle previamente las preguntas que queríamos formularle. También le manifestamos que podía tener presente a su médico y cuando se estimara que fuera médicamente necesario, postergaríamos la audiencia hasta que se considerara oportuno. Tal audiencia no duraría más de un día. Hubo mucha negociación entre nuestros abogados y aquellos que representaban al señor Botha. No podíamos ser más complacientes, pero finalmente él rechazó nuestra propuesta y el juicio continuó. Solo los eran malpensados podían afirmar que acosábamos a un anciano enfermo. Habíamos cedido tanto que muchos en la comunidad negra nos acusaron de tener una doble moral cuando comparaban la forma en la que habíamos tratado a la señora Mandela con el trato de guantes de seda que le dábamos a un hombre al que muchos responsabilizaban por gran parte del dolor y del sufrimiento que ellos habían experimentado.

En el pasado, el señor Botha se había salido con la suya gracias a su obstinación e irritabilidad. Nadie se atrevía a enfrentarse con él, por lo que pensó que las mismas reglas se iban a aplicar, pero no había tomado en cuenta el hecho de que este es un universo moral. El bien y el mal importan, y cuando alguien actúa en contra de las leyes morales de este universo tendrá que pagar. El señor Botha podría haberse presentado en una investigación a puertas cerradas en la comodidad de un cuarto de hotel después de haber visto las preguntas con anticipación. Prefirió continuar siendo testarudo y recibió un gran golpe.

Él no estaba por encima de la ley. Así que sucedió algo que no se podía imaginar ni en la peor de sus pesadillas: él, el ex presidente de Estado que hizo temblar a los miembros de su gabinete, comparecía como el acusado ante una corte presidida por un magistrado negro. Aquel escenario tenía cierto grado de pertinencia moral. La fiscalía pudo presentar varios testigos, entre ellos al coronel Eugene de Kock, ex líder de Vlakplaas. De Kock era bastante mordaz en su desprecio hacia los líderes políticos: "Yo y otros en las fuerzas de seguridad... hemos sido traicionados por políticos cobardes en el Partido Nacional en especial... quieren el cordero, pero no quieren ver la sangre. Son cobardes", dijo. Los medios de comunicación lo publicaron todo ampliamente.

Se temió que el señor Botha se convirtiera en un foco para la violencia y la agitación de la derecha. Nada pasó. Solo algunos miembros de su familia asistieron a las sesiones de la corte, las que duraron más de dos semanas, a pesar de que todo podría haberse realizado en un día si él hubiese aceptado nuestra oferta.

Yo estaba entre aquellos que fueron llamados a presentar evidencia en su contra, pues él afirmó que yo le había dado la seguridad de que no iba a ser citado a una audiencia. Al final de dos días de interrogatorio profundo por sus abogados, sentí que no podía dejar el estrado de los testigos sin hacerle una última petición. Apelé a la corte:

"¿Puedo decir sólo algo más, su Señoría? Creo que todavía tenemos una oportunidad, aunque este es un tribunal, y sin sugerir que el acusado sea culpable de ninguna violación. Hablo en nombre de las personas que han sufrido atrozmente como resultado de las políticas que implementaron los gobiernos, entre ellos el Gobierno que él presidió. Quiero hacerle una petición. Quiero pedirle que tome esta oportunidad que le provee esta corte para expresar que él mismo nunca tuvo en mente que se causara ese sufrimiento a las personas, puede que no haya dado las órdenes ni autorizado nada... sólo estoy diciendo que la administración que él encabezó causó a muchos de nuestro pueblo angustia, dolor y pesares profundos. Nuestro pueblo quiere ser parte de este país y también de la reconciliación. Si el señor Botha pudiera decir: «Lamento que las políticas de mi Gobierno causaran tanto dolor», solo eso. Sería algo extraordinario y yo se lo pido. Gracias".

El señor Botha sólo mostró ira ante mi solicitud. Había sido condenado y sentenciado a una condena de prisión en suspenso y a una multa por el magistrado, pero después fue absuelto por un tecnicismo. (Habíamos hecho tantas concesiones para satisfacerlo que enviamos nuestra citación demasiado tarde. El día que la enviamos, nuestro mandato judicial para hacerlo había vencido y el presidente Mandela todavía no había firmado el nuevo mandato). Moral y políticamente, había sido llamado a dar explicaciones, se había enfrentado con las víctimas y perpetradores de su programa de gobierno y, políticamente, estaba aislado. Se veía tan patético en la corte que sentí profunda pena por él.

Su terquedad le dio a algunos algo que habían esperado ver: a los líderes del antiguo régimen recibiendo un poco de justicia retributiva, aunque esto sucedió contra los deseos de la Comisión.

Yo ya le brindé mi cálido y merecido tributo al señor F. W. de

Klerk por su valiente y significativa decisión anunciada en el Parlamento el 2 de febrero de 1990. Nada le restará su monumental significado. Fácilmente, podríamos haber sido abrumados por un baño de sangre. Él tuvo la oportunidad de alcanzar la verdadera grandeza, si desde ese momento hubiese estado dispuesto a disculparse sin reservas por el apartheid, hubiese pasado a la Historia como un verdadero gran hombre del Estado de Sudáfrica. Lamentablemente, durante las negociaciones por una nueva constitución entre 1990 y 1993, quizás engañado por su éxito en todos los referendos para los blancos llevados a cabo para aprobar sus políticas en 1992, creyó que podía encontrar una forma de mantener poder erosionando el de su mayor socio negociador, el señor Mandela, que progresivamente se convirtió en su oponente. Ese fue el momento en el que la así llamada violencia "negro sobre negro" aumentó, tras varias masacres espantosas que tuvieron lugar. Quizás él argumente que las fuerzas de seguridad no tuvieron participación para fomentarlas; si eso había sucedido, entonces las "manzanas podridas" eran responsables de tales aberraciones. Me temo que no puedo creer eso. No puedo creer que la participación de al menos un ministro de Gabinete y dos ex comisarios de la policía en violaciones de los derechos humanos durante la década de 1980 no representaron nada más serio que aberraciones a manos de disidentes.

No tengo ninguna animosidad contra el señor de Klerk. El comité noruego del Nobel me llamó la víspera del anuncio de los ganadores de 1993 para preguntarme mi opinión sobre sus intenciones de otorgar un premio Nobel de la Paz conjunto al señor Mandela y al señor De Klerk. Apoyé esa sugerencia con entusiasmo. Probablemente, el comité hubiese reconsiderado su decisión si yo me hubiese opuesto, ya que de otra forma no tenía mucho sentido que me hubiesen consultado. De haber sabido lo que sé ahora, me hubiese opuesto con vehemencia. De hecho, el señor de Klerk ofreció sus disculpas por el apartheid cuando se presentó ante la Comisión en 1996, y luego lo echó todo a perder cuando la calificó como algo prácticamente inexistente. Qué gran hombre hubiera sido si hubiese hablado tan abierta y apasionadamente como alguno de sus ex colegas de Gabinete, como

"Pik" Botha, el ministro de Asuntos Exteriores o Leon Wessels, pero no fue capaz de ver el apartheid por lo que era: intrínsicamente malo. Él es un brillante abogado que evalúa sus respuestas muy cuidadosamente a fin de proteger su posición, pero al hacerlo debilitó su estatura, convirtiéndose durante el proceso en un hombre pequeño, que carecía de magnanimidad y de generosidad de espíritu. Esa es la razón por la cual perdió la oportunidad de conservar la grandeza que ganó el 2 de febrero de 1990. Espero que tenga la sensibilidad de darse cuenta de que su idea de fundar un instituto para la reconciliación, que anunció en 1998, hurgaría en las heridas de las víctimas de una política bajo la cual presidió.

Pero por la gracia de Dios...

Durante las audiencias institucionales de la Comisión, era posible darse cuenta del poder de las fuerzas que ejercieron influencia sobre las personas. No nos deberíamos sorprender ante el hecho de que muchos miembros de la comunidad blanca pudieron vivir vidas normales, disfrutar de las libertades que otorgaba la ciudadanía, con grandes privilegios y beneficios. Lo que debería sorprendernos no es el hecho de que muchos blancos terminaran aceptando actitudes y valores racistas y que no hayan pensado demasiado en el impacto de las políticas segregacionistas sobre congéneres humanos, personas de carne y hueso como ellos mismos. No, no deberíamos estar sorprendidos.

Lo que sí es asombroso es que existieran aquellos —y sigo enterándome de su significativa cantidad— que no sucumbieron a las insidiosas presiones de un ethos dominante que permeaba cada aspecto de la vida. Ese grupo extraordinario no sólo resistió las tentadoras lisonjas de conformarse con la cultura discriminatoria dominante, sino que se distinguió por involucrarse en la lucha por el fin del pernicioso sistema.

Eso es sin dudas algo extraordinario cuando uno observa las fuerzas que se alineaban del lado del apartheid, fuerzas que fueron muy poderosas para formar las actitudes, toda la mentalidad y la visión del mundo de los blancos. El racismo invadía todo en Sudáfrica mucho antes del apartheid formal. Solo se hicieron ajustes cuando los nacionalistas llegaron al poder en 1948. Hemos visto cómo virtualmente cada institución, cada aspecto de la vida, estuvo bajo el control de esa ideología. Todo conspiraba para condicionar a los blancos a pensar y a actuar de una manera particular. Podríamos decir que estaban programados.

En mi primer viaje a Nigeria, fui hacia el norte en un avión piloteado por nigerianos. Viniendo de Sudáfrica, donde los negros no hacían ese trabajo, me sentí henchido de orgullo por los logros de los negros. El avión despegó sin problemas. Entonces enfrentamos una turbulencia. En un momento estábamos en una altitud y al próximo estábamos con el estómago dado vuelta a medida que el avión se sacudía y descendía. Estaba asombrado por lo que descubrí: me encontré diciéndome a mí mismo, "Estoy preocupado de que no haya un hombre blanco en la cabina de mando. ¿Pueden estos negros arreglárselas para sacarnos de esta horrible experiencia?". Fue todo involuntario y espontáneo. Nunca hubiera creído que realmente me habían lavado la mente de una manera tan radical. Lo hubiese negado rotundamente, porque me enorgullecía ser un exponente de la conciencia negra, pero en una crisis algo más profundo había emergido: había aceptado una definición blanca de la existencia, que por alguna razón los blancos eran superiores y más competentes que los negros. Por supuesto, esos pilotos negros pudieron aterrizar el avión competentemente.

No debemos subestimar el poder del condicionamiento. Esa es la razón por la cual yo tengo la visión de que deberíamos ser un poco más generosos, un poco más comprensivos al juzgar a los perpetradores de las violaciones de los derechos humanos. Eso no significa que debemos perdonar lo que ellos y la comunidad blanca hizo o permitió que pasara. Pero seremos un poco más compasivos en nuestros juicios a medida que tomemos conciencia de cómo nosotros podríamos sucumbir tan fácilmente como ellos. Hará que nuestro juicio sea un poco menos enérgico e hiriente, y posiblemente abra la puerta para que alguien pueda perdonarse por lo que ahora percibe como debilidad y falta de coraje. Puede que los persuada a tener más voluntad para reconocer sus fallas y los predisponga a aceptar la responsabilidad. Y puede que nos haga decirnos a nosotros mismos cuando nos sentemos en el juicio: "De no ser por la gracia de Dios...".

Todo esto dice que hay esperanza. Hay esperanza, porque se ponen al descubierto como seres humanos, frágiles, pero con la capacidad de mejorar si no se autojustifican, si dejan el mecanismo de la negación y pueden decir con humildad: "Lo siento, perdóname, perdónanos".

Después del agotador trabajo de la Comisión, me retiré con el profundo sentimiento —por cierto, un logro estimulante— de que, aunque haya indudablemente mucho mal, nosotros, los seres humanos, tenemos una maravillosa capacidad para lo bueno. Podemos ser muy buenos. Eso es lo que me llena de esperanza, incluso en las situaciones más incorregibles.

CAPÍTULO 11

Sin perdón realmente
no hay futuro

U n año después del genocidio en Ruanda de 1994, en la que masacraron al menos a medio millón de personas, visité esa tierra tan dañada. Fui como el presidente del órgano ecuménico continental, la Conferencia de Iglesias de África. Durante mis dos términos en la presidencia, traté de acercar este organismo a las iglesias miembros mediante visitas pastorales, en especial en aquellos países que atravesaban crisis de algún tipo. Junto con otras autoridades habíamos visitado Nigeria, Liberia durante la guerra civil, Angola y otros países. También viajamos para celebrar los éxitos cuando, por ejemplo, la democracia reemplazó la represión y la injusticia en Etiopía. Pero por lo general, queríamos demostrar solidaridad con nuestros compañeros cristianos en tierras en las que estaban atravesando alguna prueba. De modo que el liderazgo de la Conferencia de Iglesias de África había partido hacia Ruanda.

Visitamos Ntarama, un pueblo cerca de la capital, Kigali, en la que un grupo de nativos fueron acribillaron dentro de una iglesia. El nuevo Gobierno no había retirado los cuerpos, así que la iglesia era como una morgue, con los cuerpos en los lugares en los que habían caído el año anterior durante la masacre. El mal olor era abrumador. Afuera del edificio había cráneos de algunos de aquellos que habían sido brutal-mente asesinados y otros todavía tenían los *pangas* (machetes) y dagas clavados. Traté de orar, pero en vez de ello me sentí abatido y rompí a llorar.

La escena era profundamente conmovedora y un monumento a la crueldad que es capaz de desencadenar el ser humano contra sus semejantes. Aquellos que se habían vuelto en contra unos de los otros de esa forma sangrienta habían vivido en forma amigable en los mis-mos pueblos y hablado el mismo idioma. A menudo, se habían casado entre ellos y casi todos habían abrazado la misma fe: la mayoría eran cristianos. Los señores feudales de la época de la colonia pensaron en mantener su hegemonía europea favoreciendo al grupo étnico predo-minante, el tutsi, sobre el otro, los hutu, sembrando las semillas de lo que iba a ser uno de los episodios más sangrientos de la historia moderna de África. (El tercer grupo era el twa, mucho menos numero-sos). Ese genocidio obliga a reflexionar de nuevo si se puede culpar al racismo de todo mal imaginable que le haya ocurrido a la humanidad porque, aunque los blancos tuvieron participación en la destructiva contienda, los autores materiales eran negros que iban contra otros negros.

A unos pocos kilómetros de esa iglesia, algunas mujeres comen-zaron a construir un asentamiento al que llamaron Nelson Mande-la Village. El propósito era convertirlo en un hogar para las viudas y huérfanos del genocidio. Les hablé a los líderes de ese movimiento de mujeres y ellas expresaron: "Debemos llevar luto por los muertos y llo-rarlos. Pero la vida debe seguir adelante, no podemos seguir llorando". ¡Cuán impresionante, cuán indómito! En Ntarama, podríamos decir, estaba el Calvario, la muerte y la crucifixión. Nelson Mandela Village era la Resurrección, la nueva vida, el nuevo comienzo, la nueva espe-ranza. Una vez más fue notable observar en las mujeres esa admirable resiliencia y ese instinto para cultivar la vida.

También fui a visitar la sobrepoblada prisión Kagali, repleta de aquellos de quienes se sospechaba estaban involucrados en el genoci-dio. Casi todos ellos eran hutu. Allí había mujeres, hombres e incluso niños pequeños, personas de todas las edades y de todos los grupos sociales, entre ellos sacerdotes y monjas, maestros y abogados. Algunas de las personas murieron de hacinamiento. Le dije al presidente Pasteur Bizimungu que la prisión era un desastre inminente y que de ser así, se añadirían recuerdos amargos y se aumentaría el resentimiento de los hutu contra los tutsi.

También asistí a una concentración en el estadio principal de Kigali. Era asombroso que personas que tan recientemente habían experimentado un trauma tan devastador pudieran cantar y bailar como lo hicieron en aquella concentración. La mayoría de los líderes políticos estaban presentes, desde el presidente para abajo. Se me había pedido que predicara. Comencé expresando las más profundas condolencias de las hermanas y los hermanos en otras partes de África, pues las personas en otros lugares se habían sentido profundamente conmocionadas ante la matanza y la destrucción. (Si la comunidad internacional hubiese prestado atención a las muchas advertencias que se hicieron en su momento, quizás las Naciones Unidas hubiesen tenido los recursos para intervenir y el genocidio podría haberse evitado. Los ruandeses sintieron una profunda ira contra Naciones Unidas. Las víctimas y los sobrevivientes se sintieron muy decepcionados, lo que trajo consecuencias catastróficas). Expresé que la historia de Ruanda era la típica historia del dominante y del oprimido. El primero pretendía aferrarse a su situación de privilegio y el segundo luchaba por destronar al dominante. Cuando eso sucedió, el nuevo dominante comenzó a retribuir de forma desenfrenada todo el dolor y el sufrimiento que había recibido de quien antes lo había oprimido. El nuevo oprimido luchó como un toro embravecido para destronar al nuevo dominante, guardando en su memoria todo el dolor y el sufrimiento que estaba padeciendo, olvidándose de que el nuevo dominante, bajo su perspectiva, sólo estaba desquitándose por todo lo que recordaba que había sufrido cuando el dominado había sido su amo. Era una historia triste de venganzas que provocaba nuevas represalias. Les recordé a los tutsi que ellos habían esperado durante treinta años recuperar lo que consideraban suyo. Les dije que los extremistas entre los hutu también eran muy capaces de esperar durante treinta años o más para que un día, cuando pudieran destronar al nuevo Gobierno en el cual los tutsi jugaban un papel prominente, desencadenar la devastación de la venganza y el resentimiento otra vez.

Dije que las personas no querían tolerar que se permitiera a los criminales escapar del castigo. Pero a lo que temía era que, si la justicia retributiva era la última palabra en la situación, entonces Ruanda estaba entre la espada y la pared. La mayoría de los hutu quizás sentirían que se los había hallado culpables, no porque lo fueran, sino porque eran hutu, y esperarían a que llegara el día en el que pudieran tomar venganza y les harían pagar a los tutsi las horribles condiciones de prisión en las que estuvieron.

Les dije que el ciclo de venganza y represalia que había caracterizado su historia nacional debía quebrarse, y la única forma de hacerlo era ir más allá de la justicia retributiva: la justicia restaurativa, avanzar y perdonar, porque sin perdón no había futuro.

El presidente de Ruanda respondió a mi sermón con gran generosidad. Dijo que estaban listos para perdonar, pero que aún Jesús había declarado que no se podía perdonar al demonio. No sé dónde encontró las bases para decir eso, pero expresaba un punto de vista que halló cierta resonancia, que había ciertas atrocidades que eran imperdonables. Mi perspectiva era diferente, pero se me había otorgado una audiencia imparcial y, sin dudas, cordial. Luego me dirigí a los líderes políticos y parlamentarios de ese país y tampoco se me abucheó cuando reiteré mi petición de que consideraran elegir el perdón y la reconciliación más que sus opuestos.

¿Por qué no me desairaron? ¿Por qué estas personas traumatizadas que habían atravesado por una experiencia tan terrible escucharon un punto de vista que no era popular? Me escucharon especialmente porque había pasado algo en Sudáfrica que les dio una razón para hacer una pausa y preguntarse si no era esa una forma viable de lidiar con el conflicto. ¿Podían aquellos que habían vivido en discordia hacerlo ahora de forma armoniosa? El mundo había esperado que un baño de sangre inundara Sudáfrica. Eso no pasó. Entonces el mundo pensó que después de que un Gobierno elegido democráticamente estuviera establecido, aquellos a los que durante tanto tiempo se les negaron sus derechos, cuya dignidad había sido pisoteada de forma cruel y sin remordimientos se comportarían violentamente, dando rienda suelta a una sed de venganza que devastaría su patria. En lugar de ello, existía esa notable Comisión de la Verdad y la Reconciliación en la cual las personas narraban sus conmovedoras historias, las víctimas expresaban su voluntad de perdonar y los perpetradores contaban sus sórdidas atrocidades y pedían el perdón de aquellos a los que habían dañado tan seriamente.

El mundo no podía creer lo que veía. "Sientes una nueva esperanza por el futuro", dijo el ex presidente de la República Federal de Alemania, Richard von Weizsäcker, cuando habló en un simposio en Berlín, en abril de 1999, después de escuchar la historia de nuestro país. Los sudafricanos lograron una transición extraordinaria, razonablemente pacífica desde el horror de la represión a la relativa estabilidad de la democracia. Dejaron pasmado a todo el mundo por su manera novedosa de lidiar con un pasado horrendo. Quizás al principio se hayan sorprendido incluso de sí mismos por cuánta ecuanimidad mostraron cuando algunos detalles de aquel pasado se revieron. Fue un fenómeno que el mundo no podía desechar como insignificante. Fue lo que me permitió dirigirme a mis hermanas y hermanos en Ruanda de una manera en la que, bajo otras circunstancias, podría haber sido considerado como insensible e impertinente.

Tuve la misma experiencia cuando visité otras partes del mundo donde las personas están buscando reconciliarse con su historia de conflicto y desacuerdo. En 1998, fui a Dublín y a Belfast. En ambas ciudades, el público se entusiasmó con el mensaje de nuestra experiencia sudafricana, la cual demostraba que no podía decirse de casi ninguna situación que esté desprovista de esperanza. Nuestro problema había sido uno que la mayoría había abandonado como imposible de tratar. Yo dije: "Sí, hemos vivido una pesadilla espantosa, pero ha terminado". Los irlandeses iban camino a finalizar su pesadilla, pues ¿no se había firmado ya el Acuerdo de Belfast? Les dije que no debían desanimarse por los obstáculos que impidieran la implementación de ese acuerdo de gran importancia. A menudo, en nuestra experiencia, los enemigos de la paz han respondido a los avances redoblando sus esfuerzos para descarrilar el proceso. Expresé que los irlandeses deberían reforzar su determinación y vigilancia para asegurarse de que ese don inestimable que era el fin de sus "problemas" no debería escapárseles justo cuando estaba tan al alcance de la mano.

Les dije que en Sudáfrica a menudo sentíamos como si estuviéramos a bordo de una montaña rusa. En un momento, experimentábamos el gozo más grande, incluso euforia, ante una iniciativa nueva y crucial. Veíamos la tierra prometida de la paz y la justicia muy próxima. Entonces, cuando pensábamos que habíamos entrado a la última vuelta, algo espantoso ocurría: una masacre, un punto muerto, una política arriesgada, una renuncia de un miembro de alguna delegación, y eso nos ponía al borde de la desesperación y del desaliento. Les dije que eso era normal. El precio al final es tan maravilloso que no debían dejar escapar el sueño de una nueva Irlanda, que se sorprenderían de haber sido ciegos durante tanto tiempo, y se darían cuenta de que habían desperdiciado mucho tiempo y muchas vidas, cuando en realidad el bien, la paz y la tolerancia eran estupendos y a fin de cuentas algo poco complicado. Les recordé cómo parecía algo improbable que nosotros, en Sudáfrica, llegáramos hasta donde habíamos llegado. Así como nuestra pesadilla había terminado, finalizaría la de ellos, tan cierto como que el día sigue a la noche.

Escucharon ese mensaje como una profecía. Lo que dio una gran credibilidad a mis palabras fue el hecho de que habíamos tenido una transición relativamente pacífica y habíamos encontrado una nueva forma de tratar con la herencia de nuestro pasado. Quiero creer que los ayudé un poco cuando los exhorté a no desesperarse por el callejón sin salida respecto al desmantelamiento de las armas. En Belfast quedé profundamente impresionado por la gran cantidad de individuos esforzados que trabajaban en comunidades destrozadas por las luchas, ayudando a construir puentes entre personas marginadas y traumatizadas. Les dije que nada se pierde, que su trabajo no se evaporaría en el éter ni desaparecería en el olvido, aunque pareciese destinado al fracaso. No, de alguna manera que no nos imaginamos su obra impregna la atmósfera. Sabemos que eso sucede. Sabemos que en un hogar hay felicidad antes de que alguien lo diga porque podemos captar sus "vibraciones".

Podemos saber cuando una iglesia tiene fragancia de lo sagrado cuando se ha orado por ella. Casi podemos tocar el olor a santidad y sentir la energía y la reverencia de aquellos que han partido antes. Está en la atmósfera, en la misma estructura. Una iglesia por la que se ha orado es cualitativamente diferente de una que tiene la atmósfera de un auditorio. Así que le dije a esos esforzados trabajadores por la paz y la reconciliación que no debían sentirse tentados de abandonar el importante trabajo que realizaban por las frustraciones de no estar haciendo, aparentemente, ningún progreso significativo, que según nuestra experiencia nada se desperdiciaba pues, llegado el tiempo apropiado, todo ocuparía su lugar, y al mirar hacia atrás se darían cuenta de cuán importante había sido la contribución que realizaron. Eran parte de un movimiento cósmico hacia la unidad, hacia la reconciliación que ha existido desde el comienzo del tiempo.

Dios siempre ha tenido la intención de que vivamos en amistad y armonía. Esa es la razón de la historia del Jardín del Edén, donde no hubo derramamiento de sangre, ni siquiera para sacrificio religioso. El león y el cordero andaban juntos y todos eran vegetarianos. Por ello, la armonía esencial, que era el propósito de Dios para toda su creación, fue hecha pedazos y un quebrantamiento infectó toda la creación. Los seres humanos estaban enfrentados, se culpaban los unos a los otros y discrepaban. Estaban separados de su Hacedor. Trataron de esconderse de Dios, que solía pasearse antes con ellos en el jardín. Ahora, la creación tenía "sus uñas y dientes teñidos de rojo". Allí, donde había habido amistad se experimentaba enemistad. Los humanos pisotearían la cabeza de la serpiente antes de que esta les hiriese en el calcañar. Esa historia es la forma que tiene la Biblia de decirnos una verdad existencial profunda con la forma de una poesía muy imaginativa.

Las mentes prosaicas, de mentalidad literal que no pueden

ascender a las esferas de la inspiración creativa desprecian esta narrativa poética. Y sin embargo, aun si dudamos de que alguna vez haya habido tal armonía en el mítico Jardín del Edén, nadie sino el más obtuso puede dudar de que estemos experimentando una desunión en toda la existencia. El tiempo está desencajado. El distanciamiento y la discordia, el conflicto y la confusión, la enemistad y el odio caracterizan buena parte de nuestra vida. El nuestro ha sido el siglo más sangriento conocido de la historia humana. No habría llamados de campañas ecológicas si la naturaleza no hubiese sido explotada y abusada. Ahora vemos que la tierra trae cardos, en tanto que la erosión del suelo devasta tierras que antes se podían arar y los desiertos conquistan campos que solían ser fértiles. Los ríos y la atmósfera están contaminados y tememos las consecuencias del agotamiento de la capa de ozono y el efecto invernadero. En este mundo no estamos como en casa y en algún lugar en nosotros existe cierta nostalgia por el paraíso perdido.

Los creyentes dicen que podríamos describir la mayor parte de la historia humana como una búsqueda de esa armonía, esa amistad y esa paz para las cuales parecemos haber sido creados. La Biblia lo describe todo como una campaña dirigida por Dios para recuperar esa armonía fundamental en la que el león otra vez se echará con el cordero y no lucharán, porque las espadas se habrán convertido en arados y las lanzas, en hoces. En algún lugar en lo profundo de nosotros sabemos que estamos destinados para algo mejor. Cada tanto, obtenemos una vislumbre de aquello mejor para lo que estábamos reservados, por ejemplo, cuando trabajamos juntos para contrarrestar los efectos de los desastres naturales, y el mundo se ve impulsado por un espíritu de compasión y por un asombroso flujo continuo de generosidad, cuando por un breve tiempo estamos unidos por lazos de la humanidad compasiva, un sentido universal de *ubuntu,* cuando poderes victoriosos sientan las bases para un Plan Marshall para ayudar a la reconstrucción de los antiguos adversarios que han quedado reducidos a escombros, cuando establecimos la Organización de las Naciones Unidas en la que los pueblos de la Tierra pueden debatir, mientras luchan por evitar la guerra, cuando firmamos cartas constitucionales sobre los derechos de los niños y de las mujeres, cuando buscamos prohibir el uso de minas antipersona, cuando nos ponemos de acuerdo para declarar ilegal la tortura y el racismo.

Entonces experimentamos fugazmente que fuimos hechos para el compañerismo, la amistad, la comunidad, la familia, que hemos sido creados para vivir en una delicada red de interdependencia.

Existe un movimiento —que no es fácil discernir— en el corazón de las cosas para revertir la terrible fuerza centrífuga de la alienación, el quebrantamiento, la división, la hostilidad y la discordia. Dios ha echado a andar un proceso centrípeto, un movimiento hacia el centro, hacia la unidad, la armonía, la bondad, la paz y la justicia, un proceso que remueve barreras. Jesús dice: "Pero yo, cuando sea levantado de la tierra, atraeré a todos a mí mismo"[33], colgado de su cruz, con los brazos extendidos, desechado para abrazarlo todo, a todo y a todos, en un abrazo espiritual, así todos, cada uno, cada cosa, todo pertenece. Nadie es un forastero, todos son parte, todos pertenecen. No hay extranjeros, todos pertenecen a una familia, la familia de Dios, la familia humana. No hay más judío ni griego, hombre o mujer, esclavo o libre; en vez de separación y división, todas distinciones enriquecen una diversidad a ser celebrada por el bien de la unidad que subyace en ella. Somos diferentes, así podemos saber de nuestra necesidad del otro, porque nadie es totalmente autosuficiente. La persona que lo sea sería infrahumana.

La intención de Dios era llevar todas las cosas en el cielo y en la Tierra a una unidad en Cristo, y cada uno de nosotros participa de ese movimiento grandioso. Por lo tanto, Teilhard de Chardin, el paleontólogo, declara en un pasaje de *Le milieu divin*[34]:

"Algunas veces estamos inclinados a pensar que, en la historia de la Creación, las mismas cosas se repiten monótonamente una y otra vez. Eso es porque la época es demasiado larga en comparación con

---

33   Juan 12:32

34   *El medio divino.*

la brevedad de nuestras vidas individuales, y la transformación es enorme y demasiado interna en comparación con nuestra perspectiva superficial y limitada, para que veamos el progreso que incansablemente toma lugar en y a través de toda la materia y el espíritu. Creemos en la revelación, una vez más nuestro fiel apoyo a nuestras corazonadas más humanas. Bajo el envoltorio común de las cosas y de todos nuestros esfuerzos purificados y recuperados se engendra lentamente una nueva Tierra.

Un día, nos dice el Evangelio, la tensión que se acumula gradualmente entre la humanidad y Dios tocará los límites prescritos por las posibilidades del mundo. Y entonces vendrá el fin. La presencia de Cristo, que se ha acumulado silenciosamente en las cosas, será revelada de repente, como un destello de luz de un punto a otro. Atravesará todas las barreras dentro de las cuales el velo de la materia y la impermeabilidad de almas aparentemente lo han mantenido confinado e invadirá la faz de la tierra... como un relámpago, como un gran incendio, como una inundación, la atracción que ejerce el Hijo del Hombre tomará todos los elementos vertiginosos en el universo para reunirlos o someterlos a su cuerpo...

Como nos advierte el Evangelio, sería en vano especular la hora y la modalidad de ese evento formidable. Pero tenemos que esperarlo... esa es quizás la tarea suprema del cristiano y la característica más distintiva de nuestra religión. El Señor Jesús solo vendrá pronto si lo esperamos con fervor... sucesores de Israel, a nosotros los cristianos se nos ha encargado mantener viva por siempre la llama del deseo en el mundo. Solo han pasado veinte siglos desde la Ascensión. ¿Qué ha pasado con nuestra expectativa?

Un apremio más bien infantil, combinado con el error en la perspectiva que llevó a la primera generación de cristianos a creer en el inmediato regreso de Cristo, nos ha dejado, lamentablemente, desilusionados y desconfiados. Nuestra fe en el *Reino de Dios* se ha visto desconcertada ante la resistencia del mundo a lo bueno. Un cierto pesimismo nos alentó... a considerar el mundo como decidida e incorregiblemente malo. Así hemos permitido que la llama se apague en nuestros corazones dormidos... en realidad tendríamos que admitir, si fuéramos sinceros, que ya no esperamos nada".[35]

Así que pude decirle a aquellas notables personas en Belfast que nada está perdido. Lo que ellos estaban haciendo adelantaba el curso de la reconciliación. Lo que cada uno de nosotros hace puede retardar o promover, puede impedir o adelantar el proceso en el corazón del universo. Los cristianos podemos decir que el resultado no está en duda. La muerte y la resurrección de Jesucristo pone el asunto más allá de toda duda: al final, la bondad, la risa, la paz, la compasión, la mansedumbre, el poder y la reconciliación tendrán la última palabra y reinarán sobre sus espantosas contrapartes. La victoria sobre el apartheid era una prueba positiva de la verdad de este sueño en apariencia utópico.

"Que venga el tiempo en el que los hombres (y las mujeres), con los ojos abiertos al estrecho vínculo que une todos los movimientos de este mundo con la abarcativa obra de la encarnación, serán incapaces de darse a sí mismos a ninguna tarea sin iluminarla con la clara visión de que su trabajo, por elemental que sea, es recibido y que se le da buen uso en el Centro del Universo"[36].

Visité Tierra Santa en Navidad de 1989. Tuve el privilegio en ese viaje de ir a Yad Vashem, el museo del Holocausto en Jerusalén. Cuando los medios de comunicación me preguntaron mis impresiones, les dije que había sido una experiencia devastadora. Añadí que el Señor a quien sirvo, que era judío, hubiese preguntado: "¿Pero qué del perdón?". Ese comentario hizo enojar a mucha gente. Fui duramente condenado. También expresé mi consternación por el trato dado a los palestinos, que en mi opinión estaba muy en desacuerdo con lo que

---

35   Citado por Mary McAleese en *Reconciled Being: Love in Chaos.* (Nueva York, Continuum Publishing Group, 1999).

36   Teilhard de Chardin, nuevamente citado por Mary McAleese

los profetas judíos enseñaron y con lo que el rabino judío que los cristianos seguíamos demandaba de sus seguidores. Se me acusó de ser antisemita y apareció un graffiti en la pared de la Catedral Anglicana de St. George en Jerusalén, en cuyos recintos me hospedaba. El escrito decía: "Tutu es un negro cerdo nazi".

Así que me sentía algo aprensivo ante la idea de ir allí otra vez en enero de 1999, cuando tenía que predicar en la iglesia anglicana en Cisjordania, hablar ante un grupo en Jerusalén y asistir a una reunión en Tel Aviv del Centro Peres para la Paz, de cuya junta de directores era miembro. Pero no debí haberme preocupado. Nuestros anfitriones en la reunión de Jerusalén tuvieron que dejar gente fuera. A dondequiera que fuéramos quedaba claro que lo que había ocurrido en Sudáfrica fascinaba a todos en gran manera. Shimon Peres, ex primer ministro, ex ministro de Asuntos Exteriores y ganador del Premio Nobel de la Paz, aclamó nuestro proceso de reconciliación como algo único en la historia.

En la reunión de Jerusalén, la cual estaba llena de gente, había un interés profundo entre los israelíes por el proceso de la Comisión y el concepto de perdón y reconciliación. Pude señalar que en Sudáfrica habíamos aprendido que la verdadera seguridad nunca se obtendría gracias al cañón de un fusil. La verdadera seguridad vendría cuando todos los habitantes de Oriente Medio, esa región tan venerada por tantos, creyeran que sus derechos humanos y su dignidad son respetados y respaldados, cuando la verdadera justicia prevalezca. No he cambiado mis puntos de vista: todavía sentía que había una necesidad de perdón y que debía haber tanto seguridad para el Estado de Israel como justicia y equidad para los palestinos. Pero, de alguna manera, en Israel se me había visto bajo una nueva luz.

Era claro en todos estos países —Ruanda, Irlanda, Israel y Palestina— que el proceso en el cual Sudáfrica se había comprometido otorgaba un alto grado de credibilidad a cualquier cosa que yo dijera. Las personas podrían escuchar quizás cosas difíciles sin acusarme de ser impertinente e insensible. Ante todo, percibí que muchos de los que me escucharon obtuvieron esperanza de lo que nosotros habíamos tratado de hacer en Sudáfrica. Lo que sucedió es que fuimos bendecidos con líderes que estaban preparados para asumir riesgos: al aventurarse en la cuestión de solicitar y otorgar perdón se toman riesgos.

En las relaciones entre individuos, si alguien le pide a otro que lo perdone, podrá ser desairado, aquel a quien se lastimó puede rehusarse a perdonar. El riesgo es mucho mayor si se es la persona herida que espera ofrecer perdón. Quizás el culpable es arrogante, obstinado o ciego, puede que no esté preparado ni deseoso de disculparse ni de pedir perdón. Por lo tanto, no puede apropiarse del perdón que se le ofrece. Tal rechazo puede hacer peligrar toda la empresa. En Sudáfrica, nuestros líderes estaban preparados y deseosos de transitar el camino de la confesión, el perdón y la reconciliación con todos los peligros que yacían a lo largo del camino.

Y pareciera que su apuesta está dando frutos, porque nuestra tierra no se ha visto inundada por la catástrofe que parecía inevitable.

Cuando una relación se daña, o cuando una relación potencial se ha vuelto imposible, es importante que el perpetrador reconozca la verdad y que esté listo y deseoso de disculparse: ello contribuye en gran medida al proceso de perdón y reconciliación. Nunca es fácil. Todos sabemos cuán arduo es para la mayoría de nosotros admitir que hemos estado mal. Quizás sea lo más difícil del mundo. En casi todos los idiomas las palabras más difíciles son: "lo siento". Por lo tanto, no es del todo sorprendente que tanto aquellos acusados de acciones horrendas como las comunidades de las que provienen, en beneficio de quienes pensaban que estaban cometiendo esas atrocidades, casi siempre traten de encontrar salidas para ni siquiera admitir que fueron capaces de semejantes acciones. Adoptan la negación y aseveran que tal cosa no sucedió. Cuando la evidencia está fuera de toda duda, se refugian en una pretendida ignorancia. Los alemanes afirmaron que ellos no sabían lo que hacían los nazis. Los sudafricanos blancos también han tratado de encontrar refugio aduciendo ignorancia. Leon Wessels, ex miembro de Gabinete del apartheid, estuvo cerca cuando dijo que ellos no querían saber, pues hubo quienes trataron de alertarlos. Para aquellos que tenían ojos para ver hubo relatos de personas que morían de forma misteriosa durante la detención. Para aquellos con oídos para oír había mucho que era inquietante e incluso escalofriante. Pero, como los tres monos, eligieron no oír, no ver ni hablar del mal. Cuando alguien sí hacía una confesión, le pasaban la culpa a otros: "Seguíamos órdenes", rehusándose a reconocer que, como individuos moralmente responsables, cada persona tiene que asumir la responsabilidad por llevar a cabo órdenes inescrupulosas.

Generalmente no nos apuramos a exponer nuestra vulnerabilidad y nuestra pecaminosidad. Pero para que el proceso de perdón y sanidad sea exitoso, el reconocimiento por parte del culpable es indispensable, no totalmente, pero casi. El reconocimiento de la verdad y de haber dañado a alguien es importante para llegar a la raíz de la brecha. Si un esposo y su esposa han discutido sin que aquel que obró mal reconozca su falta mediante la confesión, exponiendo así la causa de la desavenencia, y si el esposo en esa situación vuelve al hogar con un ramo de flores y la pareja simula que todo está en orden, entonces se predisponen a una sorpresa desagradable. No han tratado con el pasado de forma adecuada. Han disimulado sus diferencias, pues no han podido mirar la verdad a la cara por temor a una posible confrontación. Habrán hecho lo que el profeta expresa que es sanar el daño ligeramente diciendo: "¡Paz, paz!, cuando en realidad no hay paz"[37]. Solo habrán ocultado las grietas y no habrán resuelto el motivo por el que cayeron en principio. Todo lo que pasará es que, a pesar de las hermosas flores, el daño supurará. Un día habrá una espantosa erupción y se darán cuenta de que trataron de obtener la reconciliación a un precio bajo. La verdadera reconciliación no es barata. Le costó a Dios la muerte de su único Hijo.

Perdonar y reconciliarse no es fingir que las cosas son diferentes de lo que son. No se trata de palmearnos la espalda los unos a los otros, ni hacer la vista ciega a lo malo. La verdadera reconciliación expone lo malo, el abuso, el dolor, la degradación, la verdad. Incluso, a veces, puede hacer que las cosas se pongan peor. Es una empresa riesgosa, pero, a la larga, vale la pena, porque tratar con la situación real ayuda

---

37   Jeremías 6:14 y 8:11

a traer sanidad verdadera. La reconciliación espuria solo puede traer una sanidad ficticia.

Si el que actuó mal llega al punto en el que se da cuenta del mal realizado, entonces se espera que tenga remordimiento, o al menos algún tipo de contrición o pesar. Esto debería llevarlo a confesar el daño que ha hecho y pedir perdón. Obviamente, esto requiere una medida justa de humildad, especialmente si la víctima es alguien en un grupo que la comunidad de aquel ha despreciado, como ha sido el caso frecuente en Sudáfrica en el que los perpetradores eran agentes gubernamentales.

La víctima, eso esperábamos, se sentiría movida a responder a la disculpa perdonando al culpable. Como ya he tratado de demostrar anteriormente, en la Comisión nos sentíamos todo el tiempo asombrados ante la generosidad que demostraron tantas víctimas. Por supuesto, hubo quienes dijeron que no iban a perdonar. Eso me demostró que el perdón no se podía dar por supuesto, que no era algo de bajo precio ni sencillo. Esas personas fueron la excepción. En la mayoría de los casos, lo que encontramos fue profundamente conmovedor y nos llenó de humildad.

Al perdonar, no se les pide a las personas que olviden. Por el contrario, es importante recordar, así no permitimos que semejantes atrocidades vuelvan a suceder. El perdón no implica condonar lo que se ha hecho. Significa tomar en serio lo que ha sucedido y no minimizarlo, extraer el aguijón en la memoria, que amenaza con envenenar toda nuestra existencia. Implica tratar de entender a los perpetradores y así tener empatía, tratar de ponerse en sus zapatos y entender el tipo de presiones e influencias que pueden haberlos condicionado.

Perdonar no es ser sentimental. El estudio del perdón se ha convertido en una empresa creciente, mientras que antes era algo que con frecuencia se lo desechaba despectivamente como espiritual y religioso. Ahora, gracias a emprendimientos como la Comisión de la Verdad y la Reconciliación en Sudáfrica, ganó atención como disciplina académica y la estudian psicólogos, filósofos, médicos y teólogos. En Estados Unidos, existe el Instituto Internacional del Perdón, dependiente de la Universidad de Wisconsin. La Fundación John Templeton junto a otros organismos comenzó la multimillonaria Campaña para la Investigación del Perdón. Se halló que el perdón es bueno para la salud. Perdonar significa abandonar tu derecho a devolverle al perpetrador de su propia moneda, pero es una pérdida que libera a la víctima. Hemos escuchado en la Comisión que las personas hablan de un sentimiento de alivio después de perdonar. Un ejemplar reciente de la revista *Spirituality and Health* tenía en su portada la foto de tres ex soldados de pie frente al monumento Vietnam Memorial en la ciudad de Washington. Una persona les pregunta: "¿Han perdonado a aquellos que los mantuvieron prisioneros de guerra?". Y uno responde: "Nunca los perdonaré". A lo que su compañero replica: "Entonces da la impresión de que ellos todavía te tienen prisionero, ¿no?"[38].

¿Depende la víctima del arrepentimiento y de la confesión del culpable como un prerrequisito para poder perdonar? No existe duda, por supuesto que tal confesión es de gran ayuda para aquel que desea perdonar, pero no es absolutamente indispensable. Jesús no esperó hasta que aquellos que lo estaban clavando a la cruz hubiesen pedido perdón. Él estaba preparado, mientras le clavaban los clavos, a orar a su Padre para que los perdonara e incluso dio una justificación para lo que estaban haciendo. Si la víctima solo puede perdonar cuando el culpable ha confesado, entonces la víctima estaría confinada al arbitrio del culpable, atrapada en la condición de víctima, sin importar su propia actitud o intención. Evidentemente, eso sería injusto.

Usé la siguiente analogía para tratar de explicar la necesidad de que un perpetrador confiese. Imaginémonos sentados solos, en un cuarto frío, húmedo, poco ventilado y oscuro. Está así debido a que las cortinas y las ventanas están cerradas. Afuera brilla el sol y sopla una brisa fresca. Si queremos que la luz penetre en la habitación y que el aire fresco la llene, tendremos que abrir la ventana y separar las cortinas, de modo que esa luz que siempre ha estado disponible entre y el aire refresque la habitación. Así sucede con el perdón. Puede que la

---

38   Vol. 2, nro. 1. (Nueva York, Trinity Church, Spirituality & Health Publishing).

víctima esté lista para perdonar y que ofrezca su perdón, pero dependerá del que obró mal apropiarse del mismo, abrir la ventana y correr las cortinas. Lo hace reconociendo el mal que ha hecho, y así permite que la luz y el aire fresco del perdón entren en su ser.

En el acto del perdón estamos declarando nuestra fe en el futuro de una relación y en la capacidad de que aquel que obró mal tenga un nuevo comienzo en un camino que será diferente de aquel que nos causó el mal. Decimos: "Acá hay una oportunidad para un nuevo comienzo". Es un acto de fe de aquel que obró mal y que puede cambiar. Según Jesús[39] debemos estar listos para hacer eso, no una vez, no siete veces, sino setenta veces siete, sin límite, siempre y cuando, parece decir Jesús, tu hermano o hermana que te ha dañado esté preparado para acercarse y confesar el mal que ha realizado nuevamente.

Eso es difícil, pero porque no somos infalibles, porque heriremos en especial a quienes amamos con algún mal, siempre necesitaremos un proceso de perdón y reconciliación para tratar con esas desafortunadas y aun así muy humanas brechas en las relaciones. Son características ineludibles de la condición humana.

Que aquel que obró mal haya confesado y que la víctima haya perdonado no significa el fin del proceso. En general, el mal afectó a la víctima en formas tangibles y materiales. El apartheid le otorgó a los blancos una enorme cantidad de beneficios y privilegios, y dejó a las víctimas desamparadas y explotadas. Si alguien me roba el bolígrafo y luego me pide que lo perdone, a menos que me devuelva lo robado, la sinceridad de su confesión y arrepentimiento será considerada nula. La confesión, el perdón, la reparación, donde sean posibles, forman parte de un todo.

En Sudáfrica, todo el proceso de reconciliación fue puesto en gran riesgo debido a una enorme desigualdad entre el rico, mayoritariamente blanco, y el pobre, en la mayoría de los casos, negro. La gran brecha entre los ricos y los desposeídos, que en gran medida fue creada y mantenida por la dictadura racista, plantea la mayor amenaza para

---

39   Mateo 18.22

la reconciliación y la estabilidad en nuestro país. El rico brindó la clase de la cual provenían los perpetradores y los beneficiarios del apartheid y los pobres generaban la mayoría de las víctimas. Esa es la razón por la cual exhorté a los blancos a apoyar la transformación que está tomando lugar en el destino de los negros.

Pues a menos que se reemplacen las chozas y los tugurios en los que viven los negros por casas, a menos que los negros obtengan acceso al agua potable, electricidad, un sistema de salud que sea accesible económicamente, educación apropiada, buenos trabajos y un entorno seguro —cosas que los blancos han dado por hechas durante tanto tiempo— le podemos decir adiós a la reconciliación.

La reconciliación es susceptible de ser un proceso a largo plazo con altibajos, no algo que se logra de la noche a la mañana y, sin duda, no debido a una comisión, por más efectiva que esta sea. La Comisión de la Verdad y la Reconciliación solo ha sido capaz de hacer una contribución. La reconciliación tendrá que ser la preocupación de cada sudafricano. Tiene que ser un proyecto nacional por el cual todos se esfuerzan sinceramente y hacen su contribución personal: aprender el lenguaje y la cultura de los otros, estar dispuesto a reparar el daño, rehusarse a ridiculizar a un grupo particular mediante estereotipos raciales y otros chistes, contribuir a una cultura de respeto por los derechos humanos, incrementar la tolerancia, con tolerancia cero para la intolerancia, trabajar por una sociedad más inclusiva en la que la mayoría, sino todos, puedan sentir que pertenecen, que no son forasteros ni extraños relegados a los márgenes de la sociedad.

Trabajar para la reconciliación es comprender el sueño de Dios para la humanidad, entonces sabremos que en realidad somos miembros de una sola familia, unidos en una delicada red de interdependencia.

Simon Wiesenthal, en la antología *El girasol: sobre las posibilidades y los límites del perdón*[40], cuenta la historia de cómo fue incapaz de perdonar a un soldado nazi que pidió ser perdonado. El soldado

---

40   *The Sunflower: On the Possibilities and Limits of Forgiveness*, Simon Wiesenthal (Nueva York, Schocken Books, 1998).

había sido parte de un grupo que acorraló a un número de judíos y los encerró en un edificio al que prendió fuego, quemando a todos en el interior. El soldado estaba ahora en su lecho de muerte. Su conciencia perturbada buscó el alivio que podría venir a través del desahogo, confesando su complicidad y obteniendo la absolución de un judío.

Simon escuchó la terrible historia en silencio. Cuando el soldado terminó el relato, salió de la habitación sin pronunciar una palabra, sin duda, ninguna de perdón. Él pregunta al final de su narración: "¿Qué hubiese hecho usted?".

El girasol es una colección de respuestas de varias personas a la pregunta de Simon Wiesenthal. La versión actualizada de 1998 contiene una contribución mía. El dilema que Wiesenthal enfrentaba era muy real. Su punto de vista, que parece ser el de muchos judíos, es que los que viven no tienen derecho a perdonar por aquellos que fueron asesinados, aquellos que sufrieron en el pasado y que ya no viven para tomar la decisión por ellos mismos. Se puede entender su resistencia, ya que si perdonaran, parecería que le quitaban importancia a la terrible experiencia de las víctimas, también parecería el colmo de la arrogancia hablar en nombre de personas que habían sufrido tan profundamente, en especial si uno no había sufrido lo mismo. Comprendo la naturaleza de su dilema, y no quiero que parezca que lo minimizo, pero yo tengo un punto de vista ligeramente diferente.

A finales de 1990, las iglesias sudafricanas se reunieron en Rustenburg, al oeste de Pretoria, en una de las reuniones de iglesia más ecuménicas y representativas que hayan tenido lugar en nuestro país. Esa reunión se conoció como la Conferencia Rustenburg. Se encontraban presentes aquellas iglesias que habían sido muy elocuentes en su oposición al apartheid a través de su membresía en el Concilio de Iglesias de Sudáfrica, así como también la Iglesia Holandesa Reformada, que había apoyado al apartheid proveyéndole a este el fundamento teológico (pero que para entonces ya había cambiado significativamente la postura). También estaban las así llamadas iglesias carismáticas o pentecostales que habían tratado de ser apolíticas, aunque deben haber estado conscientes de que su imaginaria neutralidad en realidad apoyaba el injusto *statu quo*. Se encontraban presentes, además, las conocidas como iglesias africanas independientes que habían adoptado diversas posiciones políticas.

Muy al comienzo de los procedimientos, un teólogo de primer nivel de la Iglesia Reformada Holandesa, el profesor Willie Jonker, hizo un elocuente alegato pidiendo perdón a sus colegas cristianos negros de parte de los afrikáneres, en especial de los miembros de su Iglesia. No quedaba claro si tenía el mandato de ser un vocero de su Iglesia, pero como su delegación oficial respaldó su afirmación podemos decir que representaba a esa denominación. Bien se podría uno preguntar si él podía afirmar que hablaba por las generaciones pasadas de sus miembros, aunque sería una perspectiva atomística de la naturaleza de una comunidad no aceptar que existe una verdadera continuidad entre el pasado y el presente, y que los antiguos miembros participarían tanto en la culpa y la vergüenza como en la absolución y la gloria del presente. Una iglesia es una organización viva, de lo contrario la historia no tendría ninguna importancia y nosotros deberíamos concentrarnos solo en aquellos que son nuestros contemporáneos. Pero esta no es la forma en la que los seres humanos generalmente actúan. Nos jactamos de los logros pasados de los que ya no están con nosotros y los señalamos con orgullo, aun cuando están en el pasado remoto. Su influencia es tan real como cuando se alcanzaron los logros por primera vez, si no más. Es lo mismo con los fracasos y las desgracias: también forman parte de lo que somos, ya sea que nos guste o no. Cuando hablamos, lo hacemos como aquellos que están conscientes de la nube de testigos que nos rodea. Nadie duda de que, en última instancia, una confesión como la del doctor Jonker —si no era repudiada por aquellos por los que supuestamente se hacía— sería aceptada en nombre de vivos y muertos, por los presentes y por los que ya no están con nosotros.

Le consulté a Frank Chikane, que en esa época era secretario general del Consejo Sudafricano de Iglesias, y estuvimos de acuerdo con que esa petición apasionada, tal confesión sincera no podía ser tratada como solo otro ejemplo de retórica. Teológicamente, sabíamos que el evangelio de nuestro Señor y Salvador nos forzaba a estar preparados para acceder a los pedidos de perdón. Además, esto sucedía en una época importante de la historia de nuestra tierra: Nelson Mandela había sido liberado ese año y se hacía un esfuerzo genuino para lograr un acuerdo negociado que ayudara a la delicada transición de la represión a la democracia. Si las iglesias, con su inmenso potencial como agentes de la reconciliación, no podían reconciliarse unas con otras, se enviaría el mensaje equivocado a los políticos y al pueblo de Dios. Si las iglesias, a pesar de su angustiante bagaje, podían encontrarse unas con otras en un acto público de perdón y reconciliación sería una inmensa oportunidad para una transición pacífica. De modo que dije que aceptábamos su petición sincera y profundamente conmovedora de perdón.

Eso podría, por supuesto, haber sido interpretado como un escandaloso acto de arrogancia de mi parte. ¿Quién me ha dado el derecho de afirmar que hablo por los millones de víctimas actuales del apartheid y, aun más seriamente, por aquellos muchos millones que ya no viven? La Iglesia Holandesa Reformada llevó la segregación racial a la estructura misma de la iglesia, estableciendo iglesias separadas para los miembros clasificados por el sistema como negros, indígenas y "mestizos". Algunos de los delegados negros en la conferencia —particularmente aquellos de esas iglesias segregadas, primero llamadas iglesias "hijas" y luego iglesias "hermanas" de la Iglesia Holandesa Reformada— estaban furiosos conmigo porque sentían que se le permitía a la iglesia blanca liberarse, literal y metafóricamente, del crimen. Cuestionaron la seriedad de la confesión porque les molestaba que la Iglesia Holandesa Reformada demorara la unión con las iglesias negras. También estaban afligidos porque la denominación blanca ponía obstáculos a la perspectiva de aceptar la Confesión de Belhar, que fuera respaldada por otras iglesias en la familia de la Iglesia Reformada Holandesa. Esa confesión, entre otras cosas, condenaba el apartheid como una herejía. Sin embargo, aunque me desafiaron a justificar mi posición —lo cual traté de hacer— no fui repudiado, y lo que sucedió en Rustenburg quizás sí fomentó las bases para una transición pacífica.

Me resulta un poco difícil comprender cómo es que los judíos están dispuestos a aceptar la compensación sustancial que les pagan como reparación los gobiernos europeos y las instituciones por la complicidad en el Holocausto. Pues si aceptamos el argumento de que ellos no pueden perdonar por aquellos que sufrieron y murieron en el pasado, la lógica parecería indicar que aquellos que no sufrieron directamente como resultado de la acción por la cual se paga la reparación también deberían ser incapaces de recibir compensación por otros. Su posición también significa que todavía existe un inmenso obstáculo para la reanudación de relaciones normales y amigables entre la comunidad de los perpetradores y la comunidad de los que sufrieron el daño. Siempre existirá esa carga pesada alrededor del cuello de los antiguos perpetradores, independientemente de lo que ellos quieran hacer como actos de reparación y sin importar las nuevas y mejores actitudes que pretendan llevar a la situación. Es una bomba de tiempo que puede explotar en cualquier minuto, lo que hace que la nueva relación sea vulnerable e inestable.

Espero que los filósofos, teólogos y pensadores en la comunidad judía reanuden el tema y consideren si es posible llegar a una conclusión diferente por el bien de todos. Su influencia sobre la moral del mundo es demasiado valiosa para que su posición actual la ponga en peligro. Solo puedo imaginar lo que pasaría si África dijera que no hay nada que los europeos puedan hacer para enmendar la sordidez del tráfico de esclavos, que los africanos que viven hoy nunca tendrán la audacia de perdonar a los europeos por la atrocidad que fue la esclavitud, en la cual, y siendo conservadores, unas cuarenta millones de personas murieron, además de todas las otras consecuencias perniciosas: las familias que fueron destruidas, las mujeres que resultaron abusadas y el número de víctimas que ese flagelo trajo entre los hijos de Dios.

Si vamos a seguir adelante y a construir un nuevo tipo de comunidad mundial, tiene que existir una forma en la cual podamos lidiar con nuestro vergonzoso pasado. La manera más efectiva sería que los perpetradores o sus descendientes reconocieran el horror de lo que sucedió y que los descendientes de las víctimas respondieran otorgando el perdón, si es que puede hacerse algo, aunque sea simbólico, para compensar la angustia experimentada, cuyas consecuencias todavía se viven en el día de hoy. Puede ser, por ejemplo, que las relaciones entre las razas no mejoren significativamente hasta que los indígenas de los Estados Unidos y los afroamericanos tengan la oportunidad de narrar sus historias y revelar el dolor que sienten en la boca del estómago como una destructiva herencia de la privación y la esclavitud. Vimos en la Comisión de la Verdad y la Reconciliación cómo el acto de contar la historia propia tiene un efecto sanador y catártico en las personas.

Si la generación actual no puede hablar legítimamente en beneficio de los que ya no están, entonces no podremos ofrecer perdón por los pecados del pasado racista de Sudáfrica, que antecede al advenimiento del apartheid en 1948. El proceso de sanar nuestra tierra se vería minado, porque siempre estaría el riesgo de que alguna atrocidad espantosa del pasado saliera a la luz para socavar lo que se ha logrado hasta el momento o hacer que las personas dijeran: "Está bien en lo que respecta a tratar con la situación actual, pero es completamente ineficaz porque ha fallado en lidiar con la carga del pasado".

El verdadero perdón trata con el pasado, todo el pasado, para hacer posible el futuro. No podemos continuar alimentando resentimientos hasta por aquellos que ya no pueden hablar. Tenemos que aceptar que lo que hacemos lo hacemos por las generaciones pasadas, por las presentes y las generaciones por venir. Eso es lo que hace comunidad a una comunidad o pueblo a un pueblo, para mejor o para peor.

He deseado intensamente que aquellos involucrados en la búsqueda de soluciones para lo que parecían problemas intratables en Irlanda del Norte o en el Medio Oriente no despreciaran el valor de hechos simbólicos aparentemente pequeños que tienen un potencial y significado que excede lo aparente. Me afligió saber que algunos de aquellos íntimamente conectados al proceso de paz en Irlanda del Norte no fueron vistos dándose las manos en público, que algunos hicieron todo lo posible para no ser fotografiados junto a los del otro lado, sus actuales adversarios. Fue maravilloso que en el funeral del rey Hussein de Jordania, el presidente Ezer Weizman de Israel tuviera la valentía de estrechar las manos del líder de un grupo palestino radical. Fue un gesto que ayudó a humanizar a su adversario cuando antes había conspirado para demonizarlo. Un breve apretón de manos puede hacer lo impensable, lo improbable: que la paz, la amistad, la armonía y la tolerancia, no sea tan lejanas.

Deseo también que los que actualmente son enemigos en el mundo consideren utilizar un lenguaje más moderado cuando describan a aquellos con quienes están en desacuerdo. El "terrorista" de hoy bien puede ser el presidente de mañana. Eso sucedió en Sudáfrica. La mayoría de los que fueron denostados como terroristas son hoy nuestros ministros de Gabinete y otros ocupan escaños políticos en nuestra Asamblea Nacional. Si aquellos con quienes estamos en desacuerdo hoy pueden ser nuestros colegas mañana, podemos comenzar a tratar de describirlos con un lenguaje que no avergüence cuando llegue esa época de cambio.

Es importante también que recordemos continuamente que las negociaciones, las conversaciones de paz, el perdón y la reconciliación no suceden con mayor frecuencia entre amigos o entre aquellos que se simpatizan entre sí. Suceden, precisamente, porque las personas están en desacuerdo y se detestan las unas a las otras como solo los enemigos pueden hacerlo. Pero los enemigos son aliados, amigos, colegas y colaboradores potenciales. Esto no es idealismo utópico. El primer Gobierno democráticamente electo de Sudáfrica fue un gobierno de Unidad Nacional, formado por miembros de partidos políticos que estaban involucrados en una lucha de vida o muerte. El hombre que lo lideró estuvo encarcelado durante veintisiete años como terrorista peligroso. Si pudo pasar allá, puede seguramente suceder en otros países. Quizás Dios eligió un lugar inverosímil para mostrarle al mundo que puede hacerse en cualquier lugar.

Si los protagonistas de los conflictos del mundo comenzaran a hacer gestos simbólicos por la paz, si cambiaran la forma en la que describen a sus enemigos y comenzaran a hablarles, sus acciones cambiarían también. Por ejemplo, ¿qué está haciéndole a las futuras relaciones en el Medio Oriente que se continúen construyendo asentamientos israelíes en lo que se ha aceptado es territorio palestino, cuando esto causa tanta amargura y resentimiento entre los palestinos, que se sienten denigrados y abusados? ¿Qué legado le deja a los hijos de aquellos que están destinados a ser vecinos? He formulado preguntas similares cuando las naciones árabes pensaron insensatamente que podrían destruir a Israel. ¡Qué regalo maravilloso para el mundo, en especial ahora que entramos en un nuevo milenio, si la paz verdadera llegara a la tierra de aquellos que dicen *salama* o *shalom,* en la tierra del Príncipe de Paz!

La paz es posible, en especial si los adversarios de hoy se imaginaran a sí mismos convirtiéndose en amigos y comenzaran a actuar en formas que promovieran que tal amistad se desarrollara. Sería maravilloso si, como negociaron, trataran de encontrar formas para tomar en cuenta las necesidades de cada uno. Una buena disposición para hacer concesiones es un signo de fortaleza, no de debilidad. A veces puede valer la pena perder una batalla a fin de ganar la guerra. Aquellos que están involucrados en las negociaciones por la paz y la prosperidad luchan por una meta tan magnífica y valiosa que debería ser más fácil encontrar modos en que todos sean ganadores que luchar. Para los negociadores, que sea una meta en la que nadie pierda prestigio, que nadie se vaya con las manos vacías, con nada que poner ante sus electores. Cuánto se desea que los negociadores eviten tener puntos clave y demasiadas condiciones previas. En las negociaciones estamos, como en el proceso de perdón, buscando brindar todas las oportunidades para comenzar de nuevo. Los inflexibles tendrán momentos difíciles. Los flexibles, aquellos que están dispuestos a hacer compromisos de principios, terminan siendo los vencedores.

He manifestado que la nuestra no era una comisión perfecta. A pesar de ello, quiero afirmar de forma tan elocuente y apasionada como sea posible que fue, en un mundo imperfecto, el mejor instrumento hasta el momento ideado para tratar con el tipo de situación a la que tuvimos que hacer frente, después de que la democracia se estableciera en nuestra tierra. Con todas sus imperfecciones, lo que intentamos hacer en Sudáfrica atrajo la atención del mundo. Este mundo cansado, desilusionado y cínico, herido con tanta frecuencia y tan gravemente, se ha maravillado ante un proceso que saca a relucir la esperanza en medio de tanto que la niega. Las personas en los diferentes lugares que he visitado y en los que hablé sobre el proceso de la verdad y la reconciliación ven en este intento deficiente un faro de esperanza, un posible paradigma para tratar con situaciones en las que la violencia, el conflicto, la agitación y las contiendas regionales parecían endémicas, conflictos que en su mayoría tienen lugar no entre naciones que contienden, sino dentro de la misma nación. Al término de sus conflictos, los grupos enfrentados en Irlanda del Norte; los Balcanes; Oriente Medio; Sri Lanka; Birmania; Afganistán; Angola; Sudán y ambos Congos, y en cualquier otra parte, tendrán que sentarse para definir cómo podrán vivir juntos de forma amigable, cómo podrán tener un futuro compartido libre de contiendas, considerando el pasado sangriento que vivieron recientemente. Ven más que un indicio de esperanza en aquello que hemos llevado a cabo en Sudáfrica.

Dios tiene sentido del humor. ¿Quién en su sano juicio se podría haber imaginado alguna vez que Sudáfrica sería un ejemplo de algo sino del horror más terrible o de cómo *no* organizar las relaciones raciales de una nación y su Gobierno? Nosotros, los sudafricanos, éramos los menos pensados y precisamente por eso Dios nos eligió. Realmente no podemos reclamar mucho del crédito para nosotros mismos de lo que hemos logrado. Estábamos destinados a la perdición y fuimos arrancados de la destrucción total. Éramos un caso sin esperanza, si alguna vez la hubo. El propósito de Dios es que otros puedan mirarnos y animarse. Dios quiere señalar hacia nosotros como un posible faro de esperanza, un posible paradigma y decir: "Miren hacia Sudáfrica. Tuvieron una pesadilla llamada apartheid. Ha terminado. Irlanda del Norte (o cualquier otro lugar), tu pesadilla también terminará. Ellos tenían un problema que era considerado intratable. Lo están resolviendo. Ningún problema será considerado otra vez como insoluble. Hay esperanza para ustedes también".

Nuestro experimento va a tener éxito porque Dios quiere que seamos exitosos, no para nuestra gloria y engrandecimiento, sino por el bien de la palabra de Dios. Él quiere mostrarnos que hay vida después del conflicto y la represión, porque a causa del perdón hay un futuro.

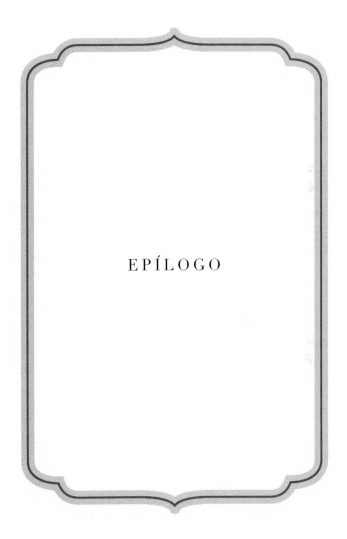

EPÍLOGO

L a hermana Margaret Magdalen de la Comunidad de St. Mary the Virgin, una monja anglicana del Reino Unido que ahora vive en Sudáfrica, solía usar imágenes cuando describía cómo Jesús enfrentó todo el dolor y la angustia que encontró en su ministerio. Lo representaba en términos de la diferencia entre una aspiradora y un lavaplatos. La aspiradora aspira toda la suciedad y la mantiene en la bolsa, mientras que el lavaplatos limpia la suciedad de los platos e inmediatamente arroja toda la suciedad en el desagüe. Ella sostenía que Jesús actuó más como un lavaplatos que como una aspiradora. Él absorbió todo lo que llegó a él y luego, por así decirlo, lo sacó, se lo pasó al Padre.

Al comienzo de nuestra tarea en la Comisión, el trabajador de salud mental de nuestro equipo nos orientó para sobrellevar lo que sería una tarea agotadora y exigente. Se nos aconsejó que tuviéramos un compañero espiritual, o un amigo, o consejero a quien pudiéramos recurrir para dejar nuestras cargas. Fuimos instados a mantener una existencia disciplinada, de lo contrario nos podríamos sentir conmocionados por lo sencillo que es sufrir emocionalmente, estresarnos e incluso sufrir nosotros mismos el trastorno de estrés postraumático al experimentar la angustia y la agonía de aquellos que venían a testificar ante la Comisión. Se hizo énfasis en que debíamos tener momentos de calidad con nuestros cónyuges y nuestra familia, asegurarnos de tener descansos recreativos y hacer ejercicio en forma regular y, de ser posible, tener una rutina espiritual. Pensamos que estábamos bien preparados para la experiencia traumática.

A pesar de todo eso nos sentimos consternados por lo que escuchábamos y a menudo nos sentíamos abatidos o quedábamos al borde de una crisis de nervios. Traté de seguir las recomendaciones de nuestro consejero, pero nunca sabremos cuánto nos afectó aquello por lo que tuvimos que atravesar, el costo que todo eso tuvo para nosotros y para nuestras familias. El matrimonio de un comisionado se rompió. (Maravillosamente, ella encontró el amor en la Comisión y junto a su compañero, un ex miembro del Comité de Violaciones de los Derechos Humanos, fueron bendecidos con un niño, así que ¡no todo fue negativo!). Muchos dijeron que tenían alterado el ritmo del sueño, algunos estaban profundamente preocupados porque tenían mucho más mal humor, peleaban con sus cónyuges con mucha facilidad, o bebían más de lo que debían. Los periodistas que cubrían la Comisión habitualmente también se vieron afectados. Algunos sufrieron colapsos nerviosos o lloraban más a menudo que antes.

Fue especialmente duro para nuestros intérpretes, porque tenían que hablar en primera persona, algunas veces como la víctima y otras como el perpetrador. "Ellos me desvistieron, abrieron un cajón y metieron mi seno allí y luego cerraban y abrían el cajón repetidamente, golpeando mi pezón hasta que de este brotó una sustancia blanca". "Lo secuestramos y le dimos un café con droga y luego le disparé en la cabeza. Luego quemamos el cuerpo y mientras lo hacíamos, disfrutamos de una barbacoa".

Era difícil a medida que cambiaban identidades de esa manera. Incluso aquellos que no estaban presentes en las audiencias fueron afectados por las conmovedoras historias: la persona que dirigía el servicio de mecanografía me contó que un día, mientras transcribía una de las audiencias, no se dio cuenta de que estaba llorando hasta que sintió y vio las lágrimas sobre sus brazos.

Durante las sesiones de la Comisión, en enero de 1997, me enteré que tenía cáncer de próstata. Probablemente esto hubiera sucedido independientemente de lo que estuviera haciendo. Pero parecía demostrar que estábamos involucrados en algo que tenía un alto costo. El perdón y la reconciliación no era algo que se pudiera tratar ligera y superficialmente. Mi propia enfermedad parecía dramatizar el hecho de que tenía un elevado precio tratar de sanar a personas heridas y traumatizadas, y que aquellos que participaban en la crucial tarea tal vez se llevaron la peor parte. Quizás hayamos sido más aspiradoras que lavaplatos, y llevamos adentro nuestro más de lo que podemos expresar del dolor y la devastación de aquellas historias que escuchamos.

El cáncer me ayudó a estar un poco más relajado, como dicen, porque me di cuenta de manera repentina que, literalmente, no había tiempo suficiente para ser antipático. Algunas veces usé mi enfermedad para torcer el brazo de mis colegas: cuando de alguna manera se comportaban de manera escandalosa, les decía con fingida seriedad: "Sé bueno conmigo. ¡Recuerda que soy un hombre mayor y enfermo!". En ocasiones, esto fue útil para calmar situaciones tensas. Sufrir de una enfermedad que amenaza la vida también me ayudó a tener una actitud y perspectivas diferentes.

Le dio una nueva intensidad a la vida, porque me di cuenta de que hay mucho que solía dar por sentado: el amor y la devoción de mi esposa Leah, la risa y la alegría de mis nietos, la gloria de un espléndido atardecer, la dedicación de los colegas, la belleza de una rosa con rocío... Respondí a la enfermedad no de una manera morbosa, sino con un gran agradecimiento por algo que podría no ver ni experimentar otra vez. Me ayudó a reconocer mi propia mortalidad, con un profundo agradecimiento por las cosas extraordinarias que pasaron en mi vida, también en los últimos tiempos. ¡Qué reivindicación espectacular ha sido para mi participación en la lucha contra el apartheid haber vivido para ver la llegada de la libertad y formar parte de nuestra Comisión de la Verdad y la Reconciliación!

Sí, he tenido el gran privilegio de formar parte de la obra de ayudar a sanar a nuestra nación. Pero ha sido un privilegio costoso para los miembros de la Comisión. Me di cuenta de que tal vez fuimos efectivos solamente, como dice la conocida frase de Henri Nouwen, "sanadores heridos".

AGRADECIMIENTOS

Le agradezco a Dios por mis compañeros comisionados, los miembros del Comité y el equipo de la Comisión de la Verdad y la Reconciliación por su compromiso maravilloso para la sanidad de nuestra tierra. Este libro fue escrito durante mi estadía como profesor invitado en la Escuela de Teología Candler de la Universidad Emory, donde el decano, Kevin LaGree, y sus colegas me proveyeron de un lugar para retirarme de las presiones de los años anteriores a fin de que pudiera reflexionar y escribir. Mi asistente personal, Lavinia Browne, descifró mi letra para hacer el manuscrito. La Corporación Carnegie de New York contribuyó generosamente con Candler para traer a John Allen desde Sudáfrica para que trabajara como asistente de investigación y él ha tenido un valor inestimable para refinar el manuscrito. El guión que realizó el equipo de periodistas de la radio de la *Broadcasting Corporation* de Sudáfrica, asignado a la Comisión de la Verdad y la Reconciliación para la colección de discos compactos sobre el proceso de la Comisión de la Verdad y la Reconciliación, nos ayudó a ubicar rápidamente piezas de evidencias clave. Estoy muy agradecido a todos ellos. El libro no hubiese sido posible sin la asistencia de muchas otras personas, lideradas por Lynn Franklin, mi agente literario, su colega en Londres, Mary Clemmey, Trace Murphy, Andrew Corbin y Eric Major de Doubleday, Judith Kendra de Rider/Random House, y Jacqueline Smith y Sandra Bryan de Candler.

No sé si hubiese podido hacer frente a la Comisión de la Verdad y la Reconciliación sin mi esposa, Leah, y le estoy profundamente agradecido por su afectuoso apoyo a lo largo de las audiencias y otros procesos de la Comisión.